Gertrud Hansel

Das Handbuch für Unternehmer

Gertrud Hansel

Das Handbuch für Unternehmer

Wie Sie Ihren Anfangserfolg in nachhaltiges Wachstum verwandeln

2. aktualis. u. erw. Auflage

WILEY-VCH GmbH

2. Auflage 2025
Alle Bücher von WILEY-VCH werden sorgfältig erarbeitet. Dennoch übernehmen Autoren, Herausgeber und Verlag in keinem Fall, einschließlich des vorliegenden Werkes, für die Richtigkeit von Angaben, Hinweisen und Ratschlägen sowie für eventuelle Druckfehler irgendeine Haftung

© 2025 Wiley-VCH GmbH, Boschstraße 12, 69469 Weinheim, Germany

Alle Rechte, insbesondere die der Übersetzung in andere Sprachen, vorbehalten. Kein Teil dieses Buches darf ohne schriftliche Genehmigung des Verlages in irgendeiner Form – durch Photokopie, Mikroverfilmung oder irgendein anderes Verfahren – reproduziert oder in eine von Maschinen, insbesondere von Datenverarbeitungsmaschinen, verwendbare Sprache übertragen oder übersetzt werden. Die Wiedergabe von Warenbezeichnungen, Handelsnamen oder sonstigen Kennzeichen in diesem Buch berechtigt nicht zu der Annahme, dass diese von jedermann frei benutzt werden dürfen. Vielmehr kann es sich auch dann um eingetragene Warenzeichen oder sonstige gesetzlich geschützte Kennzeichen handeln, wenn sie nicht eigens als solche markiert sind.

Bibliografische Information der Deutschen Nationalbibliothek
Die Deutsche Nationalbibliothek verzeichnet diese Publikation in der Deutschen Nationalbibliografie; detaillierte bibliografische Daten sind im Internet über <http://dnb.d-nb.de> abrufbar.

Print ISBN: 978-3-527-51214-0
ePub ISBN: 978-3-527-85117-1

Umschlaggestaltung: Torge Stoffers
Coverbild: Romolo Tavani, 61822822, rise and improvement concept / stock.adobe.com
Satz: Straive, Chennai, India
Druck und Bindung: CPI Group (UK) Ltd, Croydon, CR0 4YY

C9783527512140_270125

Bevollmächtigter Vertreter des Herstellers gemäß EU-Produktsicherheitsverordnung ist die Wiley-VCH GmbH, Boschstr. 12, 69469 Weinheim, Deutschland, E-Mail: Product_Safety@wiley.com.

Inhalt

Vorwort »Hinter jedem erfolgreichen Unternehmen steht ein erfolgreicher Mensch« **11**

Unternehmenswachstum ist möglich,
unser Denken darüber macht es kompliziert *11*
Ein Unternehmen zu führen ist einfach,
nur unser Denken darüber macht es kompliziert *14*

Grundlagen solider Unternehmensführung im Wachstum. **17**

**Teil I
Sie und Ihre Vorstellungen**

1. Motivation – Ihr Motor für den Erfolg **23**
Definition *23*
   Motivation *23*
   Werte *24*
   Umsetzungskompetenz *25*
Eigene Werte kennen und leben *26*
   Zufriedene Menschen schaffen erfolgreiche Unternehmen *26*
   Nahezu alles in Ihrem Leben lässt sich erlernen *29*
   Werden Sie sich Ihrer Werte bewusst *30*
Lernen aus der Praxis *33*
   Praktisch heißt das für Sie *35*
Jetzt sind Sie dran *40*
   Eigene Werte und Motive definieren *40*
   Welche drei Werte/Motive sind für Sie die wichtigsten? Persönlich – Beruflich *43*
Die fünf wichtigsten Tipps zum Thema Motivation *45*

2. Strategie – vom Traum zum Ziel 47
Definition 47
Am Anfang steht ein Traum 48
    Ziele kennen und die Strategie danach ausrichten 48
    Der Traum von heute ist die Realität von morgen 49
    Vom Ist zum Ziel 54
    Vom Traum zum Ziel zur Strategie 55
Lernen aus der Praxis 60
Jetzt sind Sie dran: 62
    Meine Unternehmensstrategie 62
Die fünf wichtigsten Tipps zum Thema Motivation 64

3. Unternehmerrolle – was tut der Chef 65
Definition 65
    Das Wachstumshürden Modell 65
    Unternehmer – Der Manager – Die Fachkraft 66
    Wie Sie als Unternehmer dazu beitragen,
        Ihr Unternehmen zum Wachsen zu bringen 66
    Unternehmer, Manager, Fachkraft – im Einklang
        für den Erfolg 69
    Wachstum braucht Veränderung 75
Lernen aus der Praxis 80
Jetzt sind Sie dran 85
Die fünf wichtigsten Tipps zum Thema
    Unternehmer-Rolle 88

Teil II
Betriebswirtschaftliche Herausforderungen

4. Marketing – Der Weg zum Ziel 91
Definition 91
Marketing ist alles und ohne Marketing ist alles nichts 95
    Das große Ganze im Blick 96
    Für Wachstum unerlässlich 98

Vorteile einer Marketingplanung 99
Wie funktioniert Marketing? 101
Wie genau sieht Marktingplanung aus? 102
Marktforschung 102
Marketinginstrumente 110
Lernen aus der Praxis 141
Unternehmenswachstum: weiter wachsen –
aber richtig! 141
Jetzt sind Sie dran 145
Erkenntnisse 145
Planung 146
Fokus 148
Die fünf wichtigsten Tipps zum Thema Marketing 151

5. Liquidität – ohne Moos nix los 153
Definition 153
Liquidität: Bestand an flüssigen Mitteln 153
Liquidität als Sicherungsinstrument 153
Sichern Sie Ihre Liquidität, um jeden Preis 155
Kennzahlen als strategisches Sicherungsinstrument 160
Möglichkeiten der Liquiditätssicherung 160
Prüfen Sie Zahlungsbedingungen 162
Überprüfen von Geschäftspartnern 162
Mahnwesen einführen 163
Zahlungen absichern, Forderungen verkaufen 164
Verkaufen Sie nicht genutzte Betriebsausstattung 164
Achten Sie auf gezielten Einkauf 164
Zuführung von Eigenmitteln 165
Erweitern Sie auf Basis von Fremdkapital 166
Richtig Investieren 167
Lernen aus der Praxis 167
Jetzt sind Sie dran 170
Die fünf wichtigsten Tipps für Ihre Liquidität 173

6. Prozesse – schaffen Wachstum ... 175

Definition	175
Prozesse als Wachstumsinstrument	175
Prozessdefinition hilft Ihnen, aus Ihrem Hamsterrad auszusteigen	177
Das 1x1 der Prozessentwicklung	182
Kontakt nach außen	182
Kundenzufriedenheit	183
Mitarbeiter	183
Auftragsabwicklung	184
Entscheidungswege	185
Qualität	187
Rendite	188
Skalierbarkeit	189
Kostenminimierung	190
Lernkurven	190
Verkaufsprozesse	191
Lernen aus der Praxis	193
Jetzt sind Sie dran	198
Organigramm erstellen	198
Geschäftsprozesse	199
Machen Sie sich eine Liste	201
Die fünf wichtigsten Tipps für Ihre Prozessentwicklung	202

7. Investieren – aber richtig ... 203

Definition	203
Investieren, aber richtig	203
Die Mischung macht's	205
Investitionen, die sich lohnen	206
Lernen aus der Praxis:	213
Jetzt sind Sie dran	218
Die fünf wichtigsten Tipps für Ihre Prozessentwicklung	222

8. Mitarbeiter – gemeinsam stark 223
Definition 223
Mitarbeiter – Ihr wertvollstes Kapital 224
Zufriedene Mitarbeiter sind gut fürs Geschäft 224
Fest angestellte Mitarbeiter 225
Führung braucht sicherlich Methode 231
Jeder Mensch kann motiviert werden 232
Was brauchen Ihre Mitarbeiter? 233
Das Kündigungsgespräch 237
Information schafft Sicherheit 237
Mitarbeiter, die mit Ihrem Unternehmen
zusammenarbeiten 238
Freie Mitarbeiter 239
Führung bleibt auch hier wichtig 240
Kunden und Partner arbeiten mit – bewusst
oder unbewusst 240
Auch Sie werden empfohlen – oder eben nicht 241
Lernen aus der Praxis 242
Praktisch heißt das für Sie 244
Jetzt sind Sie dran 245
Stellenbeschreibungen erstellen 245
Texte für Ausschreibungen formulieren 245
Gedanken zur Führung 245
Geschichten, die erzählt werden 246
Die fünf wichtigsten Tipps zum Thema Mitarbeiter 247

9. Führen der Generation Z 249
Definition 249
Generation Z – Potenzial oder Herausforderung? 249
Führungskraft: authentisch auftreten – als ganzer
Mensch erscheinen 253
Neue Zeiten: ein Plädoyer für Weiterbildung
und Mentoring 258
Einblicke: Generation Z am Arbeitsplatz 260

Lernen aus der Praxis	264
Jetzt sind Sie dran	270
Die sieben wichtigsten Tipps zum Führen der Generation Z	271

10. Führung von Mitarbeitern in Zeiten von Homeoffice und Remote-Arbeit **273**

Definition	273
Die neue Normalität	273
Führungskräfte von heute: persönliche Kompetenzen	275
Einblicke: Herausforderungen und Chancen des Remote-Arbeitens	277
Lernen aus der Praxis	278
Jetzt sind Sie dran	281
Die fünf wichtigsten Tipps für Remote-Führung	282

Zusammenfassung **283**

Zusammenfassung	283
Das 1x1 der Unternehmensführung	285
Die fünf wichtigsten Tipps für Ihr Wachstum	288
Information in eigener Sache	289

Stichwortverzeichnis **291**

Vorwort »Hinter jedem erfolgreichen Unternehmen steht ein erfolgreicher Mensch«

Man kann jedes Mal die Zustimmung in den Gesichtern der Teilnehmer sehen, wenn ich diesen Satz zu Beginn des Unternehmer-Trainings ausspreche. Es ist plötzlich still, denn alle im Raum verstehen sofort, wovon ich spreche. Es ist kein Gegensatz, im Gegenteil: Wenn das Geschäft gut läuft, ist der Mensch, der dahinter steht, auch immer zufrieden. Und umgekehrt: Wenn die Menschen zufrieden sind, ist auch das Unternehmen erfolgreich. Das ist für viele das Ziel. Es erfüllt mich immer wieder mit großer Dankbarkeit, die Menschen an Ihre Ziele zu erinnern und ein Stück ihres Weges gemeinsam mit ihnen zu gehen. Zusammen mit ihnen Möglichkeiten und Strategien zu entwickeln, die sie zufrieden, glücklich und zuversichtlich werden lassen.

Genau das ist der Grund, warum dieses Buch entstanden ist. Es geht um die Zufriedenheit von Freiberuflern, Unternehmern und Selbstständigen. Es geht um Bestand und das Wachstum der Unternehmen und der Menschen, die dahinterstehen. Der Schlüssel dazu ist, wie im Titel beschrieben, Handwerkszeug, das gesundes Wachstum möglich macht. Ich möchte Ihnen Themen und Möglichkeiten praktisch näher bringen. Das Setzen von Zielen, das Wissen um die eigenen Visionen, den Umgang mit der eigenen Rolle, den sinnvollen Einsatz von Zahlen, die Umsetzung von Marketing und vielem mehr. Ihr Unternehmen ist so unglaublich komplex, voller Herausforderungen und Möglichkeiten.

Unternehmenswachstum ist möglich, unser Denken darüber macht es kompliziert

Mir geht es darum, Ihnen Möglichkeiten aufzuzeigen, das komplexe Zusammenspiel der vielen Themen durchsichtiger zu machen. Die Erfolgshebel zu finden, die Ihr Unternehmen nach vorne bringen und gleichzeitig dafür zu sorgen, dass Sie und die Menschen, die darin arbeiten, zufrieden sind.

Vielleicht fragen Sie sich, wie das Sie das schaffen sollen. Es ist möglich. Vor Jahren habe ich nach langen Jahren der Gründer- und Unternehmensberatung ein Konzept entwickelt, das funktioniert. Viele Teilnehmer des »Unternehmer-Trainings« haben bewiesen: Wer ein kraftvolles Ziel vor Augen hat, der schafft auch dieses zu erreichen. Dieses Buch bringt die Inhalte des Trainings in eine Form, die es Ihnen, liebe Leser, möglich macht auch außerhalb des Workshops an Ihrem Wachstum zu arbeiten. Gerade die Phasen des Wachstums sind außerordentlich. Das Alte greift nicht mehr, das Neue ist noch in der Entstehungsphase. Fast als würden Sie ein neues Unternehmen gründen, so fühlt es sich für viele Unternehmer an. Ihre lieb gewordenen Gewohnheiten ändern sich, Ihr Arbeitsumfeld verändert sich erheblich. Ihr Unternehmen mit neuen Augen zu sehen und sehen zu können, das ist sehr oft die wirkliche Herausforderung.

Jedes Unternehmen besteht aus vielen unterschiedlichen, persönlichen und fachlichen, Bereichen. Um das Wachstum so zu gestalten, dass am Ende persönlicher und monetärer Erfolg steht, der mit Ihren Werten harmoniert, ist es wichtig, alle Bereiche zu Ende zu denken. Alles muss zusammen passen. Wenn auch Sie zu den Menschen gehören, die das bisher nicht getan haben, fühlen Sie sich in guter Gesellschaft. Der Alltag mit all seinen Anforderungen macht es uns leicht zu sagen: »Dafür habe ich gerade keine Zeit«, »es steht so viel Anderes auf dem Plan« oder »zuerst muss ich noch dies und das erledigen«. Da sind Sie sicher nicht alleine. In Wirklichkeit fehlt einfach oft eine Anleitung. Ein gedanklicher Leitfaden, der uns hilft die Dinge zu Ende zu denken. Eine praktische Anleitung, die ein sinnvolles Ergebnis ermöglicht.

Im ersten Teil dieses Buches wird es um die Beschäftigung mit Ihnen selbst und Ihren Vorstellungen gehen. Sie lernen mit Übungen und Fragen sich darüber genau klar zu werden, was

Ihre persönlichen, unternehmerischen Ziele sind. Damit offenbaren sich Ihnen Ihre Möglichkeiten und Wünsche, die es gilt, in die Tat umzusetzen.

Im zweiten Teil geht es um betriebswirtschaftliche Themen wie Marketing, Finanzen und die Unternehmensstrukturen. Am Ende können Sie beides zusammenbringen. Ihre Vorstellungen und die entsprechenden Methoden, die Sie zu ihren Zielen führen.

Ich werde Ihnen immer wieder praktische Beispiele liefern, die ich so in der »Schule für Unternehmer« erlebt habe. Beispiele, die von echten Unternehmern erzählen, die die Herausforderung »Wachstum« erfolgreich angenommen und umgesetzt haben. Beispiele, die Ihnen in Ihrem Alltag vielleicht hilfreich sind, gleichgültig, ob für Sie als Mensch oder in beruflicher Hinsicht.

Unternehmerinnen und Unternehmer in der Wachstumsphase, anders als Gründer, stehen vor der ganz besonderen Herausforderung, neben dem bereits laufenden Geschäft quasi ein fast neues Business für sich zu entwickeln. Nutzen Sie dieses Buch als gedankliche Anregung, um Ihren Geschäftsplan zu erstellen. Sie werden sehen, das Konzept funktioniert.

Es ist erforderlich, dass Sie, liebe Leser, Ihre Art und Weise, wie Sie heute in Ihrem Betrieb agieren, überprüfen. Es wird sich zeigen, was sich verändern darf und muss. Und es wird nicht immer einfach sein, sich von Dingen und Verhaltensweisen zu verabschieden, die Ihnen bis heute dienlich waren. Ihr Unternehmen zum Wachsen bringen, heißt immer auch Veränderung. Sie werden von der Fachkraft mehr und mehr zum Unternehmer. Manche Aufgaben werden wichtiger, andere gilt es abzugeben. Wenn Sie die Kapitel durcharbeiten, werden sich zwangsläufig Änderungen ergeben. Ihr Bewusstsein wird sich entwickeln und damit auch Sie. Ich freue mich, Ihnen Einblick in Methoden zu geben, mit der Sie sich und Ihr Unternehmen gleichermaßen entwickeln werden. Ich möchte aber nicht, dass Sie denken mit dem Lesen dieses Buches sei es getan. Das wird so nicht sein.

Nach mehr als 20 Jahren Erfahrung in Coachings und Trainings ist es für mich an der Zeit, meine Erfahrungen aus vielen Einzelberatungen und Seminaren zusammenzufassen und einem breiteren Publikum zugänglich zu machen. Erstmals ist die Methode in einem Buch zusammengefasst und mit Praxisbeispielen unterlegt. Es soll Ihnen, liebe Leserin und lieber Leser, Möglichkeiten aufzeigen, Ihre Ziele zu verwirklichen. Die Anregungen und Ideen unterstützen Sie hoffentlich dabei, sicher und zufrieden das Wachstum Ihres Unternehmens in die Tat umzusetzen. Es schafft eine solide gedankliche Basis, um Ihren Geschäftsplan zu erstellen. Es wird Sie dabei unterstützen, ein nachvollziehbares, gut durchdachtes Bild zu entwickeln, das Ihnen dabei hilft, Ihre Ziele und Visionen zu erreichen.

Ein Unternehmen zu führen ist einfach, nur unser Denken darüber macht es kompliziert

Das Unternehmer-Training ist mehr als eine Methode, nämlich eine spannende Herausforderung um Ihr Unternehmen für Sie, Ihre Mitarbeiter und Kunden und alle, die mit Ihnen zu tun haben, attraktiv und nachhaltig zu gestalten. Sie können im Verlauf der Arbeit mit diesem Buch nahezu alle Bereiche so verändern, dass die Herausforderungen Spaß machen. Eines dürfen Sie aber nicht: sich wundern, dass sich alles auf wundersame Weise verändert. Diese Veränderung ist praktisch unabwendbar, wenn Sie den Fokus darauf legen, was Ihnen wirklich wichtig ist.

Ich wünsche mir, dass dieses Buch Sie dazu ermutigt, sich die Zeit zu nehmen, das eigene Geschäft zuerst aufs Papier und dann in die Realität zu bringen. Es wäre doch schade, wenn Sie am Ende Ihres Unternehmerlebens nicht verwirklicht haben, was Ihnen wichtig gewesen wäre.

An dieser Stelle möchte ich mich sehr herzlich bei meiner Lektorin Jutta Hoernlein bedanken. Auch meinen geschätzten Kunden danke ich für das mir entgegengebrachte Vertrauen. Ihre Erfahrungen, Fragen und Erfolge haben erheblich zur Entstehung dieses Buches beigetragen. Gewidmet ist dieses Buch meiner Mutter Maria Lowag, die mir beigebracht hat, dass es für alles eine Lösung gibt.

»*Hinter jedem erfolgreichen Unternehmen steht ein erfolgreicher Mensch.*«

In diesem Sinne wünsche ich Ihnen viel Erfolg!

Augsburg im Frühjahr 2015

Gertrud Hansel

Grundlagen solider Unternehmensführung im Wachstum

Vielleicht sind Sie der Inhaber eines Unternehmens, das nach anfänglichen Holpersteinen gut am Markt etabliert ist. Oder Sie haben das Ziel, von Anfang an auf Wachstum zu setzen. Vielleicht stecken Sie auch gerade in der Phase der Stabilisierung oder haben gerade eine Krise hinter sich. Warum auch immer Sie sich mit dem Thema Unternehmens-Wachstum beschäftigen, immer werden Sie nach Möglichkeiten Ausschau halten, die es Ihnen ermöglichen Ihre Richtung gewinnbringend anzupassen.

Die wenigsten Unternehmer am Markt haben eine Ausbildung in Sachen Unternehmertum. Sie folgen den Anforderungen und tun was und wie sie es eben können. Das geht oft auch lange gut. Wenn auch zu einem hohen Preis. Vielleicht haben auch Sie zu Beginn Ihrer Selbstständigkeit gedacht, nach zwei bis drei Jahren wären Sie aus dem Schlimmsten raus. Nicht unbedingt das Gehalt eines Präsidenten müsste es sein, aber ein gutes Leben und zwei bis drei Urlaube im Jahr waren der Plan. Stattdessen arbeiten Sie weiter viel und hart, müssen Mitarbeiter einstellen, bewegen sich immer wieder an der Grenze der Liquidität und das Wort Freizeit kennen Sie hauptsächlich von anderen. Finanziell geht es ihnen vielleicht besser als in Ihrem letzten Job, sicher allerdings ist nichts.

Oder aber Sie gehören zu den Unternehmern, bei denen alles soweit gut läuft. Sie sind zufrieden mit Ihrem Geschäft und allem, was dazugehört. Allerdings sind Sie sicher, dass es da doch noch ein paar Informationen geben könnte, die Ihren Alltag verbessern. Methoden, die Sie noch professioneller werden lassen. Ideen, die andere kennen, Sie aber bisher eher alles aus dem Bauch entschieden haben. Vielleicht gehören Sie zu den Unternehmern, die einfach interessiert sind, besser zu werden.

In jedem Fall finden Sie hier Anregungen. Wir zeigen Ihnen in diesem Buch Methoden und Möglichkeiten auf, die Sie als Unternehmer sicherer und verbindlicher machen werden. Sie können mit den Inhalten Ihren Plan entwickeln und Stück für Stück Ihre Strategie verwirklichen.

Unser Ziel ist es, Ihnen praxisbewährte Werkzeuge an die Hand zu geben, die Ihnen als Mensch und Unternehmer nutzen. Überlegungen und Vorgehensweisen, die sich in der Praxis bewährt haben. Sie finden hier umsetzbare Anregungen die sich in der Betriebswirtschaftslehre wieder finden, aber auch psychologische Aspekte mit einbeziehen. Denn nur wenn Sie als Mensch zufrieden sind, werden Sie auch Ihr Unternehmen auf eine erfolgreiche Basis stellen können – langfristig.

Zuerst möchten wir Ihnen einen Überblick geben. Was verstehen wir unter einer soliden Unternehmensführung? Was ist es, das mittel- und langfristig als Basis genutzt werden kann? Vermutlich werden Sie nicht alles auf einmal umsetzen wollen oder können. Das müssen Sie auch nicht. Sinn macht es, nach und nach die unterschiedlichen Aspekte zu verinnerlichen und in Ihren Alltag zu integrieren. Wir haben in vielen Jahren der Beratung und des Coachings feststellen können, dass es immer darum geht, flexibel zu bleiben und im Falle eines Veränderungswunsches Möglichkeiten zu kennen.

Wir zeigen Ihnen im Folgenden die acht Kernelemente, die im Zusammenspiel den Erfolg und das stabile Wachstum eines Unternehmens bestimmen. Jedes einzelne Element soll deshalb auch besonders betrachtet werden.

In Abbildung 1 sehen Sie diese acht Elemente auf einen Blick.

Grundlagen solider Unternehmensführung im Wachstum

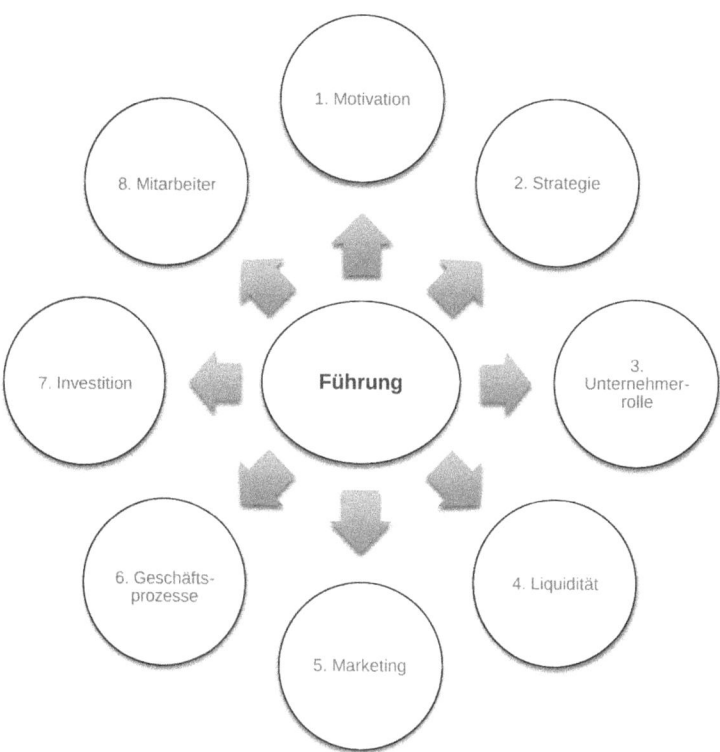

Abbildung 1: Die 8 Elemente solider Unternehmensführung

Starten wir zu allererst mit Ihnen selbst. Was motiviert Sie? Ihre Motivation und die ihr zugrundeliegenden Werte bestimmen Ihre Zukunft. Daraus ableitend entwickelt sich eine Strategie, mit der Sie Ihre Vision, Ihren Traum von der Zukunft erreichen können. Bei all dem ist es wichtig in die Rolle eines Unternehmers zu schlüpfen, der mehr ist als eine versierte Fachkraft.

Teil I
SIE UND IHRE VORSTELLUNGEN

1 Motivation – Ihr Motor für den Erfolg

Werte – die Fundamente Ihrer Zukunft
- Definition
- Einblicke: Eigene Werte kennen und leben
- Lernen aus der Praxis
- Jetzt sind Sie dran
- Die fünf wichtigsten Tipps für Ihre nachhaltige Motivation

Definition

Warum schaffen manche Unternehmer ein stabiles Wachstum und andere nicht?

Warum haben viele Unternehmer gute Ideen, schaffen es aber nicht, diese zu realisieren?

Warum kommen viele Unternehmer nicht über die Absicht zu wachsen hinaus?

Wir möchten dieses Buch damit beginnen Ihnen einige Definitionen anzubieten. Unserer Ansicht nach hängen Motivation, Werte und Umsetzungskompetenz unmittelbar zusammen. Aber lesen Sie selbst:

Motivation

Der Begriff »Motiv« stammt aus dem Lateinischen »movere«, das steht für »bewegen/antreiben«. Hinter jedem Tun steht ein Motiv, das heißt etwas, das uns in Bewegung versetzt. Eine treibende Kraft, die uns Menschen dazu veranlasst uns zu bewegen. Psychologen haben in verschiedenen Motivationstheorien beschrieben, dass Motivation meist dazu dient, einen gewünschten Zustand zu erreichen oder einen unerwünschten Zustand zu vermeiden. Nachdem unsere Motive oft unbewusst in uns schlummern, uns aber dennoch in Aktion bringen, macht es Sinn, sich mit dem Thema Motivation näher zu beschäftigen.

Was ist der Grund, der Sie morgens zum Aufstehen bringt? Was sorgt dafür, dass Sie regelmäßig Ihrer Tätigkeit nachkommen? Was ist es, das dafür sorgt, dass Sie in Bewegung bleiben?

Zum einen finden wir Motive, deren Ursprung wir in uns selbst finden, Motive die sich in unseren persönlichen Vorstellungen und Maßstäben finden. So macht sich jemand selbstständig, weil er gerne für sich selbst entscheidet, oder es schreibt jemand Artikel für das Internet, weil das Schreiben als solches ihm wichtig ist. Beim Gegenüber finden wir Motive, die von äußeren Umständen und Anreizen geleitet werden. So stellt jemand vielleicht deshalb Mitarbeiter ein, weil seine Kunden das von ihm erwarten oder er sorgt für eine ordnungsgemäße Buchhaltung, weil das Finanzamt dies von ihm fordert. Die Umsetzung von Motiven in Handlung nennt man Motivation.

Werte

Werte finden sich als Begriffe wie Sicherheit, Gewinn, Erfolg, Zuverlässigkeit, Freundschaft usw. Sie sind Ursache unseres Verhaltens und innere, meist unbewusste, Motivatoren. Werte sind Triebkraft für unser Verhalten und müssen mit diesem auch in Einklang stehen. Werte sind für einzelne Personen, Teams, Unternehmen und die Gesellschaft von großer Bedeutung. Sie dienen als Kriterien bei der Beurteilung unseres Verhaltens. Werte bilden die Grundlage für unsere Urteile über das was unser Leben lebenswert macht. Jeder Mensch, jeder Unternehmer nutzt seine persönlichen Werte, um sich zu bewegen in Richtung Zufriedenheit und Erfolg. Stimmen die inneren Werte und das Verhalten überein, fühlen sich das Leben und die erforderlichen Aufgaben leicht an. Sobald die inneren Werte und das eigene Verhalten nicht eindeutig zusammenpassen, folgt daraus Unzufriedenheit, Stress und Burn-out.

Werte werden festgelegt durch Gesellschaft, Familie, Freundeskreis und allgemeines Umfeld. Die Prägung ist maßgeblich von der Eigenart der verschiedenen Kulturen abhängig. Sie dienen der Orientierung für Richtung, Ziele und Handlung. Werte bieten einen Filter, mit dem das eigene Verhalten eingesetzt und überprüft werden kann. Individuelle Werte geben die Richtung vor und wollen gelebt werden.

Werte treten typischerweise als Hierarchie auf. Das heißt, es gibt übergeordnete Werte. Diese zeigen sich durch eine stärkere Auswirkung auf unser Verhalten. Werte, die im Bewusstsein sind, können Entscheidungen beschleunigen. Von Wertekonflikten spricht man, wenn zwei oder mehr Werte miteinander in Konflikt stehen. Wenn das der Fall ist, ist ein zögerliches und unentschlossenes Verhalten zu beobachten.

Bei Werten handelt es sich üblicherweise um Nominalisierungen, die individuell von den einzelnen Menschen auch unterschiedlich interpretiert werden. So sind sie zum einen eine individuelle und meist unbewusste Entscheidungsleitlinie, zum anderen gelten sie als moralische Richtschnur, die eine Gruppe, ein Team, Unternehmen oder eine Gesellschaftsgruppe zusammenhält und Orientierung schafft. Werte sind weder »gut« noch »schlecht«. Werte beeinflussen Wünsche und Vorstellungen maßgeblich.

Werte sind also die Gesamtheit der Auffassungen einer Person, die maßgeblich für die Motivation verantwortlich sind und das Verhalten dadurch beeinflussen.

Umsetzungskompetenz

Umsetzungskompetenz bezeichnet die Willenskraft von Menschen, Visionen, Ziele und Vorhaben umzusetzen. In Unternehmen verstehen wir darunter die Fähigkeit Strategien, Geschäftspläne, Ideen und Prozesse effizient umzusetzen.

Je mehr es gelingt als Mensch oder Unternehmen die eigenen Werte zu leben, desto größer ist die Motivation und auch Kraft, die erwünschte Ergebnisse zu erzielen. Als Umsetzungskompetenz bezeichnen wir letztlich die Fähigkeit als Unternehmen erfolgreich am Markt zu bestehen, die Ideen, Vorstellungen und Visionen in die Tat umzusetzen.

Wir möchten Ihnen im folgenden Kapitel Anregungen geben, wie Sie Ihre Motivation mit Hilfe Ihrer Werte aufbauen und direkt in Umsetzungskompetenz umwandeln. Praxisnah und einfach. Denn unsere Erfahrung ist, wenn Dinge leicht sind, dann funktionieren sie auch.

Eigene Werte kennen und leben

Zufriedene Menschen schaffen erfolgreiche Unternehmen

Egal ob Sie als Freiberufler, Selbstständiger oder Unternehmer tätig sind, in jedem Fall gilt: Exzellente Unternehmer haben die Nase vorn. Sie streben privat und geschäftlich nach einem zufriedenen und sinnvollen Leben. Sie streben nach persönlichem und beruflichem Erfolg. Egal, was Sie vorhaben, gründen, stabilisieren oder wachsen. Für jedes Unternehmen gilt: Erfolg heißt: *Mensch und Unternehmen sind zufrieden.*

Sie sind als Unternehmer die Schaltstelle in Ihrem Unternehmen. Deshalb ist es besonders wichtig, dass Sie Ihre eigenen, inneren Werte kennen und Ihr Leben danach ausrichten. Sie können BWL studieren, eine Vielzahl von Fachfortbildungen besuchen. Sie können sich Partner ins Boot holen. Immer aber bleiben Sie als Mensch das Zahnrad, das Ihr Werk am Laufen hält. Sie als Mensch sind es, der zufrieden sein muss, dann lässt sich alles andere schaffen. Wenn Sie nachhaltig erfolgreich sein möchten, müssen Ihre persönlichen Werte sich in Ihrer Firma wieder finden, nicht anders herum (siehe Abbildung 2).

Abbildung 2: So schaffen Sie Umsetzungskompetenz mit Hilfe Ihrer Werte

Persönliche Zufriedenheit ist also die Grundlage, damit Ihr Unternehmen wächst und gedeiht. Haben Sie schon einmal ein blühendes Unternehmen entdeckt, hinter dem sich ein unzufriedener Mensch verbirgt? Vermutlich eher nicht.

Ihre persönliche Zufriedenheit als Mensch entscheidet maßgeblich über den Erfolg Ihres Unternehmens.

Manchmal verlieren wir das, was uns zu Beginn wichtig war, aus den Augen. Das berühmte Hamsterrad hat uns erwischt. Das noch schnell und dies noch schnell. Das kennen Sie sicher auch. Ihr Esprit und Ihre Begeisterungsfähigkeit gehen verloren. Sie tun öfter das Dringende als das Wichtige und stellen sich von Zeit zu Zeit die Frage, ob es das jetzt ist, das erfolgreiche Unternehmerdasein. In diesem Zustand verlieren Sie das Wichtigste, Ihre Zufriedenheit, die Gelassenheit, den Blick für Chancen und Gelegenheiten. Das muss nicht sein, es geht auch anders.

Ihr Geschäft gelingt sicher kurzfristig auch dann, wenn Sie hektisch und genervt sind, wenn alle Strukturen so angelegt sind, dass das Geschäft rational funktionieren kann. Auf lange Zeit gesehen, ist es jedoch immer notwendig die eigenen Werte zu leben, um den Erfolg im Haus zu halten.

Ihre Mitarbeiter werden gerne bleiben und motiviert arbeiten, wenn sie wissen, dass Sie als überzeugter Chef hinter all den Vorhaben stehen. Die Bank und Ihre Partner werden Ihnen eher vertrauen, wenn Sie wissen, dass Sie selbst von Ihrer Sache überzeugt sind. Ihre Kunden werden vermutlich gerne wieder kommen, wenn ein guter Geist in Ihrem Hause herrscht.

Es ist also unabdingbar, dass Sie als Mensch dafür sorgen, dass es Ihnen gut geht. Das ist eine grundsätzliche Voraussetzung dafür, ein erfolgreiches Unternehmen zum Wachsen zu bringen. Nicht die Umstände oder Ihr Umfeld bestimmen darüber, ob Sie zufrieden sind, ob Ihr Unternehmen gedeiht, sondern Ihr Alltag, Ihre Gewohnheiten und Ihre Verhaltensweisen. Beugen Sie vor: Burnout hat weniger Chancen bei Menschen, die verantwortlich dafür sorgen, dass es ihnen selbst gut geht.

Vielleicht haben Sie bereits die Fachkenntnisse, die Sie für das Bestehen und das Wachstum Ihres Unternehmens benötigen. Dann ist der erste Schritt bereits getan. Um wirklich erfolgreich zu sein, ist es wichtig, Ihr Unternehmen zu entwickeln, Ihre Ziele zu definieren. Unternehmer, die Kenntnisse und die nötigen Fertigkeiten erworben haben, sind durch deren bloßen Erwerb nicht erfolgreich geworden. Es ist notwendig die Dinge anzuwenden und zu tun. Die meisten Unternehmer scheitern nicht an Unkenntnis, sondern entweder daran, sich in Dringendem zu verzetteln oder sie haben jede Menge Ideen, bringen diese aber nicht in die Umsetzung. Warum ist das so?

Als Mensch benötigen wir immer einen emotionalen Antrieb, der uns bewegt und weiterführt: Motivation. Erfolg ist ohne Motivation nicht möglich. Ohne Motivation bleiben wir der, der wir sind und kommen nicht weiter. Erfolgreiche Unternehmer, sind deshalb so erfolgreich, weil sie sich selbst enorm gut motivieren können. Sie verharren nicht wochen- und monatelang in dem Zustand von »Heute schaffe ich das nicht mehr«, sondern sie tun. Sie wissen was wichtig ist und setzen ihre Ideen um. Motivation, das ist der Grundstein für Ihren Erfolg. Es geht also darum, sich selbst zu motivieren. Das Ergebnis ist ein emotional guter, innerer Zustand. Er lässt Sie gute Entscheidungen treffen. Er sorgt dafür, dass es Ihnen leichtfällt, Entscheidungen zu treffen. Er lässt Sie jeden Tag aufs Neue das tun, was Ihnen wirklich wichtig ist.

1 Motivation – Ihr Motor für den Erfolg

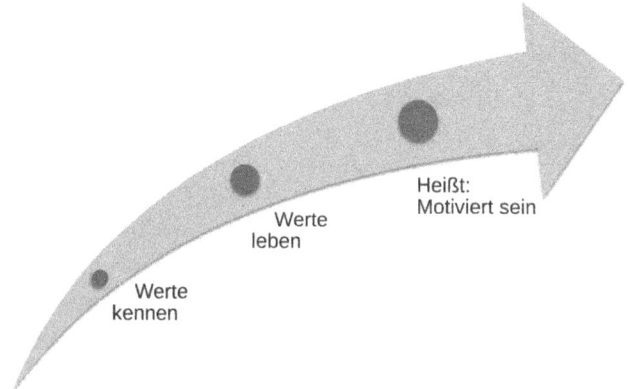

Abbildung 3: Werte bilden die Grundlage für Ihre Motivation

Werden Sie Meister der eigenen Motivation und Sie werden Meister auf Ihrem Gebiet. Egal ob Sie Architekt, Händler, IT-Dienstleister oder Handwerker sind. Werden Sie Experte darin, sich gut zu fühlen. Tun Sie immer die Dinge, die wichtig sind, um Ihr Geschäft in die richtige Richtung zu lenken. Vielleicht stellen Sie sich jetzt die Frage, wie kann das gelingen?

Nahezu alles in Ihrem Leben lässt sich erlernen

Sie haben wahrscheinlich bereits ein Unternehmen gegründet. Auch da war vieles neu. Sie haben vieles in Ihrem Leben bereits erreicht und geschafft. Was hat Sie motiviert? Was war es, das Sie dazu gebracht hat, Ihre Ziele zu erreichen?

Es sind die eigenen inneren Antreiber, auch Werte genannt, die uns motivieren und in Aktion bringen. Es ist kein Zufall, dass manche Menschen erfolgreich und zufrieden sind und andere nicht. Es gibt das Eine langfristig nicht ohne das Andere. Motivation kann Sie dazu bringen, persönliche Bestleistungen zu erbringen. Was denken Sie war der Grund, dass Deutschland 2014 zum vierten Mal Weltmeister bei der Fußball WM geworden ist. Das Team, der Trainer, Manager, Fans und viele mehr. Sie wollten alle dasselbe: Ruhm und Ehre. Gewinnen. Erste sein in der Welt. Zusammen haben sie es geschafft. Jeder hat seinen Teil dazu beigetragen. Allen war dasselbe wichtig. Was wollen Sie so erreichen? Was ist Ihnen wirklich wichtig? Wissen Sie es? Leben Sie es?

Vieles haben Sie bereits gelernt, manches steht vielleicht noch an. Sich selbst mit den eigenen Werten zu beschäftigen, ist immer wieder eine neue Herausforderung. Viele Unternehmer sind der Meinung, sie wissen fachlich noch nicht genug. Sie strengen sich an. Lernen mühevoll mehr über ihre Zahlen, müssen alles über Marketing wissen und so weiter. Es wird anstrengend. Viele Beispiele aus der Praxis zeigen, dass es auch leicht gehen kann, Neues zu lernen. Immer dann, wenn Menschen motiviert sind, neugierig bleiben und wissen, was ihnen wichtig ist. Nicht das Lernen steht dann im Vordergrund, sondern der angestrebte Erfolg.

Jeder Mensch definiert Erfolg anders. Der eine sagt, Geld sei seine Hauptmotivation, der andere meint es wäre sinnvoll Arbeitsplätze zu schaffen. Manche Unternehmer wollen es besser machen als ihr früherer Chef, andere wiederum möchte es jemandem gleich tun. Steve Jobs ist für 25 Prozent der Unternehmer in der IT-Branche Vorbild. Er hat gezeigt, dass es möglich ist, ein Unternehmen zu erschaffen, das auch nach vielen Jahren die persönlichen Werte lebt und weiter trägt.

Werden Sie sich Ihrer Werte bewusst

Was auch immer Ihr Antreiber ist. Finden Sie es heraus. Denken Sie darüber nach, was Ihnen als Mensch wichtig ist, was Ihnen als Unternehmer wichtig ist. Was ist es, das Sie zufrieden macht, das Sie antreibt und motiviert. Was ist es, das Sie sehen, wenn Sie Ihre Augen schließen und an Ihr eigenes erfolgreiches Unternehmen denken. Was fällt Ihnen als Erstes ein. Suchen Sie danach. Dann ist es möglich alles in Ihrem Leben daran auszurichten. So erreichen Sie das, was Ihnen wichtig ist.

Wir tun es zwar unbewusst, nehmen uns aber kaum die Zeit, um unsere Antreiber gezielt zu definieren und entsprechend zu leben. Um langfristig am Markt zu punkten, ist es wichtig, dass Sie Ihre Leitmotive kennen. So können Sie trotz ständiger Veränderung Ihren eigenen Weg im Auge behalten und das dafür Wichtige tun. Jedes Unternehmen hat einen eigenen Spirit, den Geist, der nach außen getragen und im Innen gelebt wird. Überlassen Sie es nicht dem Zufall. Finden Sie heraus, was in Ihrem Unternehmen auf jeden Fall Bestand haben soll. Weit über das Morgen hinaus. Finden Sie Ihre Motive und kommunizieren Sie diese an Ihre Mitarbeiter. Was ist es, das Ihr Wirken ausmacht? Was ist es, das Sie in die Welt tragen wollen?

Unternehmer, die Ihre Leitmotive kennen und leben haben jederzeit eine sichere Entscheidungshilfe. Die Frage »Soll ich oder soll ich lieber nicht?« lässt sich leicht beantworten, wenn klar ist, wohin die Reise gehen soll. Ist eines Ihrer Leitmotive zum Beispiel »Langfristigkeit«, dann ist ein einmaliges, renditestarkes und unsicheres Projekt vielleicht ein gutes Angebot, sicher aber nicht im Sinne des Unternehmens. Ist das Angebot vielleicht weniger rentabel, dafür aber sicher und langfristig, wäre die Entscheidung gemäß dem Motiv »langfristig« hier zielführend.

Falls Sie entscheiden, ein Unternehmen aufzubauen und nach der Anfangszeit mehr Zeit für die Familie zu haben, Ihr Leitmotiv also »Zeit für Familie und Beruf« ist, wäre es sinnvoll, rechtzeitig die nötigen Strukturen und Qualitätsmerkmale einzuführen, um sich mehr und mehr aus dem Alltagsgeschäft herauszunehmen. Die Rolle des Unternehmers als Gestalter und Chef wäre hier angemessen. Eventuell muss dann rechtzeitig mehr Personal akquiriert, ein Manager angeleitet und angestellt werden.

Leitmotive geben die Richtung vor. Unternehmer, die ihre Motive kennen und leben, finden sich selten im Widerspruch. Sie leben Ihre Werte und schaffen so Unternehmenserfolg und persönliche Zufriedenheit. Persönliche Werte gehen immer auch in die Unternehmenswerte ein. Es können die Gleichen sein, müssen aber nicht. Meist führen persönliche Werte zu den künftigen Unternehmenszielen. In jedem Fall muss der Unternehmer sich immer darin wiederfinden.

Vielleicht ist Ihnen »Wachstum« besonders wichtig. Im Unternehmen beanspruchen Sie also über Empfehlungen Neugeschäft zu generieren. Ihr Wert ist also »Weiterempfehlung und gutes Image«. Dann ist es wichtig, es Ihren Kunden auch leicht zu machen, Sie zu empfehlen. Dann ist es vielleicht wichtig, soziale Medien wie zum Beispiel Facebook zu nutzen und eine transparente Kommunikation aufzubauen. Dort ist es leicht, über neue Ereignisse zu kommunizieren und Ihre Fans haben die Möglichkeit, Ihre Beiträge zu verteilen. Vielleicht ist auch ein Newsletter sinnvoll, den Ihre Kunden auf einfache Weise weiterleiten können. Wenn »Qualität« Ihnen ganz besonders wichtig ist, sollten Sie rasch über ein Qualitätsmanagement-System nachdenken und wenn Sie Ihr Wert »Harmonie« im Unternehmen dazu führt, dass Sie vor allem zufriedene Stammkunden wollen, dann darf die Kundenbefragung nicht fehlen.

> Sobald Ihnen Ihre Werte, Motive oder Leitmotive klar sind, ist es ein Leichtes, Ihr Verhalten darauf abzustimmen.

Machen Sie sich bewusst: Ihre Werte müssen gelebt werden. Nur dann werden Sie als Mensch und Unternehmer zufrieden sein und Ihr Betrieb kann gesund wachsen.

Viele Werte verändern sich im Lauf der Zeit. So war es vielleicht zu Beginn Ihrer Selbstständigkeit besonders wichtig, sichere Aufträge zu erhalten. Sie waren preislich sehr kulant und konnten sich das auch leisten. Inzwischen sind Sie gewachsen, Ihre Kosten sind gestiegen und es wird immer wichtiger, rentable Aufträge zu erhalten. Sie müssen sich anpassen. Vielleicht ist jetzt eine andere Zielgruppe für Sie passend, vielleicht müssen Ihre internen Strukturen angepasst werden. Ihre Leitmotive aber werden bleiben. Steve Jobs wollte mit Apple-Produkten immer ein perfektes Design präsentieren. Vieles hat sich verändert, das aber blieb bis zuletzt sein Hauptaugenmerk.

> Ihr Leben ändert sich. Ihr Unternehmen entwickelt sich. Nehmen Sie sich immer wieder Zeit, um Ihre Werte zu überdenken und Ihr Verhalten entsprechend anzupassen.
>
> Sie werden sehen, es lohnt sich.

rnen aus der Praxis

Zwei Architekten eröffneten ein gemeinsames Büro. Machten sich zusammen selbstständig. Beide taten es vor allem deshalb, weil sie aus dem Stressjob raus wollten, endlich ihre Ideen und Entwurfsplanungen so machen wollten, wie es ihnen selbst am besten gefällt. So wie sie es für richtig halten. Sie wollten sich als Architekten und Ideengeber verwirklichen. Kreativität leben. Geld war nicht das Wichtigste zu Beginn, mittelfristig aber sollten ein guter Lebensstandard und auch Rücklagen geschaffen werden. Das Wichtigste war aber: Sie wollten Spaß haben.

Das Geschäft lief gut an. Nach 3 Jahren kleinerer Bauvorhaben wurde ein kapitalstarker Bauherr auf die beiden aufmerksam und erteilte den ersten größeren Auftrag. Zu Beginn war alles gut leistbar. Sechs Doppelhäuser pro Jahr, das war gut zu schaffen neben den Kleinaufträgen, die sie sonst noch hatten. Es wurde eine Halbtags-Verwaltungskraft eingestellt, das sollte es leichter machen.

Der Bauherr freute sich, der Markt war gut. Das Büro freute sich über den ersten »großen« Auftrag. 60 Wohneinheiten. Es wurden zwei freiberufliche Architekten hinzugezogen. Die Aufträge wurden größer, 80, 160, 220 Wohneinheiten. Ein Traum für jedes Architekturbüro. Mehr Angestellte mussten her, die Freiberufler waren auf Dauer zu teuer. Die Aufträge wurden mehr und größer. Inzwischen konnten sie keine weiteren Bauvorhaben mehr verwirklichen.

Als ich von einem der beiden Architekten einen Beratungsauftrag erhielt, war das Büro 320 qm groß. Mitarbeiter waren: zwei Vollzeit Verwaltungsangestellte, vier fest angestellte Architekten, ein hauptberuflicher Bauleiter und zwischen zwei und sechs freiberuflichen Mitarbeitern, je nach Aufwand. Toll – eigentlich.

Eigentlich deshalb, weil beide unzufrieden den Alltag meisterten. Freude und Spaß? Das hatten sie lange nicht mehr. Entwurfsplanungen? Die machten längst andere. Keine Zeit. Ihre Aufgabe war es, den Bauherrn zufriedenzustellen. Verträge aushandeln, Sonderwünsche beauftragen, Handwerker managen, Zeit- und Projektpläne erstellen, Anwälte beauftragen, Baubeschreibungen erstellen und so einiges mehr. Für eigene, unternehmerische Aufgaben und Ziele Pläne entwickeln, keine Zeit. Leider taten sie beruflich nichts mehr von dem, was ihnen wichtig war. Privat hatten sie kaum Zeit für Sport oder Urlaub, die Familien kamen in jeder Hinsicht zu kurz und an Freunde war zu der Zeit nicht zu denken. Was das Ganze aber besonders unangenehm machte, war die spürbare Unzufriedenheit bei beiden Chefs. Die Konflikte wurden mehr, die Zahlen schlechter. Im davorliegenden Kalenderjahr konnten zwar alle Kosten und Gehälter bezahlt werden, beide konnten aber mehrere Monate kein eigenes Gehalt beziehen.

Die Unternehmerrolle kam zu kurz. Eigene Jahresplanungen, ein Geschäftsplan oder gezielte Marketingmaßnahmen, Kosten- und Gewinnkalkulation, gezielte Mitarbeiterführung. Nichts von alledem. Der Bauherr war der eigentliche Chef. Er bestimmte den Alltag. Seine Wünsche mussten umgesetzt werden, immer und zu jeder Zeit, um jeden Preis.

Und dann der Crash. Die Projekte wurden schlechter abgewickelt, der Bauherr war unzufrieden und übergab die künftigen Aufträge an andere Architekturbüros.

1 Motivation – Ihr Motor für den Erfolg

Schicksal oder Chance? Es hätte die Möglichkeit gegeben, auf die Suche nach ähnlich großen Projekten zu gehen und bei Auftragserfolg einfach so weiter zu machen wie bisher. Das wollten beide nicht. Ihnen war klar geworden, dass diese Art, Architekt zu sein, ein Unternehmen zu führen nicht ihrer Vorstellung entsprach.

Was war passiert?

Die Leitmotive zu Beginn ihrer Selbstständigkeit: Kreativität leben, mehr Zeit für Familie und Hobbys und eine stabile finanzielle Grund- und Rücklage schaffen – nichts von alledem wurde im Alltag gelebt. Beide hatten immer weniger Lust auf ihre Arbeit, es ging nicht mehr darum, die eigenen Ziele zu verwirklichen. Immer schneller drehte sich das Hamsterrad und die Motivation erreichte schließlich einen Nullpunkt. Natürlich zeigte sich das auch im Außen. Bauherr, Kunden, Mitarbeiter – alle bekamen die Unzufriedenheit zu spüren und das hatte selbstverständlich auch Auswirkungen auf den geschäftlichen Erfolg.

Praktisch heißt das für Sie

Dieses Beispiel ist kein Einzelfall. Hier wird sichtbar, dass die persönlichen Werte weitaus wichtiger sind als oftmals angenommen. Es begegnet mir häufig in meiner Beraterpraxis, dass Unternehmer vom scheinbaren Erfolg überrollt werden. Obwohl alles auf den ersten Blick sehr erfolgversprechend aussieht, steigt die Unzufriedenheit von Monat zu Monat. Leider lässt sich dies über kurz oder lang auch an der Leistung ablesen. Unternehmer verhalten sich so, wie der Markt es scheinbar verlangt. Anpassen statt Gestalten. Der ständige Druck wird zunehmend belastend. Der Ausstieg aus dem Hamsterrad scheinbar unmöglich.

Hätten beide ihre Leitmotive im Blick gehabt, wäre dies sicher nicht passiert. Darüber sind beide sich inzwischen einig. Sie wollten kreativ sein, ihre Ideen verwirklichen. Das wäre auch in der Rolle als Unternehmer und Gestalter möglich gewesen. Mit diesem Motiv im Blick wäre es möglich gewesen, rechtzeitig die richtigen Strukturen zu schaffen und mehr und mehr aus dem Tagesgeschäft in die Unternehmerrolle zu wechseln. Stattdessen wurden sie zum Manager des Bauherrn. Abhängig in allen Bereichen. Schade.

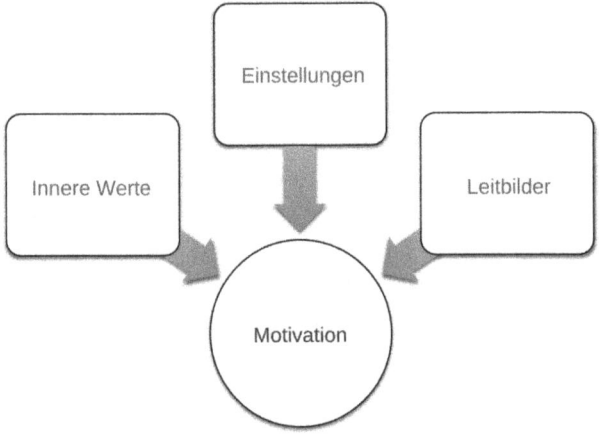

Abbildung 4: Wenn Ihre inneren Werte, Ihre Einstellungen und Leitbilder in Einklang sind, entsteht die Motivation in Ihnen, die es benötigt, um Ihre Erfolge zu verwirklichen

Sie spüren selbst genau, ob Sie motiviert sind oder sich ausgelaugt und müde fühlen. Prüfen Sie Ihre Leitmotive, Werte und Verhaltensweisen. Das ist der schnelle Weg zu mehr Zufriedenheit und damit Elan und Tatkraft.

Sicher möchte Sie wissen, wie es mit den Architekten weitergegangen ist:

Die beiden Architekten haben sich getrennt. Die Mitarbeiter entlassen. Nach einer längeren Abwicklungsphase wurde der Neustart in die Wege geleitet: Einer von beiden führt inzwischen ein Büro mit drei Mitarbeitern und nimmt sich regelmäßig Zeit, um sein Geschäft zu gestalten. Er plant das Geschäftsjahr, findet seine Wunschkunden und führt seine Mitarbeiter. Er hat seine Rolle als Unternehmer angenommen. Der zweite hat sich für eine freiberufliche Tätigkeit entschieden. Er hat sein Büro zuhause und bekommt ausreichend kleine Aufträge, die ihn inspirieren. Beide sind zufrieden.

Werte, Motive oder Einstellungen. Egal wie Sie es nennen, es geht immer um Sie. Woher wissen Sie, dass Ihre Entscheidung richtig ist? »Ich weiß es eben.« Das ist die Antwort, die wir immer dann geben, wenn wir unbewusst unseren Werten folgen. Die meisten von uns tun sich schwer mit der Begründung:

- warum man rechtzeitig da sein muss.
- warum wir auch ohne Geld glücklich sein können.
- warum wir tagsüber arbeiten und nachts schlafen sollen.
- warum wir am Wochenende frei machen.
- warum wir uns um die Familie kümmern sollen.
- warum wir unsere Rechnungen bezahlen sollen.
- warum wir Mitarbeitern Sicherheit bieten müssen.
- warum Beziehungen wichtig sind.
- warum wir jeden Auftrag annehmen müssen.
- warum wir im Team arbeiten müssen.
- ...

Solche Beispiele gibt es unendlich viele. Wir reagieren, agieren auf eine bestimmte Weise, ohne uns bewusst darüber Gedanken zu machen, warum das so ist. Es sind unbewusste Prozesse. Wäre es doch auch ziemlich anstrengend, wenn wir bei jeder Situation immer wieder neu prüfen und entscheiden müssten. Werte und Motive sind also im Alltag sehr sinnvoll. Sie bestimmen auch unsere Identität. Sie bestimmen unser Verhalten und unseren Umgang mit anderen.

Problematisch wird es dann, wenn wir unsere Werte nicht leben. Das heißt, wenn wir uns anders verhalten als es uns entspricht. Das geht sicher eine Zeit lang gut. Auf Dauer aber ist dies sehr belastend. Niemand ist langfristig glücklich, der beispielsweise in seinem Beruf die eigenen Werte nicht leben kann. Wenn Ihnen Fortschritt und Freiheit wichtig sind, Sie aber ausschließlich gleiche Tätigkeiten verrichten für die ein anderer die Termine festlegt, dann werden Sie auf Dauer nicht zufrieden sein. Wenn Ihnen Ihre Familie das Wichtigste ist, Sie aber täglich nach 21 Uhr nach Hause kommen, um morgens um 7 Uhr wieder im Büro zu sein, dann werden Sie den Spaß an Ihrer Arbeit langfristig verlieren. Kaum werden Sie Menschen finden, die im Geschäft fröhlich und zuvorkommend sind und privat ausschließlich mürrisch. Wenn das so ist, ist irgendetwas nicht in Ordnung. Meist steht das in direktem Zusammenhang mit Ihren inneren Werten und Leitmotiven.

Klarheit die eigenen Werte und Motivationen betreffend verschafft Erleichterung im ganzen Leben. Sie gibt uns die Möglichkeit, unsere Werte so in unseren beruflichen und privaten Alltag zu integrieren, dass das, was wir tun, uns auch Spaß macht. Wertekonflikte machen uns immer unzufrieden und demotiviert. Steigende Anstrengung im Alltag ist immer ein Zeichen dafür, dass wir das, was uns wichtig ist, im Moment nicht leben.

Sobald Sie Ihr Leben so gestalten, dass es Ihren inneren Werten entspricht, funktioniert alles wie am Schnürchen. Sie arbeiten zwar, manchmal auch viel, das macht Ihnen aber keine Mühe. Sie sind abends rechtschaffend müde aber nicht erledigt. Sie sind im Flow.

Das ist der Zustand, der Ihnen langfristig Erfolg beschert, der für Ihr weiteres Wachstum wichtig ist. Vielleicht kommen Sie beim nächsten Wachstumsschritt aus der Balance. Dann ist es wichtig, sich erst selbst wieder in Ihr inneres Gleichgewicht zu bringen, bevor Sie die nächsten Schritte gehen. Nehmen Sie sich immer wieder Zeit, um sich zu besinnen.

- Ist das, was Sie tun auch das, was Sie wollen?
- Dient der nächste Schritt Ihren inneren Wertvorstellungen?
- Was ist Ihnen wirklich wichtig?

1 Motivation – Ihr Motor für den Erfolg

Machen Sie sich bewusst, dass Sie nur als zufriedener Mensch Ihr Unternehmen sinnvoll führen können. Nur dann werden Sie es schaffen, die nächsten Wachstumsschritte zur Zufriedenheit aller umzusetzen. Und letztlich sind Sie nur als zufriedener Mensch in der Lage, wichtige Entscheidungen zu treffen und Ihre Möglichkeiten am Markt zu nutzen. Ihre Mitarbeiter werden Sie schätzen und alles tun, um Ihren Teil zum Gelingen des Vorhabens beizutragen. Es gibt Werte, die Sie Ihr Leben lang leben werden und es gibt andere, die werden sich ändern. Leben ändert sich, Ihre inneren Werte auch. Allerdings, nur zum Teil.

»Bewusstsein«, »Spaß« und »Anstand« sind Werte, die vermutlich sehr lange Ihr Kompass sein können. »Wachstum«, »Familie« und »Gesundheit« – hier wird sich die Wertigkeit vermutlich immer wieder ändern. Sie sind vielleicht abhängig von ihrer derzeitigen Lebenssituation. Deshalb ist es so wichtig, sich immer wieder mit den eigenen Werten zu beschäftigen. Immer wieder einen Check zu machen: Passt das, was mir wichtig ist und das, was ich tue noch zusammen?

Was ich Ihnen gerne auf Ihren Weg mitgeben möchte, ist: Immer dann, wenn Sie über einen längeren Zeitraum unzufrieden und unmotiviert sind, wird es Zeit, die eigenen Werte zu prüfen.

Sie werden sehen, sich die Zeit zu nehmen und sich damit auseinanderzusetzen, macht wirklich Sinn. Es stellt sich dann nahezu immer heraus, dass Ihr Verhalten im Moment nicht mit Ihren inneren Werten übereinstimmt. So haben Sie die Möglichkeit, die nötigen Anpassungen vorzunehmen, und bekommen wieder Elan und Tatendrang. Ihr Leben, privat und beruflich, wendet sich schnell wieder zum Guten.

> Manche Werte bleiben – andere ändern sich je nach Lebenssituation.
> Machen Sie regelmäßig den Check.
> Passen Ihre Gewohnheiten und Verhaltensweisen noch zu dem, was Ihnen wichtig ist?

Jetzt sind Sie dran

Eigene Werte und Motive definieren

Was war Ihnen zu Beginn Ihrer Selbstständigkeit besonders wichtig? Es geht um die Werte, die Ihren persönlichen Kompass darstellen. Die Werte und Motive, die langfristig Ihrer Persönlichkeit entsprechen. Die Werte und Motive, die Ihrer persönlichen Erfolgsskala entsprechen. Es geht hier weniger darum, welche Werte Sie haben sollten, als darum, welche Werte Sie tatsächlich haben.

- Wenn »Sicherheit« für Sie sehr wichtig ist, dann spiegelt sich dies in Ihrem bisherigen Leben wider. Falls Sie bisher sehr viele Jobs hatten, oft Ihren Partner wechseln, durchschnittlich alle drei Jahre umziehen, und Motocross und Gleitschirmfliegen zu Ihren Hobbys gehören, dann sollten Sie dies noch einmal prüfen. Sicherheit gehört dann sicher nicht zu Ihren wichtigsten Werten, die Sie auch leben.
- Sollten Sie den Wert »Liquidität« für sich beanspruchen, was bestimmt sinnvoll ist, dann wäre es sicher so, dass Sie in Ihrem Leben Ihre Rechnungen direkt bezahlen, Rücklagen für die Steuer angelegt haben und auch für sonstige Eventualitäten vorgesorgt haben.
- Falls Sie »Zusammen« oder »Team« für sich als Wert beanspruchen, überprüfen Sie, bei welchen Entscheidungen Sie sich wirklich wohlfühlen. Die, die Sie alleine getroffen haben, oder die, die Sie zusammen mit anderen entschieden haben.

Es geht also hier darum, die Werte zu finden, die Sie auch leben. Nicht die, die Sie leben sollten. Gerne können Sie auch Ihr Umfeld befragen: »Was scheint dir, ist mir wirklich wichtig?« Manchmal sehen andere uns mit Abstand besser. Es kann sein, dass hier Eigen- und Fremdbild auseinander klaffen. Nutzen Sie

1 Motivation – Ihr Motor für den Erfolg

das erhaltene Feedback, um sich weitere Gedanken zu machen und zu überprüfen, ob es hier einer Korrektur bedarf.

Haben Sie Ihre persönlichen Werte definiert, zeigen diese Ihnen den Weg, der Sie nachhaltig zufrieden macht. Vor allem behalten und stärken Sie so Ihre persönliche Motivation, langfristig. Nicht das Beginnen wird belohnt, sondern das Durchhalten. Sobald Sie Ihre inneren Werte kennen, geht das wesentlich einfacher.

> Wer seine Werte kennt, kann sich auch nachhaltig motivieren, seine Ziele zu verfolgen.

Für viele meiner Kunden hat es sich bewährt, sich feste Termine im Kalender einzutragen, um daran zu arbeiten. Tage, an denen sie nicht im, sondern am Unternehmen arbeiten. Und dazu gehört auch die eigene Zufriedenheitsskala.

Wenn Sie die Zufriedenheit auf einer Skala von eins bis zehn eintragen würden, wo wären Sie heute?

10 bedeutet, Sie sind sehr zufrieden – 1 bedeutet, Sie sind überhaupt nicht zufrieden.

Damit Sie sich mit der Überprüfung auch in schwierigen Zeiten leicht tun, macht es Sinn, sich eine Zufriedenheitswerte-Liste zu erstellen.

Nehmen Sie sich Zeit, um folgende Fragen zu beantworten:
(Die nachfolgende Werte-/Motivationsliste kann dabei behilflich sein.)
1. Was ist Ihnen persönlich wichtig?
2. Was ist Ihnen beruflich wichtig?
3. Was ist Ihnen für Ihr persönliches Umfeld wichtig?
4. Was möchten Sie in und mit diesem Unternehmen leben?
5. Was muss unbedingt erreicht werden? Leitbild?
6. Wie fühlen Sie sich wohl? Was brauchen Sie dafür?

7. Wie wird Ihr Unternehmen aussehen, wenn Sie diese Werte und Motive gezielt leben?
8. Welche Werte und Motive geben Ihnen langfristig Energie, Motivation, Lust und Elan?
9. Was sind Ihre Aufgaben im Unternehmen, wenn dies Ihre Leitmotive sind?

> Jetzt wissen Sie, was Ihnen wirklich wichtig ist.
> Überprüfen Sie monatlich, ob Sie Ihr Verhalten und Ihre Zeit auch dafür nutzen. So können Sie jederzeit Ihren Kurs regulieren und anpassen.

Für viele Menschen gelten diese Hauptmotive:

- Sicherheit
- Einsparen von Zeit und Geld
- Image – Ruhm & Ehre

Vielleicht passt das auch für Sie, vielleicht eher nicht.

Die nachfolgende Liste kann Ihnen dabei helfen, Ihre eigenen wichtigen Werte und Motive zu beschreiben:

Die wichtigsten Werte sind die, die in jedem Fall und unter allen Umständen gelebt werden wollen, um zufrieden und anhaltend handlungsfähig zu sein.

1 Motivation – Ihr Motor für den Erfolg

Welche drei Werte / Motive sind für Sie die wichtigsten?
Persönlich – Beruflich

Hier eine Auswahl:

Anders sein	Umsatz	Gewinn	klare Aufgabenverteilung
Beständigkeit	Leistung	Verbesserung	Technologie
Ehrlichkeit	Familie	Experte sein	Verantwortung
Erlebnis	Spaß	Ruhm	Zuverlässigkeit
Kompetenz	Engagement	Wissen	Geduld
Zusammen	Chancen	Disziplin	Freiheit
Analyse	Logik	Image	Verbesserung
Optimierung	Gesundheit	Einkommen	Hilfsbereitschaft
Karriere	Marktführer	Fleiß	Umwelt
Bildung	Lebensfreude	Effizienz	Anstand
Offenheit	Genuss	Bewegung	Anerkennung
Loyalität	Ordnung	Geduld	Freundlichkeit
Kompetenz	Freude	Technologie	Wachstum
Altersversorgung	Sparsam	Qualität	Kontrolle
Idealismus	Methoden	Management	Nachhaltigkeit
Gerechtigkeit	Treue	Humor	Herzlichkeit
Liquidität	Kultur	Preiswert	Menschenorientiert
Erfolgsorientiert	Zuversicht	gemeinsam	Kundenorientiert
Weiterbildung	Planung	Vision	Zukunft
Vernunft	Motivation	Wachstum	Gewinn
Liquidität	Risiko	Wirksamkeit	Begeisterung
Zielorientiert	Stärke	Abwechslung	Herausforderung
Gesundheit	Langlebigkeit	Qualität	Innovation
Vertrauen	Luxus	Standhaft	Sinnvoll
Leidenschaft	Optimal	Zusammen	Alleine
Gemeinsam	Objektiv	Präzise	schnell
Tüchtig	Technik	Willensstark	Natur
Beständigkeit	Neues	Moral	Mission
Glaube	Team	Projekte	Lernen
Sorgfältig	Selbstständig	Entwicklung	Klarheit
Ziel	Ressourcen	Strategie	Ruhe
Gelassen	Veränderung	Gesellschaft	Mitarbeiter
Lehre	Wissenschaft	Kapital	Innovation

Meine drei wichtigsten Lebens-Werte:

(Die Sie über einen sehr langen Zeitraum hinweg als wichtig erachten)

Persönlich	Beruflich
1.	1.
2.	2.
3.	3.

Meine drei wichtigsten Werte zurzeit:

(Die, die in Ihrer jetzigen Situation besonders wichtig sind. Sobald sich diese ändert, ändern sich auch die Werte)

Persönlich	Beruflich
1.	1.
2.	2.
3.	3.

1 Motivation – Ihr Motor für den Erfolg 45

Die fünf wichtigsten Tipps zum Thema Motivation

Tipp 1	Denken Sie daran: Sie sind als Mensch maßgeblich für den Erfolg Ihres Unternehmens verantwortlich. Sie können Ihre Firma nur dann erfolgreich zum Wachsen bringen, wenn Sie sich selbst auch erfolgreich fühlen. Also tun Sie jeden Tag etwas für Ihr eigenes Wohlbefinden.
Tipp 2	Nehmen Sie sich regelmäßig Zeit, um sich Klarheit über Ihre inneren Werte zu verschaffen. Setzen Sie sich zu Beginn jeden Jahres feste Zeiten im Kalender.
Tipp 3	Schaffen Sie sich gute Gewohnheiten. Achten Sie auf Ihr Verhalten. Denken Sie immer daran Ihre Werte, Gewohnheit und Ihr Verhalten in Einklang zu bringen.
Tipp 4	Führen Sie ein Erfolgstagebuch: Was habe ich heute getan, um mich zufrieden zu stellen. Was habe ich heute entschieden, das mich meinen Wünschen näher bringt. Was habe ich in die Wege geleitet, das mich zufrieden macht.
Tipp 5	Vorsicht: »Wir sind Wissensriesen, aber Umsetzungszwerge«, also passen Sie Ihre Unternehmenswerte (Leitmotive, Leitbilder) immer wieder Ihren persönlichen Ansprüchen an. Sie geben die Richtung vor, nicht Ihr Unternehmen. Richten Sie das Unternehmens-Verhalten an Ihren persönlichen Ansprüchen aus.

2 Strategie – vom Traum zum Ziel

Den Weg kennen

- Definition
- Einblicke: Am Anfang steht ein Traum
- Lernen aus der Praxis
- Jetzt sind Sie dran
- Die fünf wichtigsten Tipps für Ihre Strategieentwicklung

Definition

Bewusst oder unbewusst. Jedes Unternehmen, jeder Mensch hat eine Strategie. Manchmal ist auch die Strategie, keine Strategie zu haben. In jedem Fall macht es Sinn, sich Bewusstsein zu verschaffen. Welches Ziel ist es, dem Sie folgen?

Zu Beginn der Geschäftstätigkeit werden kleine Unternehmen oft aus dem Bauch heraus geführt. Der Unternehmer nimmt an was kommt und existiert von Auftrag zu Auftrag. Mit der Zeit aber wird deutlich, dass trotz Intuition und Bauchgefühl ein Wachstum mit dieser Methode nicht möglich ist.

Um ein Unternehmen systematisch zum Wachsen zu bringen, ist es auf Dauer sinnvoll, die vorhandenen Ressourcen gezielt einzusetzen, eine Strategie und daraus einen Plan zu erarbeiten, der letztlich die Ziele des Unternehmers zur Umsetzung bringt.

Eine Strategie erleichtert das Arbeiten, die Unternehmens- und Mitarbeiterführung und gibt letztlich die notwendigen Entscheidungshilfen. Es geht darum, das Unternehmen offensiv zu führen und somit die Nachhaltigkeit am Markt zu gewährleisten. Unternehmen im Wachstum ist es dringend anzuraten, sich die erforderliche Zeit zu nehmen, um eine Unternehmens- und Wachstumsstrategie zu erarbeiten.

Strategien sind das Rezept, um zum Beispiel einen Kuchen zu backen. Sie geben genau vor, wie der Plan gelingen kann. Die einzelnen Schritte zur Zielerreichung sind genau beschrieben. Sie sind duplizierbar und können wiederholt werden. Die Reihenfolge dessen, was wir innerhalb einer Strategie tun, ist genauso wichtig wie das, was wir tun oder wer es tut. Wir gehen davon aus, dass Abläufe genau beschrieben werden mit dem Ziel, ein bestimmtes Ergebnis zu erreichen.

Unter einer Strategie verstehen wir also eine festgelegte Vorgehensweise, um ein gewünschtes Ergebnis zu erzielen. Sie ist eine grundsätzliche, langfristig festgelegte Verhaltensweise zur Verwirklichung der Visionen und Ziele.

Im Management werden mittelfristige, zwei bis vierjährige Ziele mittels einer Strategie festgelegt, immer wieder überprüft und angepasst. Klassischerweise versteht die Wirtschaft unter einer Strategie einen (Geschäfts-)Plan, der aufzeigt, auf welche Art und Weise die Unternehmensziele erreicht werden sollen.

Am Anfang steht ein Traum

Ziele kennen und die Strategie danach ausrichten

Wie Sie in der Definition von »Strategie« sicher bemerkt haben, ist es wichtig, Ihre Ziele zu kennen, um eine funktionierende Unternehmens-Strategie zu erarbeiten. Aber wie wollen Sie Ziele definieren, ohne sich vorher darüber Gedanken zu machen, was Sie wirklich wollen? Was ist, wenn Sie Ihren Traum nicht kennen?

»Nichts geschieht, ohne dass dem ein Traum vorausgeht.«

Carl Sandberg

Beginnen wir also mit dem, was wir oft im Alltag vergessen: Müßiggang, ein längst vergessenes Wort im allgemeinen Sprachgebrauch. »Aktive Menschen bringen es zu was«, »Müßiggang ist aller Anfang Laster«, »Arbeit hat Gulden, Müßiggang Schulden«. Sicher kennen auch Sie Sprichwörter dieser Art. Die Erfahrung aber zeigt, gute Ideen entstehen meist aus der Ruhe heraus. Beim Joggen, in der Sommerfrische oder in der Sauna. Kennen Sie nicht auch die Situationen, in denen Ihnen im entspannten Zustand plötzlich die längst gesuchte Idee einfällt. Wie aus dem Nichts.

Es gibt da auch die anderen Sprichwörter, die der Muße viel Kraft zuweisen: »Der ist kein freier Mensch, der sich nicht auch einmal dem Nichtstun hingeben kann« von Marcus Tullius Cicero (106–43 v. Chr.) oder das deutsche Sprichwort: »In der Ruhe liegt die Kraft.«

Wie auch immer Sie es halten, sicherlich liegt auch hier die Wahrheit in der Mitte. Meine Erfahrung zeigt, dass die Unternehmer erfolgreich sind, die sich beides gönnen: Ruhe und Tatkraft. Sie nutzen die Ruhe, um ihre Träume zu träumen und bringen Sie dann in klar formulierte Ziele um Ihre Träume auch Wirklichkeit werden zu lassen.

Der Traum von heute ist die Realität von morgen

Wie sonst lässt es sich erklären, dass so viele erstaunliche Produkte, Erfindungen, Dienstleistungen und Unternehmen am Markt existieren. Es steht immer am Anfang ein Mensch, der etwas im Kopf, in seinen Gedanken entwickelt. Jemand, der aus diesem Traum Realität hat werden lassen.

Wir überlegen nicht lange, während wir unser Auto, den Briefkasten, den Herd oder eine Gießkanne benutzen. Und ganz sicher haben die wenigsten von uns sich über die Entstehungsgeschichte all dieser Produkte und Dienstleistungen Gedanken gemacht. Alle Ideen aber haben eins gemeinsam, sie sind zuerst im Kopf entstanden. Das innere Bild war immer zuerst da. Technikfreaks, Ingenieure, Wissenschaftler oder einfach praktisch veranlagte Menschen – immer war jemand da, der es durch sein Denken und Fühlen möglich gemacht hat, dass wir heute in unserem Alltag eine Vielzahl dieser Angebote nutzen können.

Jeder Unternehmer, der seinen Traum kennt und sich für ihn stark macht, wird erleben, dass dieser Traum zu einem Autopiloten wird, der das eigene Handeln leitet und dem persönlichen und unternehmerischen Leben Sinn und Richtung gibt. Es wird leicht sein, Entscheidungen zu treffen, man weiß, mit welchen Menschen man zusammenarbeiten muss und möchte. Der Zufall will es, dass dann genau das Richtige in unser Leben tritt. Das innere Bild wird klarer, die nächsten Schritte und Entwicklungen werden sichtbar. Träume werden zu Zielen und letztlich zu Realitäten.

Träumen ist wichtig. Ohne Traum kein Ziel. Trotzdem: Träumen alleine genügt nicht. Wenn Sie Ihrem Unternehmen zu gesundem Wachstum verhelfen wollen, ist es wichtig, dass Sie Ihre Träume zu Zielen und letztlich zu einer Strategie werden lassen und diese auch umsetzen.

Sie wollen Ihren Traum vom gesunden Unternehmen verwirklichen. Ein eigenes, gut funktionierendes Unternehmen führen. Verbessern, optimieren, erweitern. Hierfür gibt es leider keine allgemeingültige funktionierende Vorgehensweise. Jeder Unternehmer und jedes Unternehmen ist sehr individuell. Trotzdem hat es sich gezeigt, dass versteckte Regeln gelten. Es macht also durchaus Sinn, sich an eine bestimmte Vorgehensweise anzulehnen. Es gibt eine Struktur, einen versteckten Leitfaden, der es Ihnen möglich macht, Ihr Unternehmen erfolgreich wachsen zu lassen. Eine Anleitung, die es leicht macht, alle notwendigen Bereiche zu betrachten und die sinnvollen Änderungen rechtzeitig einleitet.

Wir haben viele Unternehmer begleiten dürfen. Immer hat sich gezeigt, es sind diejenigen erfolgreich, die in der Lage sind und sich Zeit und Raum geben, ihr Unternehmen von außen zu betrachten. Menschen, die trotz des oft turbulenten Alltags immer wieder den Blick von außen einnehmen und schauen, ob das, was sie gerade tun, auch den eigenen Zielen entspricht. Sie haben ihren Traum vor Augen – sie kennen ihre Ziele immer und jederzeit.

Träumen

Ziele setzen

Strategie erarbeiten

Abbildung 5: So kann es klappen – vom Traum, zum Ziel, zum Weg

Zwei Dinge sind es, die diese Unternehmer erfolgreich machen. Sie nehmen sich selbst wichtig und wissen genau, wohin sie wollen. Eine sinnvolle Kombination, wie sich immer wieder zeigt. Haben Sie die Menschen und das Unternehmen im Blick, kann es gut gelingen.

Träume haben Energie. Ein wirklicher Traum ist das, was Sie sofort in einen ressourcevollen Zustand bringt. Sie denken darüber nach, sprechen darüber und sofort zeigt Ihre Physiognomie, Ihre Gestik, Ihre Mimik, dass Ihnen das gut gefällt, was Sie sehen, hören, spüren. Ein Traum ist etwas, das für Sie ganz persönlich Kraft hat. Sie können es sich vorstellen. Sehr intensiv.

Viele meiner Kunden wundern sich, dass ihre gut formulierten Ziele keine Ergebnisse mit sich bringen. Beim genauen Nachfragen zeigt sich dann immer, dass diese Ziele kraftlos sind. Oft sind sie zwar »vernünftig«, fühlen sich aber weder attraktiv noch begeisternd an. Unternehmern, die ihre Ziele nicht erreichen, fehlt der Traum vom guten Ergebnis. Sie können sich nicht vorstellen, dass dieses Ziel sie weiterbringt. Das ist schade. Es geht auch anders.

Jedem Ziel, dass Sie bisher erreicht haben, ging ein Traum, eine Vorstellung voraus. Überprüfen Sie die letzten Tage: Haben Sie ein Ziel umgesetzt, dessen Ergebnis Sie sich nicht vorstellen konnten? Wohl eher nicht.

Beginnen Sie also damit, zu träumen. Stellen Sie sich vor, wie Ihr Unternehmen aussehen wird. Wie es gewachsen sein wird. Welche Mitarbeiter und Kunden Sie haben werden. Träumen Sie sich Ihr Wunschunternehmen herbei. Ohne Träume wird es keine neuen Ergebnisse geben. Alles bleibt, wie es ist.

> Lebendige Träume sind die beste Voraussetzung um Ihre Ziele und daraus Ihre Strategie zu entwickeln.

Nehmen Sie sich die Zeit, träumen Sie. Jeden Tag ein bisschen. Träumen geht besonders gut im entspannten Zustand. Nach oder während eines Spaziergangs, beim Baden am See, beim Wandern. Sie können sich auch eine viertel Stunde nach dem Sport reservieren. Wenn der Körper aktiv war, klappt es besonders gut, sich in eine glückliche Zukunft zu versetzen. Stellen Sie sich jeden Tag vor, wie es sein wird, in Ihrem Traumunternehmen zu arbeiten. Egal wie, träumen Sie. Machen Sie es wie viele erfolgreiche Unternehmer vor Ihnen, lassen Sie es sich zu Ihrer Gewohnheit werden. Sie werden sehen, es lohnt sich.

»Der Mensch arbeitet immer für ein Ziel. Wer jedoch keine eigenen Ziele hat, arbeitet für die von anderen.«

Brian Tracy

Es ist unabdingbar für Sie als Unternehmer, Ihre Ziele zu kennen. Sie wissen das. In jedem Buchladen finden Sie eine Unmenge an Literatur zum Thema »Zielerreichung«. In jedem Vortrag, vielen Webinaren, überall können Sie hören und lesen: »Ziele zu haben steigert die Erfolgsaussichten ungemein.« Aber wie schaffen Sie es, Ihre Ziele zu setzen? Solche, die Sie über eine längere Zeit tragen?

Bestimmt hatten Sie welche. Warum sonst hätten Sie sich für die Selbstständigkeit entschieden. Und trotzdem, viele unserer Kunden zeigen: Die Anfangsziele tragen nicht immer bis zum Ende. Sie werden übersehen, ad acta gelegt und im schlimmsten Fall vergessen. Woran kann das liegen? Aus unserer Erfahrung können wir sagen: Die Ziele, die vergessen werden, sind meist sogenannte »Kopfziele«. Solche, die Sie erreichen sollen oder müssen. Nicht die, die Sie emotional unbedingt erreichen wollen, weil sie Ihnen ein wirklich gutes Gefühl bereiten.

Deshalb ist es so wichtig, die eigenen persönlichen Träume und Werte zu kennen. Sie helfen dabei, Ziele zu setzen, die langfristige Gültigkeit besitzen.

Sie haben einen Traum, Sie kennen Ihre Werte und entwickeln daraus Ihr Ziel. Sobald das erreicht ist, stagniert Ihre Motivation. Das ist normal. Jetzt gilt es, Ihren Traum unter Berücksichtigung Ihrer Werte weiterzuentwickeln und neue Ziele zu setzen. Darum reicht es auch nicht, einmal pro Jahr eine ausgeklügelte Zielplanung zu erarbeiten. Das alltägliche Leben verändert Ihre Realität. Was gestern ein Traum war, ist heute Realität. Deshalb werden Sie bitte nicht müde, Ihre Träume zu träumen und sich immer wieder neue Ziele zu setzen. Erfolgreiche Unternehmer feiern ihren Erfolg und planen dann neu.

> Erfolg bedeutet, nach seinen eigenen Vorstellungen leben zu können.

Vom Ist zum Ziel

Abbildung 6: Sie müssen wissen was Ihr Ziel ist. Dann finden Sie auch den Weg dorthin.

Um von Ihrem Traumbild in die gewünschte Realität zu gelangen, müssen Sie wissen, wohin Sie möchten. Wie genau sieht Ihr inneres Bild aus? Ihr Traum. Können Sie ihn beschreiben? Wissen Sie ganz genau, woran Sie merken, dass Ihr persönlicher Traum Realität geworden ist? Tun Sie nichts, ohne zu wissen weshalb. Definieren Sie Ihre Ziele möglichst genau und möglichst detailtreu. So wird Ihr Traum zu Ihrem Ziel und damit zu Ihrer ganz individuellen Realität.

Woran merken Sie, dass ein Ziel ein wirkliches Ziel ist? Hier eine kleine Anleitung:

Ein Ziel ist immer:

- ☐ Klar
- ☐ Messbar
- ☐ Positiv formuliert (ohne »Nicht«, »Kein« usw.)
- ☐ Vorstellbar
- ☐ Realistisch
- ☐ Aktiv formuliert

Prüfen Sie Ihre Wortwahl. Schreiben Sie Ihr Ziel auf und überprüfen Sie es.

2 Strategie – vom Traum zum Ziel

Beispiel:

»*Im Q1 fakturieren wir 120 000 € Umsatz.*«

☐ Klar	Ja
☐ Messbar	Ja – am 31.3. erreicht
☐ Positiv formuliert	Ja – ohne Negation formuliert
☐ Vorstellbar	Das müssen Sie entscheiden.
☐ Realistisch	Das müssen Sie entscheiden.
☐ Aktiv formuliert	Ja – ohne Konjunktion (möchte, würde, könnte usw.)

Wenn dies für Sie vorstellbar und realistisch, also möglich ist, wäre das ein gutes Ziel. Jetzt folgen die nötigen Schritte. Zum Beispiel:

- »Wir führen wöchentlich 3 Kundengespräche.«
- »Wir haben mit unseren Stammkunden einmal monatlich Kontakt.«
- »Alle Messekontakte werden in der ersten Woche nach dem Kontakt angerufen.«

Sie merken schon, wirkliche Ziele, solche, die Sie sich auch vorstellen können, haben Folgen. Das ist die Strategie hinter dem Ziel. Das sind die Schritte, auch Regeln genannt, die in Ihrem Unternehmen gelten.

Vom Traum zum Ziel zur Strategie

Um Ihre Unternehmensstrategie für die nächsten 3-5 Jahre zu definieren, gehen Sie genau so vor.

1. Träumen Sie Ihren Traum. Wie sieht Ihr Unternehmen in drei, vier, fünf Jahren aus?
2. Stellen Sie es sich genau vor und definieren Sie daraus Ihre Ziele.
3. Entwickeln Sie daraus Ihre Firmen-Strategie

Beim Träumen nutzen Sie Ihren »Bauch«, Ihre Intuition. Um daraus Ihre Strategie zu entwickeln, ist es wichtig Ihren Verstand dazuzunehmen. Beides in Einklang zu bringen, ist das Geheimnis erfolgreicher Firmeninhaber.

Stellen Sie sich Fragen wie:

- Welche Trends und Entwicklungen gilt es zu beachten?
- Haben diese Auswirkungen auf Ihr Geschäft?
- Wie können Sie Ihre Kernkompetenzen erweitern/verbessern/optimieren?
- Gibt es genügend Fachpersonal für Ihr Vorhaben?
- Wäre es sinnvoll, ein Franchise zu entwickeln?
- Wie kann ich langfristig neue Möglichkeiten schaffen?
- usw.

Ihre Strategie kann sein: Stabilisieren, wachsen oder attraktiv werden, um gekauft zu werden. Ihre Strategie kann auch sein: Kundenwachstum, Mitarbeiterzufriedenheit, höchstes Preissegment. Finden Sie das für Sie Attraktivste und kommunizieren Sie es auch. Das erhöht die Verbindlichkeit.

Letztlich ist jede Strategie das »Oberziel«, dem alle Verhaltensweisen und Unterziele folgen. Jede Strategie gibt dem Unternehmen eine klare Richtung. Eine Richtung, an die alle Beteiligten sich halten können und auch wollen. Eine Strategie richtet alle Entscheidungen und Verhaltensweisen auf deren Zielerreichung aus. Sie optimiert die Ertragslage, sichert die Zukunft und macht Wachstum erst möglich.

> Ihre Strategie ist im Außen sichtbar und gibt nach innen Regeln vor.

Ihre Strategie grenzt Sie vielleicht vom Mitbewerb ab und gibt Ihren Kunden und Mitarbeitern Sicherheit. Unternehmen, die ständig mit großen Problemen zu kämpfen haben, die immer wieder eine hohe Mitarbeiterfluktuation beklagen, Firmen die nie richtig ins Laufen kommen, haben aus unserer Erfahrung keine Strategie. Es fehlt für alle Beteiligten die Marschrichtung.

Das mag sinnvoll sein, wenn Sie als Freiberufler tätig sind. Vielleicht ist es auch möglich zu Beginn Ihrer Selbstständigkeit. Ab dem Moment aber, an dem Sie die Entscheidung getroffen haben zu wachsen, ist es unabdingbar, sich um Ihre spezifische, unverwechselbare Firmenstrategie zu kümmern. Ihre Kunden können sich auf Sie verlassen, Ihre Mitarbeiter identifizieren sich mit dem Unternehmen. Sie wissen, wo es lang geht, Entscheidungen werden einfach. Gerade jetzt, wo das Thema Fachkräftemangel sehr aktuell geworden ist, ist eine geeignete und gute Strategie ein wichtiger Baustein zur Mitarbeiterbindung.

Bringen Sie also Kopf und Bauch in Einklang und entwickeln Sie Ihre Strategie. Ein Begriff, der dafür auch genutzt werden kann ist: »Leitbild«. Ein Bild, das nach außen sichtbar ist. Ein Bild, das im Innen gelebt wird. So bauen Sie Sicherheit und Verbindlichkeit auf.

Eine Strategie zu haben bringt viele Vorteile: Wenn Sie bei Ihrer Bank vorstellig werden, um Ihre Vorhaben zu finanzieren, punkten Sie ungemein, wenn Sie Ihrem Gegenüber ein klares Bild davon geben können, wohin Sie möchten. Sobald Sie Ihren Steuerberater bitten, Sie bei Ihrer Finanzplanung zu unterstützen, wird Ihre Strategie auch hier ein Bild vermitteln, das es ihm möglich macht, realistische Zahlen zu erarbeiten. Ihre Mitarbeiter können bereits beim Einstellungsgespräch informiert werden, so finden Sie die Menschen, die auch dauerhaft den richtigen Platz in Ihrem Unternehmen finden.

Die Abbildung 7 zeigt Ihnen ein Beispiel für eine solche Strategie. In diesem Fall ist das die Strategie »Wachstum«.

Sie können in der Abbilung sehr gut die Auswirkungen auf die Strategie »Wachstum« sehen. Jede Entscheidung, die Sie treffen, hat Auswirkungen und Konsequenzen. Wachstum können Sie nur dann erreichen, wenn auch die davon betroffenen Bereiche entsprechend berücksichtigt werden.

Ist das »Oberziel« aber klar, ergeben sich die nachfolgenden Schritte wie von selbst. Es fällt leicht, die entsprechenden Ableitungen zu schaffen und das allgemeine Verhalten im Unternehmen darauf auszurichten.

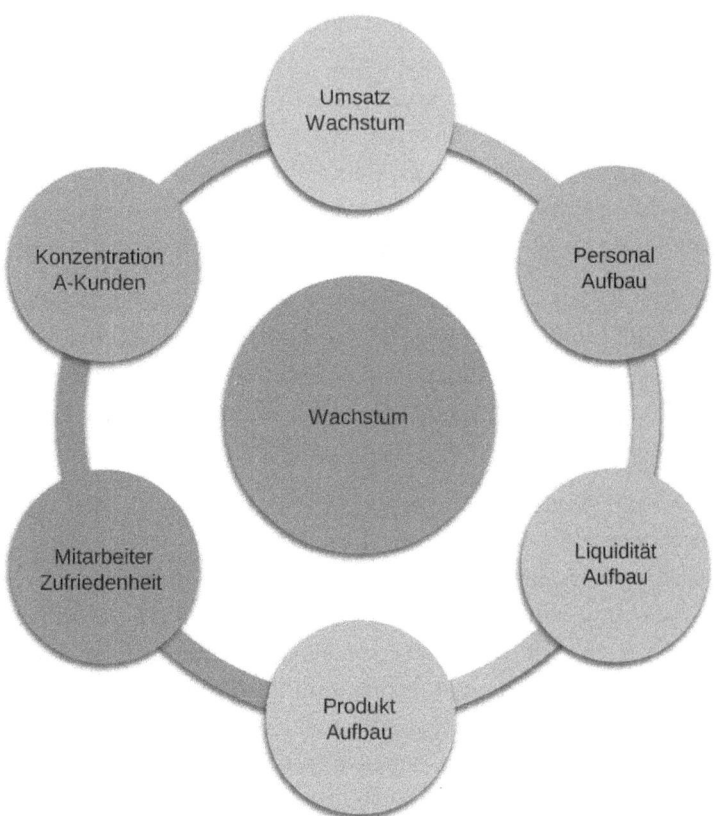

Abbildung 7: Beispiel-Strategie: Wachstum. Sie wissen was zu tun ist.

Abbildung 8 zeigt eine weitere mögliche Strategie: Verkauf des Unternehmens. Das betroffene Unternehmen soll aufgebaut und in 5 Jahren verkauft werden. Sie können sehen, dass eine andere Strategie (Leitziel) auch andere Maßnahmen im Unternehmen erforderlich macht.

Was auch immer Sie für sich entscheiden. Die Strategie gibt vor, in welche Richtung Ihr Unternehmen sich entwickeln soll. Alle daraus resultierenden Aktivitäten können darauf abgestimmt und zielführend umgesetzt werden. Es wird einfach, die einzelnen Teilziele zu definieren und zu kommunizieren.

2 Strategie – vom Traum zum Ziel

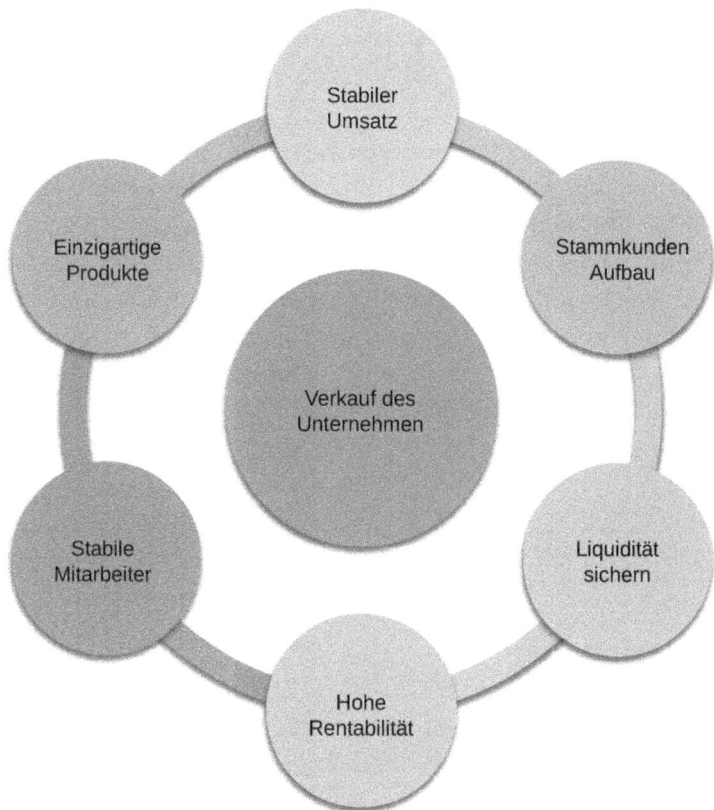

Abbildung 8: Beispiel-Strategie: Verkauf des Unternehmens

Überlegen Sie ruhig weiter. Was wäre die logische Konsequenz, wenn Sie zum Beispiel folgende Strategie für sich beanspruchen würden:

- Marktführer werden
- Attraktivster Arbeitgeber in der Branche/am Ort werden
- Bekannt als das Unternehmen mit dem höchsten Sozialen Engagement sein
- Vorreiter in Sachen Innovation werden
- Partner einbinden

> Eine Strategie ist immer auch eine Entscheidung, die enorme Klarheit mit sich bringt.

Es wird einfach, Entscheidungen zu treffen und Anweisungen zu geben. Alle Ressourcen im Innen und Außen werden sinnvoll genutzt und dienen der Zielerreichung. Klare Vorgaben können kommuniziert werden und der Umgang miteinander wird sehr optimiert. Alles im Unternehmen ist aufeinander abgestimmt und dient dem großen Ganzen. Missverständnisse haben wenig Raum, Teams können funktionieren und Sie als Unternehmer behalten den Spaß und die Begeisterung für Ihr Unternehmen anhaltend.

> Entwickeln Sie also unbedingt Ihre Strategie, lange bevor Sie Aktivitäten umsetzen.

Lernen aus der Praxis

Zwei Unternehmer kamen zu mir, weil sie immer öfter gegensätzlicher Meinung waren, Entscheidungen zeitlich sehr verschleppt getroffen wurden und die Missverständnisse und Konflikte sich häuften. Beide Partner waren sehr unzufrieden mit der Situation und trugen sich mit dem Gedanken sich zu trennen.

Beide hatten vor zehn Jahren eine Personalvermittlung gegründet. Alles lief zu Beginn bestens. Die ersten Jahre waren sehr erfolgreich und obwohl sie keine Strategie festgelegt hatten, waren die Ergebnisse besser als gedacht.

Ein Rückblick ergab, dass es seit ca. drei Jahren kriselte. Einer der beiden Geschäftsführer war 56 Jahre alt, der andere 44. Beide waren sehr unzufrieden mit der Situation und hatten seit Längerem das Gefühl aneinander vorbeizureden.

Die Mitarbeiterfluktuation war in den vergangenen Jahren erheblich gestiegen. Als nun ein wichtiger Mitarbeiter die Kündi-

2 Strategie – vom Traum zum Ziel

gung einreichte, kamen sie zu mir. Es gab keinen ersichtlichen Grund, die Arbeit war wie immer, Gehälter wurden regelmäßig bezahlt. Trotzdem war ihnen klar, dass die Attraktivität des Unternehmens gesunken war.

Auf die Frage nach der Strategie des Unternehmens und wohin sich alles entwickeln soll, bekam ich zwei unterschiedliche Aussagen. Geschäftsführer 1 (56 Jahre) sprach davon, kürzer zu treten, alles so zu lassen wie es ist und stabil zu halten, Geschäftsführer 2 (44 Jahre) widersprach heftig. Ihm ging es darum, die Firma ins Wachstum zu führen. Er wollte noch einmal richtig zulegen.

Kein Wunder also, dass die Mitarbeiter gingen. Sie erhielten unterschiedliche Impulse. Dies führte zu erheblicher Unsicherheit. Was zu Beginn der gemeinsamen Tätigkeit normal war – das Gefühl »alle ziehen am selben Strang« –, war einer allgemeinen Unzufriedenheit gewichen.

Wir konnten im Coaching eine gute Lösung finden, die beide Ansprüche vereinte. Die Unternehmensstrategie wurde mit »Wachstum« festgelegt. Geschäftsführer 1 definierte seinen Ausstieg in 5 Jahren. Es wurde vereinbart, dass er finanziell noch einige Jahre am Wachstum beteiligt wird, auch nach seinem aktiven Ausstieg. So konnten alle Maßnahmen wieder angepasst werden und intern herrschte Klarheit.

Eine Rückmeldung nach zwei Jahren ergab, dass die Strategie funktioniert hat und beide wieder »am selben Strang ziehen«. Das hat sich auf das personelle und finanzielle Wachstum sehr günstig ausgewirkt. Alle Beteiligten sind froh über die Entwicklung und freuen sich über 28 Prozent mehr Gewinnausschüttung.

An diesem Beispiel wird sichtbar, wie wichtig es ist, eine gemeinsame Marschrichtung vorzugeben. Sobald mehrere Personen beteiligt sind, ist es unbedingt notwendig, sich festzulegen. Letztlich kommt dies dem gesamten Unternehmen zu Gute.

Jetzt sind Sie dran:

> Nehmen Sie sich die Zeit. Sie gestalten damit Ihre Zukunft.

1. **Träumen** Sie: Was sehen, spüren, hören Sie?
   - Wie sieht Ihr Unternehmen in drei oder fünf Jahren aus?
   - Wo werden Sie arbeiten, was werden Sie tun?
   - Wie viele Mitarbeiter sind beschäftigt?
   - Was werden Sie verdienen, was machen Sie damit?
   - Wer sind Ihre Kunden?
   - Haben Sie Partner?
   - Was macht Sie glücklich?
   - Woraus schöpfen Sie Ihre Kraft?

   Machen Sie sich ein Bild. Farbenfroh und klar. Danach, schreiben Sie genau auf, wie Ihre ideale Firma aussieht. Beschreiben Sie Ihr inneres Bild.

2. Welches **Ziel** ist hierfür wichtig?
   Was ist Ihr oberstes Ziel, wenn Sie diesen Traum verwirklichen wollen?

3. Welche **Strategie** ist dafür notwendig?
   Was wird in den unterschiedlichen Bereichen verwirklicht? Tragen Sie es ein.

Meine Unternehmensstrategie

Die Abbildung 9 ist bewusst leer. Hier können Sie auf einem weißen Blatt Ihr Bild selbst gestalten und entstehen lassen. Füllen Sie die Kreise mit Ihren Zielen rund um die Strategie in der Mitte.

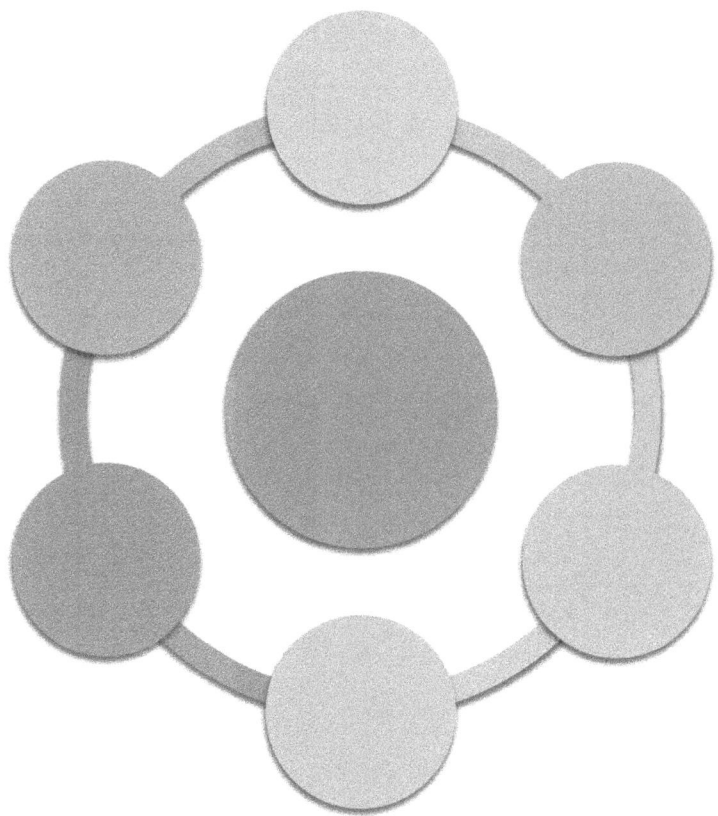

Abbildung 9: Meine Strategie: was ist es, das für Ihr Wachstum wichtig ist?

Ein Grund zum Feiern: Jetzt haben Sie Klarheit darüber, wohin es geht.

Die fünf wichtigsten Tipps zum Thema Motivation

Tipp 1	Träumen Sie regelmäßig Ihr ideales Unternehmen und sehen Sie sich selbst darin.
Tipp 2	Schreiben Sie Ihre Traumvorstellungen auf. So gewinnen Sie noch mehr an Attraktivität und Zugkraft.
Tipp 3	Entwickeln Sie Ihre Ziele erst dann, wenn Sie Ihre Träume kennen.
Tipp 4	Überlegen Sie täglich: Was bringt mich meinen Zielen näher? Bringt mich das, was ich tue und wie ich es tue, meiner Traumfirma näher?
Tipp 5	Fixieren Sie Ihre Strategie schriftlich und überprüfen Sie regelmäßig, ob Sie sich daran halten. Wenn nicht, wird es Zeit zu überprüfen, ob das geplante für Sie immer noch passt. Vermutlich steht eine Anpassung an.

Unternehmerrolle – was tut der Chef

Tu, was Deine Aufgabe ist

- Definition
- Einblicke: Fachkraftarbeit ist wichtig – aber nicht das Einzige
- Lernen aus der Praxis
- Jetzt sind Sie dran
- Die fünf wichtigsten Tipps für Ihre Rolle als Unternehmer

Definition

Das Wachstumshürden Modell

In seinem Buch *Das Geheimnis erfolgreicher Firmen* zeigt Michael Gerber (2002) sehr genau auf, woran es liegen kann, wenn Unternehmen nicht oder schlecht wachsen. Und er zeigt auch auf, dass es häufig am Unternehmer selbst liegt und seiner Rolle als Chef. Die drei Aufgabengebiete eines jeden Unternehmers werden erläutert. Auf den ersten Blick eine einfache Erklärung, auf den zweiten Blick ein sinnvolles Modell, dessen Umsetzung in jedem Fall erfolgversprechend ist.

Michael Gerber erklärt, dass »Kleinunternehmer mit einer viel zu hohen Arbeitsleistung einen viel zu geringen Ertrag erwirtschaften. Das Problem ist tatsächlich nicht, dass diese kleinen Firmenbesitzer nicht arbeiten. Das Problem ist, dass sie die falsche Arbeit tun. Folglich enden die meisten ihrer Unternehmen im Chaos, nicht führbar, nicht berechenbar, nicht gewinnbringend.«

Es geht also bei einer erfolgreichen Unternehmensführung in erster Linie nicht um das Unternehmen, sondern um den Unternehmer. Die unbedingte Veränderung, die stattfinden muss, hat mit Ihrer Vorstellung und Ihrem Verhalten zu tun. Was ist dafür notwendig, dass Ihr Unternehmen sich so entwickelt, wie Sie es gerne hätten?

Wenn Sie sich mit diesem Kapitel beschäftigen, werden Sie schnell merken, dass auch Sie in Bezug auf das Verständnis der verschiedenen Rollen und Aufgaben immer wieder im Konflikt stehen. Lösen Sie diese inneren Konflikte bewusst, erschaffen Sie sich eine neue, andere Einstellung und sie werden sehen, ein wichtiger Schlüssel für Ihr Wachstum ist gefunden.

Michael Gerber definiert folgende drei Rollen:

- Die **Fachkraft** ist der Macher, der der erledigt.
- Der **Manager** ist derjenige, der Ordnung und Strukturen schafft.
- Der **Unternehmer** ist der Träumer, der die Visionen entwickelt.

Und daraus ergibt sich das Kernproblem in jedem Unternehmen:

Alle drei Rollen werden gebraucht, aber genau betrachtet widersprechen sie sich. Was dem Einen wichtig ist, sieht der Andere als störend oder sogar sinnlos an. Was für den Einen ein Teil Arbeit ist, ist für den Anderen sinnlose Zeitverschwendung. Gleichwohl ist es in jeder Firma wichtig, dass alle drei Rollen eingenommen und positioniert werden.

Der Rollenwechsel ist das Problem.

Unternehmer – Der Manager – Die Fachkraft

Wie Sie als Unternehmer dazu beitragen, Ihr Unternehmen zum Wachsen zu bringen

> *»So erwirbt ein Mensch im Laufe seines Lebens viele persönliche Eigenschaften, viele Persönlichkeiten, viele ›Ichs‹. (Denn jedes, wenn es auftritt, spricht unabhängig von den anderen für sich selbst ...)«*
>
> Jean Vaysse

3 Unternehmerrolle – was tut der Chef

Im Regelfall haben sicher auch Sie Ihr Unternehmen gegründet, in einem Umfeld, in dem Sie sich als Fachmann bewiesen hatten. Sie waren vermutlich angestellt, haben für jemanden gearbeitet. Viele Betriebe haben so ihren Anfang: Ein Friseur kann gut Haare stylen, ein Dachdecker ist auf dem Dach Meister seines Fachs, ein IT-Dienstleister hat die IT zu seiner Leidenschaft gemacht. Was auch immer Sie vorher getan haben, Sie haben es für Ihren Chef gemacht. Er hat Ihr Know-how und Ihre Zeit bezahlt. Sie verrichteten Facharbeit.

Nach der Gründung merken die meisten Menschen schnell, dass das alleine nicht ausreicht, um eigenständig erfolgreich zu sein. Die Planung, Akquise, Buchhaltung und Materialbeschaffung will gemacht sein. Finanzplanung, Angebotserstellung, Verkauf und Verwaltung nehmen einen Großteil der Zeit in Anspruch. Es ist ein fataler Fehler zu glauben, dass allein dadurch, dass Sie sich als Experte auf Ihrem Gebiet auszeichnen, Sie auch ein guter Unternehmer sind.

> Fachkraft und Unternehmer sind zwei völlig unterschiedliche Aufgabenfelder. Das Eine hat mit dem Anderen nahezu nichts zu tun.

Die Herausforderung ist es, allen Aufgaben entsprechend gerecht zu werden. Alles will getan, alles erledigt werden. Da Unternehmer früher als Fachkräfte tätig waren, denken sie meist, dass die Fachkrafttätigkeiten auch die Wichtigsten sind. Das ist aber nicht richtig. Oft sind die Unternehmen am erfolgreichsten, die von einem völlig Branchenfremden geführt werden. Kein Fachkraftwissen, das von der Aufgabe das Unternehmen zum Florieren zu bringen abhält. Keine Fachkraftaufgaben, die übernommen werden können. Im Grunde wunderbar, hier kann sich der Unternehmer einzig um die unternehmerischen Aufgaben kümmern, weil er das andere schlicht nicht kann.

Die Realität sieht leider anders aus. Schreiner eröffnen eine Schreinerei, Buchhalter ein Buchhaltungsbüro, Verkäufer starten mit einem eigenen Laden und Musiker eröffnen eine Musikschule. So wird ganz oft der große Vorteil ein Experte zu sein zum größten Hindernis beim Unternehmenswachstum.

Statt sich damit zu beschäftigen, wie das Unternehmen richtig Schwung bekommt, wird die Facharbeit erledigt. Statt eine Marketingplanung zu entwickeln, wird gearbeitet. Statt die nötigen Fachkräfte zu finden, wird alles selbst gemacht. Spätestens jetzt beginnt die Ernüchterung. Eigentlich wollte man doch alles anders machen. Seinen Traum umsetzen. Die Realität sieht anders aus, volle Tage, oft auch abends und am Wochenende wird gearbeitet und weil die wichtigen Unternehmeraufgaben nicht erledigt werden, steigt der Druck. So war das nicht gedacht.

Wenn Sie wachsen wollen, gehen Sie anders vor. Fragen Sie sich, was Sie wirklich wollen, überprüfen Sie Ihren Traum, Ihre Ziele, Ihre Strategie. Wie ist das Gefühl dazu? Wenn Sie das wissen, haben Sie auch die nötige Energie dafür und was noch wichtiger ist: Sie sind bereit, die nötigen Veränderungen vorzunehmen.

Leider ist es oft so, dass die Abarbeitung der Aufträge eine Menge Zeit beansprucht. Da bleibt wenig Raum für definierte Prozesse, Businesspläne, Controlling oder einen praktikablen Marketingplan. Macht auch nichts, sagen Sie jetzt vielleicht zu Recht. Der Unternehmer hat ja alles im Kopf, er weiß, was zu tun ist, weiß, was wichtig ist. Das ist dann richtig, wenn Sie weiterhin lediglich Ihren eigenen Arbeitsplatz sichern möchten. Wenn allerdings Wachstum Ihr Ziel ist, dann wird es Zeit, Ihre Einstellung zu ändern.

Wenn Ihnen Ihr Traum nicht mehr bewusst ist, wenn Sie im Alltagsgeschäft untergehen, brauchen Sie sich nicht zu wundern, wenn Sie unklar werden. So wird das nichts. Nicht weil Sie nicht gut sind, sondern weil Sie dann das Falsche tun. Besser ist es, sich täglich Ihrer Absicht bewusst zu sein, dann werden

Sie die nötigen Schritte vornehmen und sich immer sicherer in Ihren Rollen fühlen.

Sobald Sie mehr Bewusstsein in Ihre Unternehmensführung bringen, werden Sie selbstsicher, Sie gehen achtsam mit Ihrer Zeit und Energie um. Sie werden vorausschauend und wissen, dass Sie Ihre Ziele erreichen können. Sie haben die passende Energie und strahlen diese auch aus. Darum geht es. Bringen Sie Ihre Absicht und Ihre Energie in Einklang miteinander. Und nehmen Sie alle Rollen in Ihrem Unternehmen ein. Fachkraft, Manager und Unternehmer. Und zwar täglich. Langfristig achten Sie bei der Einstellung von Personal darauf, Fachkräfte und Manager zu beschäftigen und konzentrieren sich auf Ihre Kernaufgaben: Unternehmer sein.

Unternehmer, Manager, Fachkraft – im Einklang für den Erfolg

In meiner Beratungspraxis hat sich gezeigt, dass immer dann, wenn Unzufriedenheit im Raum steht, die unterschiedlichen Rollen nicht gleichermaßen gelebt werden. Viele Unternehmer leben Tag für Tag als Fachkraft, die Manager- und Unternehmerrolle wird vernachlässigt. Zuerst wird die Akquise nicht gemacht, später fehlen Nachfolgeaufträge. Zuerst wird jeder Auftrag angenommen, die schriftliche Strategieplanung wird von Monat zu Monat verschoben, später findet man sich wieder in einem Facharbeiterjob, den man eigentlich nicht will. Zuerst ist keine Zeit für Nachkalkulation, später kann keiner sagen, ob an dem Auftrag etwas verdient wurde.

Ein gutes Beispiel sind hier immer wieder Handwerker. Sie arbeiten oft viel und lange und wissen auch, dass es ungünstig ist, ihre Rechnungen erst nach einigen Wochen oder Monaten zu stellen. Der aktuelle Auftrag scheint aber wichtiger und die Liquidität ist alles andere als zufriedenstellend. Die Buchhaltung wird erst gemacht, wenn das Finanzamt die ersten Androhungen schickt. Mitarbeiter können nicht eingestellt werden, weil Geld und Struktur dafür fehlt. Das ist die eine Variante.

Die zweite Variante, die mir auffällt, ist, dass zwar im Unternehmen alle Prozesse genauestens durchdacht und definiert sind, aber keine Kunden und Aufträge generiert werden. Das heißt: All die Struktur macht wenig Sinn, weil die entsprechenden Inhalte dafür fehlen. Statt sich mit dem Wachstum des Unternehmens zu beschäftigen oder die nötigen Fachkraftaufgaben zu erledigen, wird geordnet und strukturiert. Tolle Datenbanken sind das Ergebnis, leider ohne Inhalt.

Als Drittes gibt es dann noch die Unternehmer, die zwar jede Menge Ideen und Visionen haben, diese aber niemals verwirklichen. Kaum ist die eine Idee fertig gedacht, steht schon wieder die nächste im Raum. Disziplin zur Durchführung wird nicht gelebt und die Ergebnisse sind alles andere als zufriedenstellend. All die Ideen sind wenig wert, weil sie den Einzug in die Realität nicht schaffen, das Unternehmen nichts verdient und langfristig auch keinen Bestand haben wird.

Was aber sind nun die Möglichkeiten, um alles in Einklang miteinander zu bringen und um letztlich ein gesundes Wachstum erst möglich zu machen? Fachkraft, Manager und Unternehmer – jede dieser drei Rollen möchte der Chef sein und keinen Chef haben. Das ist das Dilemma. Das ist in Ihrem Inneren nicht anders als im Außen.

Als Unternehmens-Inhaber haben Sie die Wahl:
1. Möchten Sie Freiberufler sein? Dann verkaufen Sie Ihre Zeit. Wachstum ist nicht möglich. Sie können nicht mehr Zeit verkaufen als Sie haben, denn auch Ihr Tag hat lediglich 24 Stunden. Bestimmt schaffen Sie es über einen gewissen Zeitraum mit 6-Tage-Wochen und 12-Stunden-Tagen zu leben, aber auf Dauer ist das schwierig. Ein Beispiel ist hier der typische Grafiker, der alleine arbeitet und seinen, hoffentlich kalkulierten, Stundensatz verrechnet. Er bekommt kleinere Aufträge, ist Zuarbeiter und das ist auch in Ordnung. Dann vergessen Sie aber bitte den Plan vom Wachsen.

3 Unternehmerrolle – was tut der Chef

2. Sie können sich auch dafür entscheiden selbstständig zu sein. Dann entwickeln Sie vermutlich Projekte und führen diese, oft zusammen mit anderen, durch. Vielleicht kennen Sie einen Bauleiter, der ein Projekt betreut und dafür einen Projektpreis erzielt. Ist er schnell, verdient er mehr, falls es aber im Bau zu Verzögerungen kommt, sinkt sein Stundensatz und das Projekt ist am Ende unrentabel. Sollten Sie sich für diese Variante entscheiden, ist es gut ein paar Freelancer, evtl. eine 450 € Bürokraft zu beschäftigen. Wenn die Aufträge größer sind, tun Sie sich am besten mit jemandem zusammen. Danach wird die Projektzusammenarbeit wieder gelöst. Auch das ist in Ordnung, wenn es Ihnen so gefällt.
3. Wenn Sie aber wachsen möchten, bleibt nur: Werden Sie Unternehmer. Dann führen Sie ein Unternehmen, schaffen einen Raum, in dem Menschen Arbeit finden und das Unternehmen im Wert steigt. Durch Anstellungsverträge wird die Zeit anderer Menschen »eingekauft«. Andere arbeiten für Sie, für Ihre Idee. Sie als Arbeitgeber sorgen dafür, dass alle Beschäftigten zu tun haben, die Erträge sich rechnen, die »Marke« etabliert wird und das Unternehmen mehr und mehr an Wert gewinnt. Das Unternehmenswachstum steht im Vordergrund. Spaß macht das meist ab 25 Mitarbeitern. Vorher ist die Firma zu klein um für alle Bereiche qualifizierte Menschen zu beschäftigen. Malen Sie ein großes Bild.

Alles andere ist »Wischiwaschi« und macht Sie und alle Beteiligten schnell unglücklich.

> Entscheiden Sie sich, ob Sie Freiberufler, Selbstständiger oder Unternehmer sein möchten. Wirkliches Wachstum ist nur als Unternehmer möglich.

Wenn Sie sich also für Wachstum entschieden haben, müssen Sie Unternehmer sein oder werden. Visionen und Ziele, Businessplan und Strategie dürfen dann nicht mehr neben dem Alltagsgeschäft – der Facharbeit – dem Zufall überlassen werden. Oberste Priorität für Sie ist es dann, die Zukunft im Blick zu haben und diese zu kreieren.

Sehr hilfreich ist es dabei, das 3-Rollenverständnis zu verinnerlichen. Hier zeigen wir, angelehnt an Michael Gerber, Unterschiede der einzelnen Rollen:

Der Unternehmer

- Er verwandelt alltägliche Situationen in außergewöhnliche Chancen.
- Er ist der Träumer und der Visionär.
- Er hat Energie und die nötige Vorstellungskraft, die das Feuer der Begeisterung entzünden.
- Er steht für Weiterkommen und Veränderung.
- Er lebt in der Zukunft.
- Er ist der Erneuerer, der Schöpfer, er versetzt Berge und schafft neue Märkte.
- Er liebt den Umgang mit dem Ungewissen, mit Herausforderungen, er verwandelt Chaos in Harmonie.
- Für ihn ist das große Ganze wesentlich interessanter als die Details.
- Er ist ein guter Richtungsvorgeber, umsetzen gehört nicht zu seinen Stärken.
- Pläne macht er, um sie morgen wieder zu erneuern.
- Sein Drang nach Veränderung schafft Chaos im Umfeld.
- Er lässt oft die anderen hinter sich – Menschen, die sein Tempo nicht mitgehen, werden zum Problem, da sie sich seinen Träumen in den Weg stellen.
- Seine Aufgaben sind, das Unternehmen zu leiten, die Arbeitsplätze zu sichern und ein kontinuierliches Wachstum zu sichern.

3 Unternehmerrolle – was tut der Chef

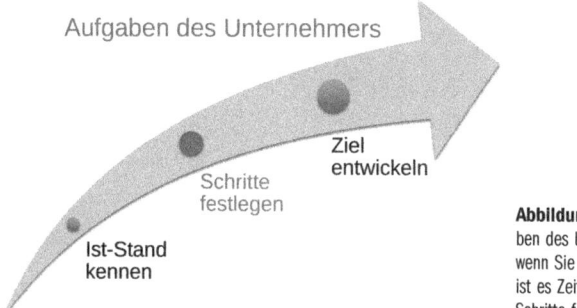

Abbildung 10: Die Aufgaben des Unternehmers: Erst wenn Sie Ist und Ziel kennen, ist es Zeit, die erforderlichen Schritte festzulegen.

Der Manager

- Er steht für Ordnung, für Planung, für Zuverlässigkeit und Vorausschau.
- Er ist sehr pragmatisch.
- Er benutzt tadellose Ordnungssysteme.
- Prozessoptimierung fasziniert ihn.
- Er plant diszipliniert und hasst es, wenn die Pläne durchkreuzt werden.
- Er entwickelt wunderbare Umsetzungspläne bis ins kleinste Detail.
- Er sorgt vor. Möglichst wenig Überraschungen sind sein Ziel.
- Er klammert sich an den derzeitigen Zustand und hasst Veränderungen.
- Anders als der Unternehmer sieht er Probleme statt Chancen.
- Er lebt in der Vergangenheit – schätzt Bewährtes.
- Er ist detailverliebt.
- Mitarbeitermotivation ist ihm nicht wichtig, er will, dass jeder alles so macht, wie er es vorgibt.
- Er will Planungssicherheit. Auch unrentable Pläne hält er bei. Plan ist Plan.
- Der Unternehmer schafft die Dinge, die der Manager ordentlich aufstellen kann.

- Er läuft dem Unternehmer nach, um wieder Ordnung hinter ihm zu schaffen.
- Er ist zuständig für Wirtschaft und Gesellschaft, der Unternehmer für Fortschritt.

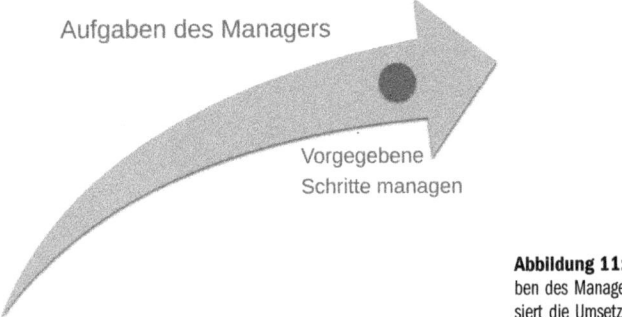

Abbildung 11: Die Aufgaben des Managers: Er organisiert die Umsetzung.

Die Fachkraft

- Er ist der Macher.
- »Wenn man nicht alles selber macht ...« ist seine Überzeugung.
- Nicht reden, tun. Nicht träumen, machen.
- Er lebt in der Gegenwart.
- Er liebt alles fassbare, womit man etwas machen kann.
- Solange er arbeitet, ist er glücklich.
- Er arbeitet ständig und hat gerne alle Abläufe unter Kontrolle.
- Für ihn scheint Denken unproduktiv, außer es handelt sich um Gedanken über die Ausführung der Aufgaben.
- Denken steht der Arbeit im Weg.
- Neue Ideen stehen ihm im Weg.
- Unternehmer schaffen die Aufgaben für ihn. Allerdings fühlt er sich dadurch in seiner Arbeit gestört.
- Er muss wissen, was erledigt werden muss und tut dies zuverlässig.
- Da sich neue Ideen oftmals nicht durchsetzen, fühlt er sich in seiner Meinung bestärkt, dass etwas auszuprobieren überflüssig ist.

3 Unternehmerrolle – was tut der Chef

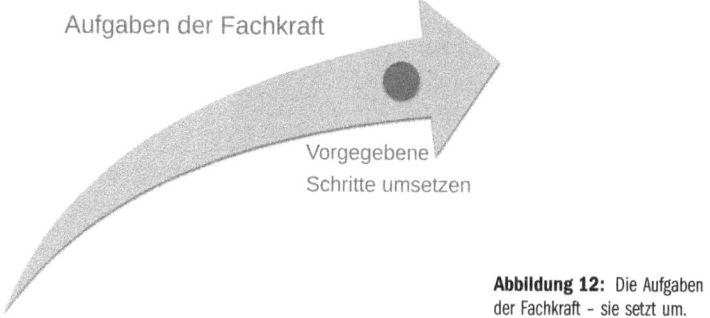

Aufgaben der Fachkraft

Vorgegebene Schritte umsetzen

Abbildung 12: Die Aufgaben der Fachkraft – sie setzt um.

Wir haben alle innerlich alle drei Teile in uns, die ständig miteinander in Konflikt stehen. Es ist Tatsache, dass wir alle gleichzeitig Unternehmer, Manager und Fachkraft sind und auch sein müssen. Wären alle Bereiche gleich stark ausgeprägt, wären wir ein unschlagbares Team. Kompetenz in allen Bereichen wäre die Folge.

Michael Gerber hat ermittelt: Typische Kleinunternehmer sind zu 10 Prozent Unternehmer, zu 20 Prozent Manager und zu 70 Prozent Fachkraft. Die Folgen daraus können wir uns vorstellen!

Durch die Anwendung des 3-Rollen-Modells wird es Ihnen möglich sein, Ihr Unternehmen zum Wachsen zu bringen. Ein Check hilft vor allem, die eigenen Schwachpunkte zu erkennen und entsprechende Maßnahmen zu ergreifen. Ändern Sie Ihr Verhalten und Ihr Unternehmen ändert sich.

Wachstum braucht Veränderung

Solange Sie als Chef über alles Bescheid wissen, jedes Detail selbst erledigen und schlecht abgeben können – solange wird es Ihr Unternehmen sehr schwer haben zu wachsen. Sie müssen andere Aufgaben erledigen. Solche, die vielleicht auf den ersten Blick nichts direkt mit dem Kunden oder der Abarbeitung der Aufträge zu tun haben. Sie müssen lernen, Ihre Mitarbeiter zu kompetenten Fachkräften werden zu lassen. Sie müssen jemanden finden, der Ihre Ideen und Visionen als Manager strukturiert und auf den Weg bringt.

Wenn Sie jetzt erkennen, dass Sie zum Beispiel als Schreiner lieber Schränke bauen, als ein Unternehmen zu führen, dann ist es an der Zeit das Wachstum noch einmal zu überdenken. Vielleicht ist dann die Selbstständigkeit für Sie die bessere Wahl. Bauen Sie die Manager- und Unternehmerrolle in Ihren Alltag ein. Sie werden erfolgreich sein.

Sollten Sie allerdings immer noch der Meinung sein, dass Wachstum für Sie das Richtige ist, dann gilt es, die Fachkraft- und Manageraufgaben mehr und mehr abzugeben und sich auf das zu konzentrieren, was für Ihr Unternehmenswachstum wichtig ist. Jede Entscheidung für sich ist völlig in Ordnung. Zufrieden können Sie immer sein. Allerdings benötigen alle Aufgabenfelder Ihre Aufmerksamkeit. Nehmen Sie Ihre Unternehmerrolle ein.

Als Freiberufler oder Selbstständiger müssen Sie allen drei Rollen Zeit und Energie zukommen lassen. So schaffen Sie maximale Zufriedenheit, kennen Ihre Wünsche, planen Effizienz und erledigen Ihre Fachaufgaben gewinnbringend.

> Als Unternehmer leiten und arbeiten Sie am Unternehmen und beschäftigen Menschen, die im Unternehmen arbeiten.

Mit ein bis zwei Mitarbeitern müssen Sie selbst noch ordentlich bei der Auftragsabarbeitung mitwirken, das ist klar. Ab acht Mitarbeitern werden Sie merken, dass Sie immer mehr als Manager agieren werden. Ab zwölf Mitarbeitern ist es nahezu unmöglich, Ihre Unternehmertätigkeiten außen vor zu lassen, ohne immer wieder den ersten Anzeichen eines Burnouts zu begegnen. Sorgen Sie also rechtzeitig für die notwendigen Strukturen und vor allem für das eigene Bewusstsein. Wenn Sie klar und bewusst die einzelnen Aufgaben unterscheiden kön-

3 Unternehmerrolle – was tut der Chef

nen und dies auch tun, sind die besten Voraussetzungen geschaffen, ein gesundes Wachstum auf den Weg zu bringen.

»*Beginne da, wo Du stehst, mit dem, was du hast.*«

Harold Klemp

Jetzt ist eine gute Stelle, um Ihre Vorhaben noch einmal zu verinnerlichen. Was wollen Sie, wo möchten Sie hin? Das alleine entscheidet über Ihr weiteres Vorgehen.

> Als Unternehmer verlassen Sie Ihre Expertenrolle als Fachkraft und werden stattdessen Experte in Sachen Unternehmensführung.

Thomas Sattelberger, der Bereichsvorstand der Lufthansa, hat einmal treffend gesagt:

»*Der Erfolg eines Unternehmens hängt davon ab, wie harmonisch sein Organisationssystem arbeitet, welchen Platz es in den komplexen Netzwerken des Marktes findet und davon, ob die Unternehmensführer die Gesetze menschlicher Systeme verstehen und respektieren. Denn nicht nur die richtigen Mitarbeiter sind Humankapital, sondern auch die richtigen Chefs. Das gilt für mittelständische Familienunternehmen ebenso wie für multinationale Konzerne.*«

Beantworten Sie sich folgende Fragen:

- Welche Rollen müssen gestärkt werden, um Ihr persönliches Unternehmens-Ziel zu erreichen?
- Was wären dafür typische Aufgaben, die bisher zu wenig Platz in Ihrem Kalender hatten?

Alles steht mit allem in Zusammenhang. Das Makrosystem, das Unternehmen, wie auch das Mikrosystem, die Persönlichkeit. Beides bedingt sich, das eine geht nicht ohne das andere. Es sind immer alle Aspekte zu betrachten. Dies allein gibt Ihnen Möglichkeiten für nachhaltige Veränderungsprozesse. An welcher Stelle im Unternehmen Sie auch stehen, die Anwendung systemischer Prinzipien kann zu mehr Einsicht in Probleme und Entscheidungsfragen verhelfen und neue Perspektiven eröffnen. Wenn Sie eine Veränderung vornehmen, hat dies immer auch Auswirkungen auf anderes.

Es ist ein großer Fehler zu glauben, dass wir alleine unser Unternehmen führen. Tatsächlich führen es viele zusammen: Chef, Mitarbeiter, Kunden, Mitbewerber, Partner, Branche usw. Das ganze Unternehmen funktioniert als lebendiges System. Dies bildet ein Netzwerk, das viel mehr ist, als die Summe seiner Teile. Dies zu erkennen ist maßgebliche Aufgabe eines Unternehmers.

Wenn Sie nun Veränderungen beabsichtigen, bitten wir Sie zu berücksichtigen, dass ein System immer eine Anzahl von einzelnen Faktoren ist, die ständig in Wechselwirkung miteinander stehen. Jede Veränderung an einzelnen Faktoren bewirkt gleichzeitig Veränderung an allen anderen Faktoren. Diese Regel gilt für alle lebendigen Systeme. Also auch für Ihr Unternehmen. Wenn Sie also Ihr eigenes Verhalten ändern, glauben Sie nicht, dass Ihr gesamtes Umfeld einverstanden damit ist. Bestimmt wird der eine oder andere wenig Verständnis dafür haben. Wenn Sie aber, und davon gehen wir aus, eine wirkliche Entscheidung zur Veränderung getroffen haben, werden Sie es auch schaffen.

> Als Unternehmer, vor allem in kleinen Unternehmen, ist es wichtig, immer wieder zu entscheiden und zu unterscheiden. Was bin ich im Moment – bei dieser Aufgabe?

Fragen Sie sich: Bin ich Fachkraft, gebe meine Arbeit/Leistung in das Produkt/die Dienstleistung, um den Kunden zufrieden zu stellen, oder gebe ich meine Arbeit/Leistung in die Fachkraft, um mittel- und langfristig das Unternehmen zu stärken, sprich den Wert zu erhöhen?

Wenn Sie langfristig erfolgreich arbeiten möchten, ist es wichtig, sich Ihrer Rolle immer wieder neu bewusst zu werden: Als Mensch und Unternehmer.

3 Unternehmerrolle – was tut der Chef

Die Grafik in Abbildung 13 kann Ihnen dabei helfen, sich besser einzuordnen. Wo befinden Sie sich im Moment? In der Rolle der Fachkraft oder agieren Sie als Unternehmer?

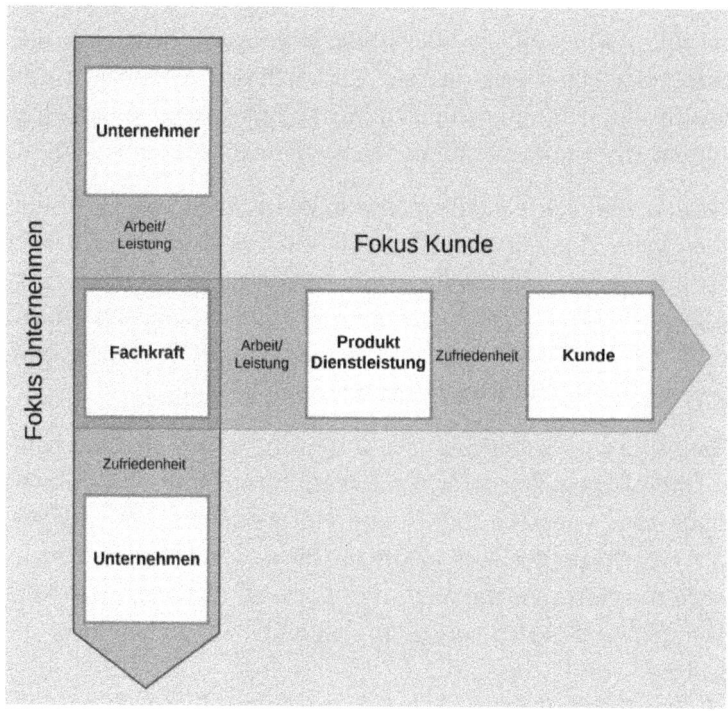

Abbildung 13: Wo halten Sie sich auf? Sind Sie im Alltag Fachkraft oder Unternehmer?

Gerade in der Zeit des Wachstums ist es unabdingbar, sich täglich bewusst in die unterschiedlichen Rollen zu begeben. Auch wenn Ihre innere Fachkraft sagt: »Das ist doch keine richtige Arbeit – wir haben noch so viel wichtiges zu tun.« Oder Ihr Manager sagt: »Das können wir doch so nicht machen, das muss erst einmal perfekt bis ins kleinste Detail geplant sein.« Werden Sie sich immer wieder bewusst – Ihre innere Haltung ist es, die das Unternehmen zum Wachsen bringt.

Lernen aus der Praxis

Ins Coaching kam ein etwa 50-jähriger Mann zu mir. Er hatte sich mit einer Werbeagentur vor 10 Jahren selbstständig gemacht. Vorher war er fest angestellt gewesen. Seine Idee der Selbstständigkeit war die, ein Unternehmen aufzubauen und andere für sich mitarbeiten zu lassen. Er wollte eine der wichtigsten Agenturen in und um seine Heimatstadt aufbauen.

Nach anfänglicher Aufbauphase sollte es für ihn möglich werden, mehr Zeit mit seiner Familie und vor allem den Kindern zu verbringen. Dazu sollte dann auch eine ausgedehnte Mittagspause von 4 Stunden gehören. Wir haben herausgefunden, dass das seine wichtigste Antriebsfeder war: die Firma groß werden lassen und damit eigene Freizeit gewinnen.

Tja. Alles kam anders. Als der Unternehmer zu mir kam, hatte er drei Angestellte. Dazu kam seine Einstellung »Wenn man nicht alles selber macht ...« und eine Sechs-Tage-Woche. An den Wochenenden war er oft im Büro, schließlich musste ja auch der ganze Verwaltungskram noch erledigt werden. Nichts von dem was er sich vorgenommen hatte, war in Erfüllung gegangen.

Was war passiert?

Er war ständig damit beschäftigt, Aufträge zu generieren und abzuarbeiten. Darauf lag sein Hauptaugenmerk. Kein Wunder, er musste ja schließlich alle Fixkosten decken und die Personalkosten waren nicht unerheblich. Sein ganzes Denken und Tun war darauf fokussiert, alle Rechnungen bezahlen zu können. Über Spaß hatte er schon lange nicht mehr nachgedacht und über sein Image am Ort war keine klare Aussage möglich.

Er war fleißig wie ein Bienchen, seine Rolle als Unternehmer war allerdings unterwegs verloren gegangen. Realistisch wie er war, hatte er inzwischen die Überzeugung, dass all das Träumen und Planen doch eh keinen Sinn habe. Er erlaubte sich keine

Veränderungswünsche und sein Tagwerk bestand darin, das Bewährte immer weiter auszubauen. Managementaufgaben, dazu kam er nicht. Die richtigen Strukturen für seine Mitarbeiter entwickeln? Anderes war wichtiger. Kein Wunder also, dass es ihm niemand wirklich recht machen konnte. Er kannte jedes Detail und niemand außer ihm trug Verantwortung. Außer ihm gingen alle pünktlich nach Hause. Und das ging seit fast 10 Jahren so.

Leider wurde er über die Jahre sehr unzufrieden, ja fast schon unglücklich. Das Geld reichte gerade so. Wenn die Steuer kam, wurde es jedes Jahr sehr eng. Dumping-Preise verschafften ihm sogenannte Stammkunden. Ob und wie viel er an den Aufträgen wirklich verdiente, konnte er nicht sagen. Gesundheitlich wurde es langsam besorgniserregend und Hobbys hatte er schon lange nicht mehr.

Seine Frau war es, die ihn vor die Wahl stellte: Entweder er ändert sein Leben und damit sein Unternehmen, oder sie geht. Seine Kinder waren inzwischen Teenager und er hatte nicht besonders viel von ihnen mitbekommen. Seine Frau hatte sich inzwischen an einen mürrischen, überarbeiteten Mann gewöhnt und ihr Leben für sich eingerichtet. An Gemeinsamkeiten oder gemeinsame Unternehmungen war nicht zu denken. Kein besonders guter Ausgangspunkt.

Wir haben also zusammen begonnen über seine Wünsche und Ziele nachzudenken. Der erste Schritt war, sich für Veränderung innerlich bereit zu machen.

Wir haben seinen Zeitplan der letzten Wochen analysiert. Heraus kam folgende Verteilung:

95 Prozent	Fachkrafttätigkeit
5 Prozent	Manageraufgaben
0 Prozent	Unternehmertätigkeiten

So kann das ja nichts werden, das war ihm schnell klar.

Was wollte er sein? Freiberufler, Selbstständiger oder Unternehmer? Er entschied sich dafür,»Unternehmer« zu sein und entwickelte mit mir zusammen einen Plan, wie das gelingen kann. Zu Beginn waren die Änderungen schwierig. Für sein Umfeld, aber besonders für ihn selbst. Er war an seine Arbeitsweise gewöhnt und konnte sich schlecht vorstellen, dass es an seinen Überzeugungen liegt, wie sein Alltag aussieht. Gewohnte Verhaltensweisen sind wie Kaugummi. Sie kleben solange an uns, bis wir unsere innere Einstellung dazu, unsere Glaubenssätze und Vorannahmen hinterfragen und anpassen.

Es hat eine Weile gedauert. Zuerst kam er wöchentlich für 2 Stunden, um sich klar darüber zu werden, was er verändern wollte. Die Zeit, die er für die Unternehmensentwicklung aufwendete, wurde schnell mehr. Das Personal wurde anders geführt und nach und nach wurden Strukturen aufgebaut, die einen Personalausbau möglich machten. Ein Businessplan beschaffte die nötigen Finanzmittel. Das Büro wurde optimiert, so konnten zu Beginn ohne Umzug fünf neue Arbeitsplätze in den vorhandenen Räumen geschaffen werden. Die Verantwortlichkeiten wurden verteilt. Sein Arbeitsumfeld änderte sich.

Es gab wirklich eine Menge zu tun. Vor allem aber war die große Herausforderung das»Loslassen« von Verhaltensweisen, Gewohnheiten, Verantwortlichkeiten, Einstellungen und Glaubenssätzen. Er musste sich zuerst ein eigenes Bild davon machen, was es eigentlich heißt Unternehmeraufgaben zu erledigen. Das war ganz neu.

Drei Jahre nach der Umstellung beschäftigt er nun 15 Mitarbeiter. Der weitere Personalaufbau ist geplant und im 3-Jahresgeschäftsplan schriftlich fixiert. Er hat heute feste Bürozeiten: 10 bis 12 Uhr täglich. In diesem Zeitraum ist er verbindlich als Ansprechpartner im Büro. Die restliche Arbeitszeit verbringt er mit Aufgaben eines Unternehmers – mal im Büro, mal zuhause. Er macht sich einen Wochenplan, überlegt jeden Tag, was heute zu tun ist und wo das am besten funktioniert. Mal träumt er

3 Unternehmerrolle – was tut der Chef

Unternehmensträume im Café oder auf einem Spaziergang, oder er trifft sich mit Unternehmerkollegen und spricht über Software, effiziente Mitarbeiterführung und Branchenentwicklung. Er liest interessiert die Zeitungen und schaut so, was den Mitbewerb und Wunschkunden gerade interessiert. Außerdem hat er inzwischen eine Wunschkundenliste und macht immer wieder spontane Besuche bei Firmen, für die er wirklich gerne Dienstleister wäre. Montagnachmittag ist inzwischen für Akquise fest reserviert.

Ein fester Termin im Monat ist mit seinem Steuerberater. Er bespricht mit ihm die vergangenen Zahlen des letzten Monats und zusammen erarbeiten sie immer auch die Planzahlen für die kommenden zwei Monate. Mit der Jahres-, Marketing- und Budgetplanung ist dies auch gut zu schaffen. Der Steuerberater hilft ihm auch, Kennzahlen zu erarbeiten. Seine Liquidität ist inzwischen stabil.

Eine Halbtagskraft im Büro kalkuliert alle Angebote. Vor der Rechnungstellung erfolgt immer eine Nachkalkulation. Auf diese Weise hat die Firma zwar einige langjährige Kunden verloren. Aber im Rückblick gesehen war dies gut, denn damit war die Zeit da, lukrative Aufträge zu akquirieren.

Als Chef sieht er sich verantwortlich für die Sicherung der Arbeitsplätze, den Ausbau der Firma und den Aufbau einer qualitätsbewussten Marke. Gerade in seinem Geschäft ist das Image für gute Aufträge besonders wichtig.

Mindestens sechsmal pro Jahr erscheint ein Artikel über das Unternehmen in der Regional- oder Fachpresse. PR gehört inzwischen zu den festen Bestandteilen im Unternehmen.

Die ersten beiden Mitarbeiter wurden eingestellt, nachdem sie sich »blind« bei ihm beworben hatten. Qualifizierte, motivierte Kräfte, die gerne für diese Firma arbeiten. Der inzwischen gute Ruf trägt Früchte.

Und das Wichtigste: Wir haben den Motor wieder aktiviert – Zeit für die Familie. Das war anfangs schwierig, weil er ja gar nichts mehr mit seiner Familie anfangen konnte. Das hat sich bereits nach sechs Monaten erheblich verbessert. Inzwischen macht er einmal im Monat mit seiner Frau einen Ausflug. Außerdem fährt er mit den Jungs einmal pro Quartal übers Wochenende fort und hat drei mal zwei Wochen Urlaub pro Jahr fest eingeplant. Das gemeinsame Abendessen ist Normalität geworden. Sein Bild einer guten Familie war vor allem zu Beginn sehr wichtig. Es musste neu belebt werden. So konnte er sich auch in schwierigen Zeiten immer wieder darauf besinnen, was ihm wirklich wichtig ist und die nötigen Veränderungen vornehmen.

Ganz zum Schluss unseres Gespräches teilte er mir noch mit: »Ach übrigens, obwohl meine Fixkosten um ein Vielfaches gestiegen sind, bleibt für mich selbst doppelt so viel Verdienst. Ist das nicht super?«

Ich meine, ja, genau das passiert, wenn Unternehmer das tun, wofür sie »bezahlt« werden: Unternehmer sein. Das ist immer wieder meine Erfahrung. Sobald Menschen den Schritt in die Selbstständigkeit gehen und sich trauen, sich auf die Unternehmerrolle zu konzentrieren, wird nahezu immer ein florierendes Unternehmen daraus.

3 Unternehmerrolle – was tut der Chef

Jetzt sind Sie dran

Leben Sie Ihre Unternehmer-Rolle? (1 = nein, gar nicht ... 5 = ja, alles bestens)

Überprüfen Sie mit diesen Fragen, ob Sie Ihre Unternehmer-Rolle einnehmen.

Ich habe eine Strategieplanung für das Unternehmen.	1	2	3	4	5
Ich arbeite entsprechend dem Plan.	1	2	3	4	5
Ich weiß genau, was meine Kunden wirklich wollen.	1	2	3	4	5
Ich habe eine Wunschkundenliste.	1	2	3	4	5
Ich arbeite mit der Liste.	1	2	3	4	5
Ich kenne meine erforderlichen Zahlen.	1	2	3	4	5
Ich arbeite damit.	1	2	3	4	5
Ich kenne meine Mitarbeiter.	1	2	3	4	5
Ich führe sie, entsprechend Ihren Fähigkeiten.	1	2	3	4	5
Ich weiß, wie Marketing im Unternehmen funktioniert.	1	2	3	4	5
Ich setze dies um.	1	2	3	4	5
Ich habe für mein Netzwerk Ziele festgelegt.	1	2	3	4	5
Ich kenne den Nutzen für alle meine Produkte.	1	2	3	4	5
Ich kommuniziere diesen konsequent.	1	2	3	4	5
Ich habe ein Leitbild für mein Unternehmen.	1	2	3	4	5
Ich kenne meine Ziele und Glaubenssätze.	1	2	3	4	5
Ich passe diese regelmäßig an.	1	2	3	4	5
Ich weiß, wie ich Wachstum erreichen kann.	1	2	3	4	5
Ich tue dies konsequent.	1	2	3	4	5
Ich plane meine Zeit.	1	2	3	4	5
Ich halte mich daran.	1	2	3	4	5
Ich weiß, wie wichtig Fortbildung ist.	1	2	3	4	5
Ich setze das Gelernte um.	1	2	3	4	5
Ich weiß, meine Kunden und Mitarbeiter zu binden.	1	2	3	4	5
Alle im Unternehmen setzen dies um.	1	2	3	4	5
Gesamt (addiert)					

Machen Sie sich Gedanken über folgende wichtige Fragen:
- Was sind typische Fachkrafttätigkeiten in Ihrem Unternehmen?

___

___

___

___

___

___

- Was sind typische Managertätigkeiten in Ihrem Unternehmen?

___

___

___

___

___

___

- Was sind typische Unternehmertätigkeiten in Ihrem Unternehmen?

___

___

___

___

___

___

3 Unternehmerrolle – was tut der Chef

- Was ist Ihr wirklicher Wunsch? Möchten Sie Freiberufler, Selbstständiger oder Unternehmer sein?

_____
_____
_____
_____

- Welche Veränderung würde sofort nachhaltige Verbesserungen mit sich bringen?

_____
_____
_____
_____

- In welcher Rolle (Fachkraft, Manager, Unternehmer) finden sich Ressourcen, die Sie bisher nicht oder zu wenig nutzen?

_____
_____
_____
_____

- Welche Ressourcen in Umfeld könnten Sie unterstützen?

_____
_____
_____

- Was ist Ihr nächster wichtigster Schritt?

_____
_____

Die fünf wichtigsten Tipps zum Thema Unternehmer-Rolle

Tipp 1	Entscheiden Sie sich. Was wollen Sie sein: • Freiberufler • Selbstständiger • Unternehmer
Tipp 2	Entwickeln Sie eine genaue Vorstellung davon, welche Aufgaben die einzelnen Rollen innehaben.
Tipp 3	Planen Sie Ihre Zeit und Ihre Rollen. Statt nur die Aufgabenplanung vorzunehmen unterscheiden Sie: Aufgaben als Fachkraft, Aufgaben als Manager, Aufgaben als Unternehmer.
Tipp 4	Falls Sie sich dafür entscheiden zu wachsen: Nehmen Sie Ihre Rolle als Unternehmer ein. Stellen Sie Menschen an, die für das Unternehmen als Manager und Fachkraft arbeiten. Sie konzentrieren sich auf anderes.
Tipp 5	Schaffen Sie mehr Bewusstsein. Überprüfen Sie regelmäßig Ihre Rolle.

Teil II
BETRIEBSWIRTSCHAFTLICHE HERAUSFORDERUNGEN

4 Marketing – Der Weg zum Ziel

Ein schlüssiges Konzept als Wegweiser

- Definition
- Einblicke: Marketing ist alles und ohne Marketing ist alles nichts
- Marktforschung und Marketinginstrumente
- Lernen aus der Praxis
- Jetzt sind Sie dran
- Die fünf wichtigsten Tipps für Ihr Marketing

Definition

Was ist Ihr Bild von Marketing? Es gibt Menschen, die sagen: »Marketing ist ganz einfach«, für andere bleibt es ein Buch mit sieben Siegeln. Wenn ich Sie fragen würde, ob Sie in Ihrem Unternehmen Marketing betreiben, was würden Sie antworten?

Es geht nicht einfach darum, irgendwelche Aktionen zu starten, Ziel ist es, alle Aktionen auf Ihr Ziel abzustimmen und Wachstumshemmnisse auszuschalten, um Ihre Ziele zu erreichen.

Wenn Sie Ihr Unternehmen vergrößern, erweitern oder ausbauen möchten, ist es wichtig die Zusammenhänge zu verstehen. Das macht es Ihnen möglich umsetzbare Prozesse einzusetzen, die Sie Ihrem Ziel näherbringen. Und nicht nur das, Ihre Mitarbeiter werden Sie dabei unterstützen, sie können eingebunden werden und sich so mit dem Vorhaben identifizieren.

Eine realistische Planung im Vorfeld verschafft Ihnen die Möglichkeit, sich im Alltag auf das zu konzentrieren, was Ihre Aufgabe ist: das Unternehmen zum Erfolg zu bringen. Sie kommen so mehr und mehr in die Rolle des Unternehmers, statt Ihre Zeit mit Fachkraftaufgaben zu verbringen.

Natürlich nimmt die Entwicklung eines passenden Konzeptes im Vorfeld Zeit in Anspruch, allerdings sparen Sie diese Zeit später wieder ein. Sie und alle Ihre Mitarbeiter haben einen Plan, an den sie sich halten können. Entscheidungen werden weniger, Fehlentscheidungen werden bemerkt und können rechtzeitig optimiert werden. Sie fühlen sich sicher im Tun und wissen, dass alle Aktionen wirklich an Ihr Ziel angepasst sind.

> Marketing ist viel mehr als Werbung. Marketing ist eine marktorientierte Unternehmensführung, die sich auf nahezu alle Bereiche des Unternehmens bezieht.

Im Nachfolgenden bieten wir Ihnen einige Definitionen aus dem Bereich Marketing an.

Unter Marketing verstehen wir die Aufgabe des Unternehmens, mit dem Produkt, der Dienstleistung am Markt Umsätze zu generieren. Es geht also hier um die Frage:»Wie schaffen wir es, unser Unternehmensziel durch das Erwirtschaften von Umsatz zu erreichen?«

Es geht also im weitesten Sinne um eine marktorientierte Unternehmensführung. Es geht also nicht nur darum, eine Technik zur operativen Beeinflussung der Kaufentscheidung zu entwickeln, sondern um eine umfassende Unternehmensführung, die zur Zielerreichung in allen Bereichen beiträgt. Marketing wird auch genutzt, um mögliche Mitarbeiter zu gewinnen, Investoren zu interessieren oder Unternehmenskäufer zu akquirieren.

Durch den ständigen Wandel des Marktes und der Kundenbedürfnisse wird Marketing jedes Unternehmen zu jeder Zeit beschäftigen. Was heute optimal ist, passt morgen nicht mehr, deshalb bezeichnen wir das Marketing auch als Herzstück des Unternehmens, immer in Bewegung.

Marketing betrachtet unter Einbeziehung des Unternehmensziels den Mitbewerb, die Interessenten und Kunden und alle

4 Marketing – Der Weg zum Ziel

möglichen Marktbeteiligten und Maßnahmen, die zur Erreichung der Unternehmensziele beitragen.

Marketing = marktgerichtete, marktgerechte Unternehmenspolitik. Das heißt, seine Aufgabe ist es: Bestimmte Probleme für bestimmte Zielgruppen nachhaltig besser zu lösen als die Konkurrenz.

Im Nachfolgenden zeigen wir Ihnen die unterschiedlichen Begrifflichkeiten des Marketings auf:

Marketingstrategien beschreiben die Methoden, mit denen die Marketingziele innerhalb einer festgelegten Zeit erreicht werden sollen. Diese Methoden können sehr unterschiedlich sein. Hier einige Beispiele: »Unsere Mitarbeiter stehen immer im Fokus«, »durch Empfehlungsmarketing generieren wir unseren Erfolg«, »jeder Kunde ist ein Stammkunde«, »Qualität vor Effizienz«, »alles dient dem Umsatzwachstum« usw. Sie sehen, die Strategien können sehr unterschiedlich sein. Demnach unterscheiden sich auch die Marketingziele und -Maßnahmen entsprechend. Es wird unterschieden zwischen einem strategischen und taktischen Marketingplan.

Der **Strategische Marketingplan** ist ein schriftliches Dokument, aus dem hervorgeht, wie die Unternehmensleitung die Marktposition des Unternehmens im Vergleich zur Konkurrenz wahrnimmt und wie sie die Wettbewerbsvorteile definiert, welche Ziele sie wie erreichen möchte (Strategien), welche Ressourcen erforderlich sind (Zeit, Energie und Geld) und welche Ergebnisse sie versprechen.

Ein strategischer Marketingplan deckt einen Zeitraum von mindestens drei Jahren ab.

Der **taktische Marketingplan** enthält die detaillierte Planung spezifischer Maßnahmen einschließlich ihrer Kosten, die im ersten Jahr des strategischen Marketingplans notwendig sind. Der taktische Plan gilt also in der Regel für ein Jahr. Aus ihm geht auch die genaue Maßnahmenplanung mit Kostenplanung hervor. Das heißt, hier kann jederzeit nachgelesen werden, was wann und wie gemacht wird. Im besten Fall handelt es sich hier um eine Jahres-to-do-Liste, die natürlich jederzeit optimiert werden kann, falls der Bedarf entsteht.

Marketingziele werden als quantitative Aussagen formuliert. Also in Euro: Umsatz, Gewinn, Anzahl der A-Kunden, Marktanteil oder Absatzvolumen der Produkte und Dienstleistungen. In jedem Fall sind sie als Ziel formuliert: klar, messbar, realistisch und vorstellbar. Sie sind die Antwort auf die Frage: »Was wollen wir mit Marketing erreichen?« Die Marketingziele führen zu den konkreten Marketingmaßnahmen.

Unter **Marketingmaßnahmen** verstehen wir die Bündelung mehrerer Aktionen. Sozusagen die Überschrift, der unterschiedliche, konkrete Aktionen folgen. Beispiele hierfür sind:

- Pressearbeit (Aktionen: regelmäßige Veranstaltungen, Pressemitteilungen, Beiträge in Fachzeitschriften usw.),
- Mit Produkten Kunden binden (Aktionen: in der IT: Verkauf von sechs Updates pro Jahr, beim Optiker: Abo für Kontaktlinsenreinigung, bei der Automobilindustrie: Verkauf von Original-Ersatzteilen),
- Mitarbeiterzufriedenheit über alles (Aktionen: Weiterbildung wird bezahlt, flexible Arbeitszeiten, Arbeitszeit kann an die Bedürfnisse angepasst werden, Veranstaltungen usw.),
- Vertrieb ausbauen (Aktionen: Anzeigenwerbung, Personalausbau im Verkauf, Verkaufsschulungen für alle Mitarbeiter, verstärkte PR, Stellenausschreibungen in der Fachpresse usw.).

Marketingaktionen entwickeln sich aus den Maßnahmen und können zeitlich, personell und finanziell genau geplant werden. Idealerweise werden die Ergebnisse aller Aktionen mit den Maßnahmen und Zielen abgeglichen und auf den Erfolg hin überprüft. Alle Aktionen können so aufeinander abgestimmt durchgeführt werden. Beispiele sind: Tag der offenen Tür, Straßenbahnwerbung, Google-Anzeigen, Flyer-Versand, Telefonaktion usw.

> Die mittel- und langfristige **Marketingplanung** schafft die Voraussetzungen dafür, dass die Unternehmensvision Realität wird.
>
> Marketingplanung = Unternehmensziel → Marketingstrategie → Marketingziel → Marketingmaßnahmen → Marketingaktionen

Marketing ist alles und ohne Marketing ist alles nichts

Um Ihre Marketingplanung mit Freude und Elan zu erstellen, müssen Sie die Zusammenhänge verstehen. Alles in Ihrem Unternehmen hängt mit allem zusammen. Dies zu planen, ist eine wichtige Aufgabe von Unternehmern. Sie können mit der richtigen Planung eine Menge Geld und Ärger sparen. Lassen Sie sich ein auf das Experiment. Letztlich geht es nur darum, Ihr inneres Bild, Ihre Motivation in Abstimmung mit dem Markt aufs Papier zu bringen und damit zum Leben zu erwecken.

> Marketing ist: das Führen eines Unternehmens auf ein Ziel hin ausgerichtet.

Sie können weiterhin täglich neue Entscheidungen treffen. Der Umsatz stimmt vielleicht nicht, also schalten Sie endlich eine Anzeige. Ein Kunde beklagt sich über den Preis, also entscheiden Sie sich, einen Rabatt zu geben. Ihr Mitbewerber hat seine Autos beschriftet, also geben Sie sich einen Ruck und beauftragen die entsprechende Beschilderung. Jeden Tag eine neue Entscheidung. Oft passt dann aber das eine nicht zum anderen. Fehlende Ergebnisse merken Sie oft gar nicht oder dann, wenn es bereits zu spät ist.

Die andere Variante ist, Sie setzen sich hin und denken sich Ihre Wunschfirma. Dann wird Marketing einfach. Sie planen weiträumig. Vielleicht steht in diesem Jahr der Umsatz und im nächsten dann das Firmenimage im Vordergrund. Mit Ihrer Planung können Sie bei jeder Maßnahme oder Aktion überprüfen: Dient dies meinem Ziel? Passt das eine zum anderen? Wie kann ich die Ergebnisse sichtbar machen? Usw. Sie werden sehen, ein schlüssiges Marketingkonzept ist der Turbo für Ihr Wachstum.

> Sie schaffen mit Ihrer Marketingplanung das ganze Bild Ihres Unternehmens. Marketing ist also nichts anderes als ein Instrument, um Ihren Traum, Ihre Strategie Realität werden zu lassen.

Das große Ganze im Blick

In meinen Workshops und Seminaren stelle ich immer wieder fest, dass eine Menge Unternehmer Marketing mit Werbung, mit einzelnen Aktionen gleichsetzen. Sie beauftragen eine Agentur, sind aber im Vorfeld nicht in der Lage, der Agentur ihre Strategie zu nennen. Was dabei herauskommt, sind Broschüren, Internetauftritte, ein neues Erscheinungsbild. Leider fehlt der Zusammenhang zu allen anderen Prozessen im Unternehmen. Suchen Sie sich eine Agentur, die vor Beginn ihrer Arbeit nicht Ruhe gibt, ohne Ihre Strategie zu kennen. Dann steigt die Wahrscheinlichkeit erheblich, dass Ihre Ausgaben Ihrem Gesamtziel auch nützen.

Unternehmer denken in Bezug auf Marketing häufig in Aktionen statt in Jahreszeiträumen. Das ist völlig in Ordnung, falls Sie weiter vor sich hin wurschteln möchten. Dann macht es vielleicht Sinn, mal das eine und mal das andere auszuprobieren. Sie machen Erfahrungen, manchmal solche, die teuer sind, manchmal aber auch durchaus gewinnbringende.

4 Marketing – Der Weg zum Ziel

Ich möchte Ihnen aufzeigen, dass Marketing viel mehr ist als einzelne Aktionen. Marketing ist alles, was Sie im Innen Ihres Unternehmens leben und was sich im Außen zeigt. Marketing macht Ihre Marke. Der Umgang mit Kunden und Mitarbeitern gehört genauso dazu wie Werbung und PR, aber auch Ihre Zahlungsmoral, Ihre Laune auf der Straße, die Geschichten Ihrer Mitarbeiter, Ihr Preis und Ihre Vorgehensweise im Reklamationsfall. Alles ist Marketing im engeren und weiteren Sinne.

Marketing ist das Bild, dass Sie leben, das sichtbar wird und zwar innerhalb aller Bereiche. **Marketing ist im besten Fall marktorientierte Unternehmensführung.** Es ist Ihr Verhalten im Innen und Außen. Egal ob bewusst oder unbewusst, Sie haben eine bestimmte Art Ihr Unternehmen zu führen. Wenn Sie damit erfolgreich sein möchten, empfehlen wir Ihnen dringend, dies bewusst zu tun, Sie werden wesentlich mehr Freude und Spaß an Ihrem Unternehmen haben.

Solange Sie als Freiberufler oder Selbstständiger tätig sind, können Sie es sich vielleicht leisten, ohne Marketingstrategie und -planung zu leben. »Ich weiß schon ungefähr wo ich hin will«, »so einfach ist das nicht, kostet ja auch alles eine Menge Geld«, »wann soll ich denn das auch noch machen«, das alles sind Sätze, die ich immer dann höre, wenn Unternehmern klar wird, dass Marketing echt Zeit benötigt. Im Vorfeld. Im Nachhinein spart es eine Menge Geld, Zeit und Frust. Aber das wissen nur die, die sich darauf eingelassen haben.

Sobald Sie anstreben, ein größeres Unternehmen zu gründen oder zum Wachsen zu bringen, ist es unabdinglich, eine entsprechende Strategie schriftlich zu fixieren. Sie haben nicht die Zeit, ständig Entscheidungen zu treffen, alles im Unternehmen muss aufeinander abgestimmt sein, die Prozesse erfordern Klarheit, Ihre Mitarbeiter müssen eine Richtlinie bekommen, nach der sie ihr Handeln ausrichten können. Sie müssen sich um die Fortentwicklung Ihres Unternehmens kümmern.

Eine Marketingplanung ermöglicht Ihnen, dass das »running business« auch ohne Sie gut funktionieren kann. Solange Sie nicht über eine Planvorlage verfügen, die durchdacht ist, werden Sie im Hamsterrad der Fachkraftarbeiten gefangen bleiben. Planung ist ganz besonders beim Wachstum wichtig und sinnvoll: Packen Sie es an. Schreiben Sie Ihre Marketingplanung auf.

Für Wachstum unerlässlich

»Marketingplanung ist nichts anderes als eine logische Abfolge von Aktivitäten, die darauf abzielen, Marketingziele zu setzen und Pläne zu formulieren, wie diese erreicht werden können«, sagt Malcolm H. B. McDonald (*Ten Barriers to Marketing Planning*, 1989). Das heißt also, dass alle Ihre Aktivitäten immer nur das einzige Ziel verfolgen: **Ihr Ziel soll verwirklicht werden.**

Obwohl er so wichtig und in aller Munde ist, haben die wenigsten kleinen und mittelständischen Betriebe einen Marketingplan. Woran kann das liegen?

- Unternehmer sind häufig zu sehr mit Fachkraft- und Managementaufgaben beschäftigt. Die nötige Zeit dafür fehlt scheinbar.
- Unternehmer haben keine wirkliche Idee davon, wie ein entsprechendes Konzept aussehen kann. Obwohl oder vielleicht weil jede Menge Vorlagen im Netz oder in einer Vielzahl von Büchern nachzulesen sind.
- Es ist extrem schwierig ist, ohne die nötige Vorarbeit eine Marketingplanung vorzunehmen. Wenn der eigene Traum, die Unternehmensvision und Strategie fehlt, wird es schwierig. Wer nicht weiß, wohin er will, wird auch den Weg nicht finden.
- Das Ausmaß der Komplexität macht Angst. Statt mit einer einfachen Version zu starten, wird alles sehr kompliziert. Allerdings, immer dann wenn die eigentlichen Ziele unklar sind, wird es unendlich schwierig, die Dinge auf den Punkt zu bringen.

4 Marketing – Der Weg zum Ziel

- Die Einstellung wird vorgeschoben: »Das brauch ich nicht.« Stimmt vielleicht, vielleicht aber auch nicht. Die Erfahrung zeigt, dass nicht alle Unternehmen eine schriftliche Planung haben. Auffällig ist jedoch, Krisenbetriebe haben in der Regel keinen.
- Das Erstellen einer entsprechenden Planung ist zeitintensiv und deshalb oft auch kostspielig. Kein Marketing zu haben, ist manchmal teurer. Allerdings ist dies dann meistens verdeckt und unbewusst. Das heißt, der Unternehmer sieht nicht, dass die Kosten mit einer fehlenden Marketingstrategie zusammenhängen.
- Viele fürchten außerdem den Verlust der Flexibilität. Das stimmt natürlich zum Teil. Allerdings gilt zu berücksichtigen, dass auch schriftliche Pläne geändert werden können. Der Vorteil ist, es wird weniger oft spontan gehandelt.
- Es fehlt vielen die Erfahrung und das Bewusstsein. Sie haben noch nicht erlebt, wie beruhigend es ist, eine Planung zu haben, die auch im strengen Alltag für Ergebnisse und Struktur sorgt.

Wir möchten Sie ermutigen, sich dafür zu entscheiden, eine **schriftliche Planung** vorzunehmen. Sicher, es braucht Zeit und wird Sie das eine oder andere Mal auch wirklich nerven. Ich kann Ihnen aber versprechen, die Mühe lohnt sich.

Nichts tun wir Menschen, das uns nicht sinnvoll erscheint. Und wenn beim Tun auch noch Geduld und Ausdauer gefragt sind, dann braucht es Motivation. Die schriftliche Planung hat eine Menge Pluspunkte, die Ihnen, vor allem im Wachstum, sehr zugutekommen werden. Deshalb zeigen wir Ihnen hier ein paar Vorteile auf, die sicher auch Sie überzeugen:

Vorteile einer Marketingplanung

- Sie denken über alle Bereiche in Ihrem Unternehmen nach. Viele Fehler werden im Vorfeld vermieden.

- Mit der richtigen Kommunikation arbeiten Ihre Mitarbeiter wirklich für das Unternehmen. Sie und Ihre Mitarbeiter verfolgen die gleiche Strategie.
- Es entstehen wesentlich weniger Konflikte, Missverständnisse usw.
- Sie gibt Ihnen als Unternehmer die Möglichkeit, die Marketingstrategien zu entwickeln und die Implementierung der Maßnahmen und Aktionen Ihren Mitarbeitern zu überlassen.
- Sie können Ihr Budget planen und gezielt einsetzen.
- Es werden alle Bereiche im Unternehmen belichtet. Dies schafft viel Klarheit und Möglichkeiten zur Verbesserung.
- Alle Mitarbeiter haben etwas, an das sie sich halten können. Die Zufriedenheit steigt dadurch erheblich.
- Es herrscht Bewusstheit darüber was, wieviel mit wem verdient werden kann. Dadurch lassen sich Change- und Veränderungsprozesse effizienter und leichter durchführen.
- Rechtzeitig in Auftrag gegeben, werden viele Aktionen wesentlich günstiger.
- Es können die Mitarbeiter am richtigen Platz eingesetzt werden.
- Marketingpläne fördern die rationale Entscheidungsfindung des Unternehmers und aller Beteiligten.
- Alle Aktionen sind aufeinander abgestimmt.
- Geld und Zeit wird zielführend eingesetzt.

Damit es Ihnen gut gelingen kann, eine Planung zu erstellen, müssen Sie Ihren Traum, Ihre Ziele und die Unternehmensstrategie kennen. Dann ist die Marketingplanung nichts anderes als eine Planung der Schritte, die Sie zu Ihrem Ziel führen.

Die Abbildung 14 zeigt Ihnen die nötige Reihenfolge. Wenn Sie diese einhalten, funktioniert Ihr Firmenwachstum:
1. Ihren Traum, Ihre Vision kennen.
2. Eigene und Unternehmensziele festlegen.
3. Unternehmensstrategie aufschreiben.

4 Marketing – Der Weg zum Ziel

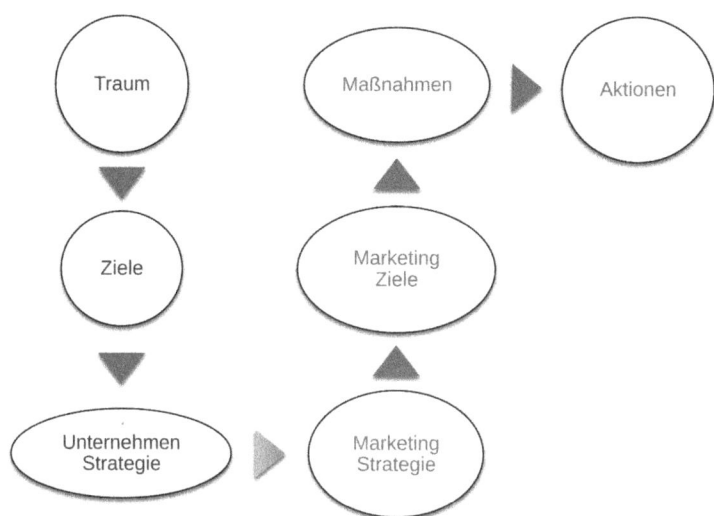

Abbildung 14: Ablauf einer Aktionsplanung

4. Marketingstrategie entwickeln (die Richtung vorgeben).
5. Marketingziele festlegen (konkrete Ergebnisse, die Sie erreichen möchten).
6. Maßnahmen zur Zielerreichung definieren (Bereiche, die Sie nutzen wollen).
7. Aktionen festlegen (Dinge, die Sie tun werden).

Wie funktioniert Marketing?

Marketing ist ein großes Spielfeld. Es ist das optimale Zusammenspiel aller Komponenten. Marketing funktioniert immer dann, wenn vor dem Festlegen der Maßnahmen und Aktionen das Ziel feststeht.

Sollten Sie für das kommende Jahr festgelegt haben, dass Ihr Image verbessert werden soll, wird ihr Marketing anders sein als im Jahr darauf, in dem Sie sich als Ziel vorgenommen haben 20 Prozent Kundenneuzugang zu verbuchen. Vielleicht steht auch im einen Jahr ein anderes Budget zur Verfügung als im anderen. Denken Sie in 3-Jahres-Zeiträumen.

> Marketing sind alle Maßnahmen und Aktionen, die Sie dabei unterstützen, Ihr Ziel zu erreichen.

Wie genau sieht Marktingplanung aus?

Sie brauchen also Ihren Traum, Ihre Vision, Ihr Unternehmensziel und es kann losgehen mit der Marketingplanung. Die Abbildung 15 zeigt die Spielmöglichkeiten, die Sie haben.

Beginnen wir mit dem Punkt auf der linken Seite der Grafik: der Marktforschung.

Marktforschung

Der Markt ist der große Kuchen, von dem auch Sie ein Stück abbekommen möchten. Bevor Sie also beginnen festzulegen, wie Sie es schaffen werden, Ihr Tortenstück zu bekommen, ist es wichtig, erst einmal zu schauen, welche Ressourcen zur Verfügung stehen. Da gibt es außerhalb Ihres Unternehmens Käufermeinungen und Mitbewerber, unterschiedlichsten Kundenbedarf, Tendenzen, Trends und vieles mehr. Auch innerhalb Ihres Unternehmens stehen Ihnen jede Menge Informationen zur Verfügung: Adressen, Ansprechpartner, Erfahrungen, Kundenbefragungen, Erfolge, Ergebnisse usw.

Im Ersten Schritt geht es darum das vorhandene Material zu sichten und zu sehen, was Sie bereits nutzen und was vielleicht bisher ungenützt zur Verfügung steht. Ziel ist es, aufgrund der beschafften Informationen eigene, zielführende Entscheidungen zu treffen.

Die zentrale Frage, die es zu klären gilt, sind:

- Was wünschen Ihre Kunden?
- Was kaufen Ihre Kunden?
- Was ist der Nutzen, für den Ihre Kunden bereit sind, Geld gegen Leistung zu tauschen?

4 Marketing – Der Weg zum Ziel 103

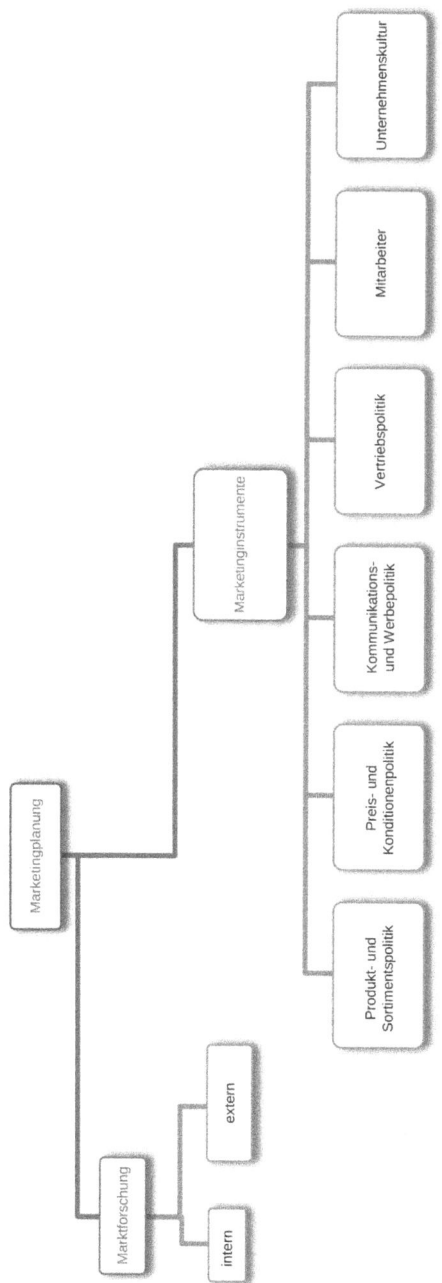

Abbildung 15: Marketing = Marktforschung & Marketinginstrumente. Diese zeigen wir Ihnen nachfolgend im Einzelnen.

- Wie und womit können Sie ausreichend Umsatz für Ihr Unternehmen generieren?
- Können Sie auf diesem Marktsegment Ihre Ziele erreichen?

Interne Marktforschung

Sichten Sie Daten. Welche Schlüsse könnten Sie daraus ziehen? Was zeichnet sich ab? Gibt es bisher schon Kunden, die verhältnismäßig viel Umsatz und wenig Aufwand machen? Aus welcher Region sind Ihre Kunden hauptsächlich? Welche Funktion haben Ihre Kunden inne? Haben Sie eher Einmal- oder Stammkunden? Warum wird jemand bei Ihnen Stammkunde? Welche Kunden sind es, die Ihre »Marke« kaufen? Geht es um Marken-, Kosten- oder Qualitätsbewusstsein? Sie müssen das wissen.

Es gibt viele Daten, die Sie erheben könnten. Größere Unternehmen machen es Ihnen vor. Ihr Telefonanbieter weiß, was Sie wollen. Ihr Autohändler weiß, dass Sie Reifen benötigen und bietet sie rechtzeitig zum Kauf an. Onlineportale animieren Sie zu weiteren Käufen: »Kunden, die das gekauft haben, kaufen auch ...«. Reiseportale bieten Ihnen günstige Flüge nach Griechenland an, weil Sie da im letzten Jahr auch schon waren. Ich habe vor kurzem ein Angebot für einen Reifenwechsel bekommen zusammen mit günstigen Angeboten für Gebrauchtwagen. Der Hintergrund: Meine Tochter ist vor kurzem 18 Jahre geworden. Aufdringlich? Nein, eher clever. Die Datenbank hat es sich gemerkt und der Autohändler hat die Information sinnvoll genutzt.

Bekommen auch Ihre Kunden und Interessenten Angebote auf deren Bedarf abgestimmt? Schauen Sie sich alles einmal in Ruhe an und überlegen Sie genau, welche Rückschlüsse Sie aus Ihren Daten ziehen können. Übrigens, mit der richtigen Vorgabe können auch Ihre Mitarbeiter diese Aufgabe für Sie erledigen. Ganz nebenbei werden diese dann auch darauf sensibilisiert, künftig darauf zu achten.

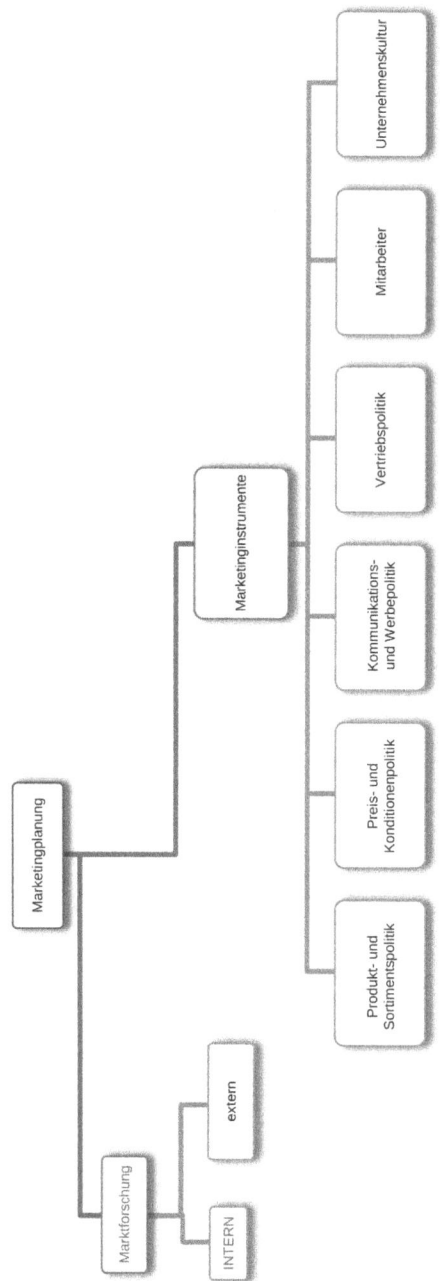

Abbildung 16: Interne Marktforschung. Hier geht es um all das, was Ihnen bereits zur Verfügung steht, um den Markt zu kennen.

Externe Marktforschung

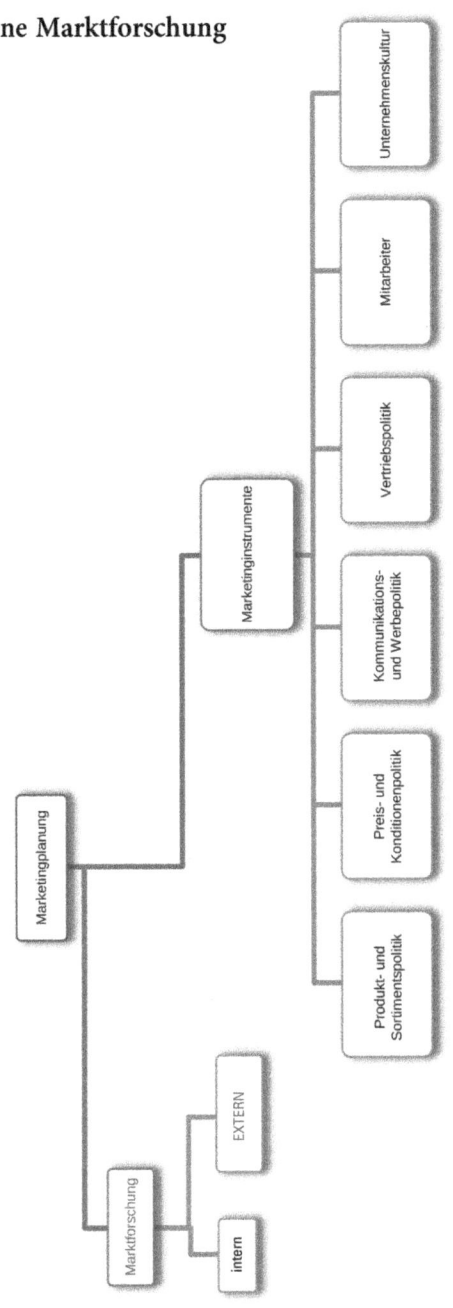

Abbildung 17: externe Marktforschung: Hier geht es um all das, was Sie an Informationen von außen dazu holen können.

Sobald Sie einen Kredit oder eine Finanzierung beantragen, werden Sie merken, Banken haben Vergleichszahlen. Ihr Steuerberater auch. Innungen, IHK und HWK, das statistische Bundesamt oder ein Mitbewerber: Sie alle sammeln Daten, aus welchen Sie interessante Rückschlüsse ziehen können. Nutzen Sie dieses Wissen, fragen Sie nach, lesen Sie Marktprognosen und Branchenzahlen. Auch Google Alerts können Sie zur Marktbeobachtung mühelos einsetzen. Sie werden sich wundern, welche Erkenntnisse Sie daraus ziehen können. Es bleibt spannend.

Keine Frage, Sie müssen sich auf Ihrem Markt auskennen. Wissen wohin die Trends gehen, wissen, was der Mitbewerb und alle anderen Akteure am Markt machen. Alles bietet Ihnen interessante Aspekte und letztlich ein Gesamtbild Ihrer Situation.

Eine bevorstehende Wirtschaftskrise macht die Finanzbeschaffung schwieriger. Gut, wenn Sie rechtzeitig darauf reagieren. Der Mehrwertsteuersatz steigt, auch das wird Auswirkungen auf Sie haben. Neue Gesetze, Verordnungen oder Zertifizierungen stehen an. Gut zu wissen, was kommt. Lesen Sie Zeitung. Informieren Sie sich. Wissen schafft Vorsprung. Es macht Sie sattelfest in Ihren Entscheidungen und stärkt Sie darin, Ihren Marktanteil zu sichern. Wie sonst schaffen Sie Wachstum, wenn Sie nicht wissen, was los ist in Ihrem ganz speziellen Markt?

Marktforschung sollte ein Punkt in Ihrem Alltag sein, um den Sie sich täglich kümmern. Alle Zeitungen bieten inzwischen Online-Seiten. Sie können also auch Zeitung lesen, während Sie unterwegs sind oder am Schreibtisch sitzen. Gespräche mit Kollegen und Geschäftspartnern geben Ihnen wichtige Impulse. Achten Sie verstärkt darauf.

> Die Erkenntnisse Ihrer Marktforschung sind Impulsgeber für gute Ideen. Informationen unterstützen Sie dabei, die richtige Marketingstrategie zu entwickeln. Sie sind Grundlage Ihrer Aktivitäten in der Zukunft.

Mit Hilfe der Marktforschung wissen Sie ganz genau Bescheid darüber, was Ihren Markt ausmacht, wer Ihre Kunden sein können und was diese von Ihnen erwarten. Eventuell finden Sie Möglichkeiten der Kooperation. Vielleicht haben Sie auch die eine oder andere Innovationsmöglichkeit entdeckt. Es geht darum, ein Marketingkonzept für die nächsten drei Jahre zu entwickeln. Also wagen Sie den Blick in die Zukunft. Darum geht es. Sie möchten ein Konzept erarbeiten, das in der Zukunft Früchte trägt.

Auch folgender Ansatz kann ihnen hilfreich sein bei der Erarbeitung Ihrer Positionierung:

Was weiß ich über Zielgruppe, Markt und Mitbewerb?

Wo und wie positioniere ich mich sinnvoll? Finden Sie es heraus über:

- Primärforschung: Meinungen, Einstellungen, Motive und Wünsche der Zielgruppe durch Befragung und Beobachtung
- Sekundärforschung: Aufbereitung und Auswertung betriebsinterner und -externer Daten
  - Interne Quellen (Kundendateien, Angebotsstatistiken, Auftragsstatistiken, Umsatzstatistiken, Mitarbeiterberichte ...)
  - Externe Quellen (Wirtschaftsverbände, Wirtschaftswissenschaftliche Institute, amtliche Statistiken, externe Dienstleister, zum Beispiel Marktforschungsinstitute, Kreditinstitute, Werbeagenturen, Fachliteratur, Internet ...)

Marktforschung ganz praktisch

Nehmen wir einmal an, Ihre Daten zeigen Ihnen, dass Sie 60 Prozent Ihres Umsatzes mit Privatpersonen erwirtschaften, die wenig Aufwand machen und pünktlich zahlen. Und das obwohl Sie in den letzten Jahren nicht einmal 5 Prozent Ihres Werbebudgets für diese Zielgruppe ausgegeben haben. Hier funktioniert Empfehlungsmarketing reibungslos. Sie bekommen fast jede Woche zwei Anfragen. Spannend, wo Sie doch in der Vergangenheit vor allem für die Gewinnung von Gewerbekunden Ihre Zeit und Energie aufgewendet haben.

Das waren meist Kunden, die umfangreiche Angebote möchten, preislich immer nachverhandeln und spät zahlen. In der Innung erfahren Sie, dass fast dreiviertel Ihrer Mitbewerber im B2B Bereich tätig sind. Konkrete Nachfragen bei Ihren Privatkunden ergeben, dass Sie der Einzige waren, der gleich Zeit hatte. Alle anderen Anbieter hatten Wartezeiten von über zwei Wochen.

Allerdings haben Sie auch festgestellt, dass nicht alle Ihre Mitarbeiter dafür geeignet sind, in Privathaushalten zu arbeiten. Außerdem haben Ihre Kundenbefragungen auch ergeben, dass Interessenten die Auftragserteilung oft scheuen, weil sie sonst Urlaubstage nehmen müssen und mit der Beseitigung von Schmutz nach den Arbeiten tagelang beschäftigt sind.

Was würde passieren wenn Sie die Strategie entwickeln würden: »Wir arbeiten nur für Privatkunden.« Welche Änderungen wären dafür notwendig, welche Kooperationen könnten Sie eingehen, welche Wünsche Ihrer Kunden hätten wesentlich mehr Aufmerksamkeit?

Wäre die Veränderung des Fokus auf Privatkunden ein wichtiger Wachstumsschritt? In jedem Fall hätte er weitreichende Folgen für Ihr Marketing.

> Marktforschung heißt: Informationen sichten, sammeln und verwerten.

Marktforschung ist die Voraussetzung, um eine sinnvolle Marketingstrategie und Ihre Positionierung zu entwickeln. Sie müssen bestens informiert sein, dann stimmen auch Ihre Entscheidungen.

> Erst wenn Sie alle Informationen Ihren Markt betreffend kennen, ist Zeit sich mit den Marketinginstrumenten zu beschäftigen.
>
> **Sie müssen wissen, was der Kunde bei Ihnen soll, will und kann. Was ist Ihr USP (Unique selling proposition), Ihr Alleinstellungsmerkmal? Was unterscheidet Sie, was macht Sie aus? Warum soll der Kunde bei Ihnen kaufen und nicht beim Mitbewerb? Was sind Ihre Chancen, Risiken und Möglichkeiten am Markt?**
>
> Die Antwort darauf finden Sie dann, wenn Sie Ihren Markt wirklich kennen. Alle Akteure, alle Trends, alle Daten, alle Erfahrungen.

Marketinginstrumente

Im Grunde haben Sie sechs Instrumente auf und mit denen Sie spielen können. Am besten klingt es natürlich, wenn alle harmonisch zusammen spielen. Darunter verstehen wir den Begriff: Marketing-Mix. Ziel ist es, einen Mix zu schaffen, der Ihrer Strategie (zum Beispiel Wachstum, Stabilisierung, Neukunden, Stammkunden usw.) dienlich ist. Nichts anderes zählt. Überprüfen Sie immer wieder: Ist es das, was mich meinem Ziel näherbringt?

Sie werden schnell merken, es gibt unendlich viele Marketingideen und Möglichkeiten. Lassen Sie die beiseite, die nicht unmittelbar zu Ihrem Ziel führen. Es ist wichtig, sich dessen immer wieder bewusst zu sein, damit Sie sich nicht verlieren in dem großen Raum der Möglichkeiten. Viele unserer Beratungsgespräche haben gezeigt, wer sich zu viel vornimmt, verliert oft die Lust und verhindert damit den Erfolg.

> Machen Sie ein für sich einfaches Konzept, das Sie auch Ihren Mitarbeitern gut kommunizieren können. »Keep it simple!«

Vergessen Sie nicht, wenn Sie entscheiden, sich in diesem Jahr besonders um Ihr Image zu kümmern und sonst nichts in den Vordergrund stellen, können alle Beteiligten am selben Strang ziehen. Wenn Sie alles gleichzeitig machen wollen, dann wird die Absicht zu komplex und damit unklar. Das Ergebnis ist meist Unzufriedenheit. Das ist sehr oft der Grund für den Rückzug aus dem aktiven Marketing. Also jedes Jahr nur ein Fokus – eine Strategie –, dann wird Ihr Marketingkonzept Sie zielführend unterstützen.

Und jetzt zu Ihren Spielfeldern:

Produkt- und Sortimentspolitik

Hierunter verstehen wir die Gesamtheit aller betrieblichen Aktionen, die die Gestaltung von Produkten zum Inhalt haben. Die Produkt/Sortimentspolitik soll ein bedarfsgerechtes Produkt und Dienstleistungsangebot schaffen, das den Grund- und Zusatznutzen der Käufer befriedigt. Im Einzelnen gehört neben dem eigentlichen Produkt/der Dienstleistung dazu: technische Eigenschaften, Verpackung, Sortimentszusammenhang, Markenbildung, Garantien, Service und Design.

Hierzu gehören: das Produkt, die Dienstleistung, auch die Marke, ergänzende Dienstleistungen, Verbesserungen, Sortimente, Verpackung, Service, Garantien und andere Zusatzangebote.

Im Mittelpunkt steht die Frage: Was genau biete ich wie genau meiner Zielgruppe an? Um hier in die Tiefe zu gehen und sich darüber klar zu werden, können hilfreiche weitere Fragen sein:

- Was genau ist die Dienstleistung/das Produkt, welche ich anbiete?
- Weshalb genau dieses?
- Welches Sortiment biete ich an?
- Was genau biete ich an – was nicht?
- Welche Zusatzleistung bekommt der Kunde bei mir?
- Welchen Service verkaufe ich?

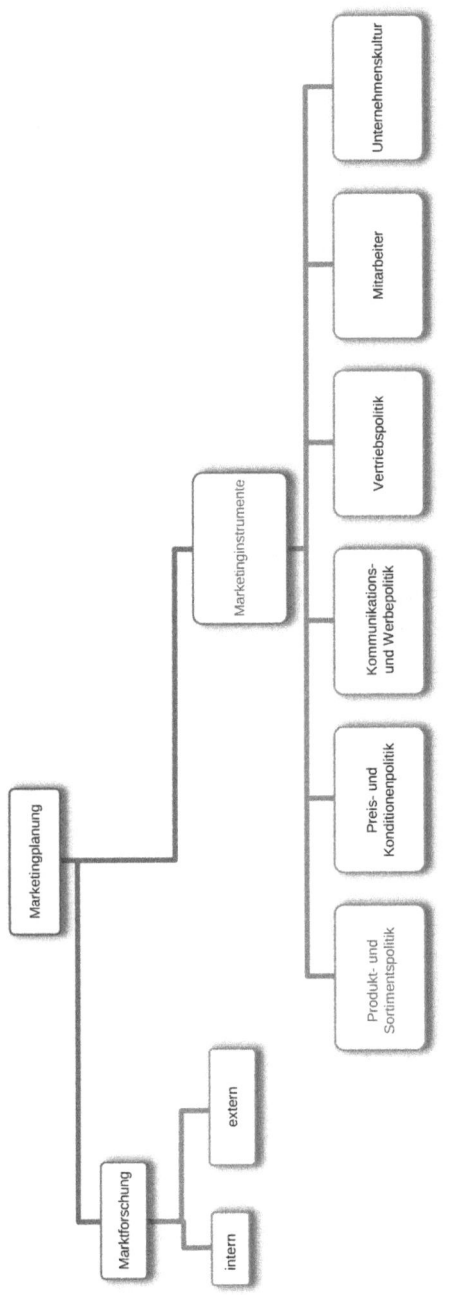

Abbildung 18: Was genau ist es, das verkauft wird?

- Welchen Nutzen genau bietet meine Produktpalette?
- Welchen Nutzen biete ich welchem Kunden?
- Was ist der offensichtliche Nutzen? Was der versteckte?

Entscheiden Sie über Ihr Angebot oder letztlich doch der Kunde? Empfehlenswert ist die Einstellung: Ihr Kunde steht im Fokus. Was will er, was braucht er, was würde er sich wünschen. Denn wenn der Kunde seine Schnürsenkel beim Schuhhändler nicht bekommt, dann kauft er die nächsten Schuhe vielleicht auch woanders. Es gehören also die Plastiktüte im Supermarkt, wie auch der Wartungsvertrag zur neuen Heizung auch dazu. Bei Waren denken Sie bitte auch an eine passende Verpackung. Hochwertige Produkte billig verpackt machen nicht viel Freude. Wenn Sie das eine oder andere nicht leisten können oder wollen, gibt es vielleicht einen Kooperationspartner, mit dem Sie sich zusammentun. Definieren Sie ganz genau: »Das verkaufe ich, das nicht.«

Sehr oft entscheiden Käufer sich für Sie, weil Sie die richtigen Zusatzprodukte und Serviceleistungen bieten. Das »Hauptprodukt« bekommen sie schließlich überall. Manchmal ist es der Parkplatz vor der Haustür, manchmal die unkomplizierte Terminvereinbarung. Überprüfen Sie, ob Ihre Interessenten vielleicht noch einen anderen Bedarf haben, der mit Ihren Produkten und Dienstleistungen in Zusammenhang steht. Vielleicht hat der Bedarf sich in der Zwischenzeit verändert, vielleicht auch der Markt. Fakt ist, ständige Veränderung ist normal. Es gibt kaum ein Unternehmen, das heute noch genau dasselbe verkauft wie vor 15 Jahren.

> Was ist es ganz genau, das der Kunde von Ihnen erwartet? Richten Sie sich danach. Stellen Sie Ihr Angebot darauf ab und überprüfen Sie es bis ins Detail.

Preis- und Konditionenpolitik

Die Preisgestaltung kann kostenorientiert, nachfrageorientiert, konkurrenzorientiert oder branchenorientiert sein. Ziel der Preispolitik ist immer die Gewinnmaximierung. Preisfestsetzungen können durch betriebliche und außerbetriebliche Faktoren beeinflusst werden. Im Einzelnen strukturiert sich die Preis- und Konditionenpolitik auch durch folgende Werkzeuge: Rabatte, Bonus, Skonto, Mindestabnahmen, Frei-Haus-Lieferungen usw.

Hier gilt es zu entscheiden: Preise, Rabatte, Skonto, Konditionen, Zahlungsziel, Differenzierung (Händlerpreis – Konsumentenpreis) usw.

Die Preispolitik erfordert klare Entscheidungen. Nachdem es langfristig schwierig ist, Preise maßgeblich zu verändern, sollten Sie auf diesen Punkt ihr besonderes Augenmerk legen. Doch zu Beginn ist maßgeblich wichtig zu wissen: Wer ist mein Kunde? Wer genau ist meine erfolgsversprechende Zielgruppe?

Hilfreiche Fragen für Sie können hier sein:

- Wer könnte Kunde sein?
- Wer soll Kunde sein?
- Welche Problemstellung muss der Kunde haben?
- Welche Lösungen werde ich ihm bieten?
- Mit welcher zentralen Nutzenidee gewinne ich den Kunden?
- Warum soll der Kunde bei mir kaufen?
- Wo bin ich für den Kunden einzigartig?

Eine weitere wichtige Frage ist: Was möchten Sie bezüglich Ihres Preises festlegen? Folgende Gestaltungsmöglichkeiten stehen Ihnen zur Verfügung: Normalpreis, Boni, Skonto, Zahlungsziele, Lieferantenkredite, Rabatte, Sonderangebote, Sonderaktionen usw.

4 Marketing – Der Weg zum Ziel

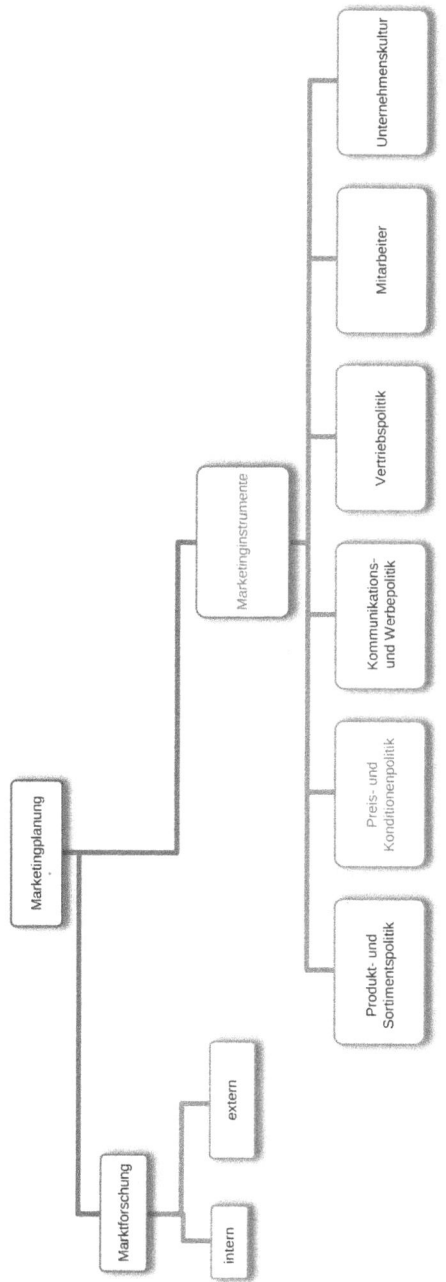

Abbildung 19: Der Preis ist das, was Ihr Kunde bezahlt. Er muss mit dem Nutzen übereinstimmen.

Für Handwerker ist die Gewährung von Skonto normal, produzierende Unternehmen erwarten Lieferantenkredite. Der Einzelhandel hat seine Käufer an Schlussverkäufe gewöhnt, Hersteller bieten vielleicht ein Outlet. Wählen Sie das, was zu Ihnen und Ihrer Zielgruppe passt.

Aber Vorsicht: Oft verlangen Gründer zu Beginn kleine Preise. Verständlich, sie wollen auf den Markt. Die Unkosten sind gering, Gehälter und Löhne, Raumkosten usw. sind im überschaubaren Rahmen. Es läuft alles sehr gut und irgendwann ist es Zeit, sich zu vergrößern. Ein kritischer Punkt. Sollten Sie sich jetzt dafür entscheiden, Ihre Preise erheblich zu erhöhen, werden Sie entweder viele Ihrer Kunden verlieren, oder Sie müssen die Aufträge nicht kostendeckend abarbeiten. Das ist beides sehr ungünstig und hindert Sie definitiv am Wachstum.

Deshalb ist es wichtig, von Anfang an mit einem adäquaten Preis auf den Markt zu kommen. Vor allem, wenn Sie Unternehmer sind oder werden wollen und es Ihr Ziel ist zu wachsen. Falsche Preisentscheidungen sind maßgeblich verantwortlich für Erfolg oder Misserfolg.

Es gibt mehrere Möglichkeiten Ihre Preise festzulegen:

- Ausgerichtet am Mitbewerb. Was die anderen verlangen, verlange ich auch.
- Ausgerichtet am Kunden. Was er bereit ist zu zahlen, verlange ich.
- Oder ausgerichtet auf Ihre Kalkulation. Kosten + Gewinn = Preis.

Sie müssen sich entscheiden. Sollten Sie Variante a) oder b) vorziehen, bitte ich Sie trotzdem eine Vor- und Nachkalkulation vorzunehmen. Eventuell müssen Sie nicht nur Ihre Verkaufspreise, sondern auch Ihre Unkosten dem Mitbewerb anpassen. Rechnen Sie immer nach. Sie sind es, der seine Ziele kennt und diese auch erreichen möchte.

Wo am Markt möchten Sie sich platzieren? Wo sehen Sie Ihren Platz?
1. Preisführer: Sie haben immer den höchsten Preis. Ihr Kunde kauft vor allem die Qualität der Marke. Die Kundenerwartungen sind entsprechend hoch.
2. Preisfolger: Sie passen sich an den Markt an, wenn es dort Veränderungen gibt, folgen Sie diesen. Der Kunde hat vermutlich weniger Erwartungen und ist leichter zufrieden. Ihre Preise sind dem Wettbewerb sehr ähnlich, wie grenzen Sie sich ab?
3. Preiskämpfer: Sie haben den niedrigsten Preis. Tun alles dafür, der Billigste zu sein. Der Kunde kauft vor allem eines: einen kleiner Preis. Der dazugehörige Service muss, um die Wirtschaftlichkeit Ihres Unternehmens zu sichern, entsprechend angepasst sein.

Es ist sehr wichtig, sich bewusst diesem Punkt zu widmen. Preis und Leistung müssen zusammenpassen. Sonst verlieren Sie entweder Ihre Kunden oder die Kunden verlieren Sie.

Wir haben einige Krisenbetriebe beraten, bei denen dieser Punkt der eigentliche Grund für die Krise war. Die Preispolitik wurde unterschätzt. Sehr günstige Verkaufspreise wurden kombiniert mit sehr hochwertigen Zusatzleistungen. Oder die Preise wurden angehoben, aber die Serviceleistungen nicht entsprechend angepasst. Es passte nicht zusammen.

Nehmen Sie sich wirklich Zeit. Sobald Sie diesen Punkt des Marketings für sich entschieden haben, wird alles künftig ganz einfach. Einige mögliche Beispielfälle:

- Sie überlegen, ob es besser wäre hochwertige Firmenfahrzeuge zu kaufen – passt es zum Preis?
- Sie haben die Idee, Ihren Kunden in einem tollen Verkaufsraum das gesamte Spektrum Ihrer Produkte zu präsentieren – passt es zum Preis?

- Einer Ihrer Außendienstmitarbeiter schlägt vor, alle mit sehr hochwertigen Tablets und entsprechender Software auszustatten – passt es zum Preis?
- Sie möchten wie an der Supermarktkasse jemanden anstellen, der die Ware für den Kunden einpackt und sie ihm persönlich übergibt – passt es zum Preis?
- Sie fänden es schön ein, sehr hochwertiges Bild nach außen abzugeben. Neue Internetseite, neue Corporate Identity, geprägte Visitenkarten – passt es zum Preis?

Wie Sie aus den Beispielen erkennen können, sind manche Marketingideen zwar toll, aber nicht für jedes Preissegment sinnvoll. Sie würden unrentabel arbeiten. Oder Ihr Kunde ist unzufrieden, Sie versprechen etwas, was Sie nicht halten können.

Das lässt sich mit einer klaren Preisentscheidung vermeiden. So schön es auch sein kann, einen wirklich optimierten Service zu bieten und Ihren Kunden jeden einzelnen Wunsch von den Augen abzulesen, wenn er für das, was er bekommt, nicht bezahlt, was es kostet, dann werden Sie auf Dauer nicht glücklich werden.

Dasselbe gilt übrigens auch anders herum. Es wird für Sie schwierig werden, hochpreisige Dienstleistungen zu verkaufen und einen minderwertigen, suboptimalen Service zu bieten. Ein günstiges Fastfood kommt sicher mit ungelernten Aushilfen weiter, im Gourmetrestaurant ist es allerdings anzuraten, zumindest Studenten zu beschäftigen, die eine Ahnung davon haben, was die Gäste erwarten. Falls Sie millionenschwere Immobilien vermarkten, muss das Exposé dazu passen. Es wird vielleicht auch von Ihnen erwartet, dass Sie mehrere Besichtigungstermine wahrnehmen, Mietverträge erarbeiten, Notartermine vereinbaren und Innenarchitekten beauftragen. Wenn Ihre Werkstatt teurer ist als üblich, dann gehört die Autoreinigung nach jeder Reparatur dazu. Ein Leihwagen ist normaler Service und zum Reifenwechsel wird das Fahrzeug abgeholt und gebracht. Der Käufer einer Armbanduhr für einen Preis von über 20 000 € erwartet einen anderen Service als ein Käufer einer Uhr im Wert von 150 €. Machen Sie sich das bewusst und stimmen Sie Preis und Service immer wieder aufeinander ab. Nehmen Sie sich wirklich die Zeit, hier alles genau zu überprüfen. Es wirkt sich direkt auf Ihre Finanzen aus. Wenn Preis und Service stimmig sind, wird der Verkauf vereinfacht. Gute Umsatzzahlen und Rendite sind schließlich ausschlaggebende Messgrößen die stimmen müssen, um zu wachsen. Differenzen in diesem Bereich sind ein wesentlicher Grund für Wachstumsstopp.

Preis und Leistung müssen langfristig zusammenpassen.

Kommunikations- und Werbepolitik

Unter Kommunikationspolitik verstehen wir alle Maßnahmen, die uns zur Verfügung stehen, um nach innen (zu den Mitarbeitern) und außen (Markt) zu kommunizieren. Ziel ist es, Nachrichten den Empfängern, also Interessenten und Kunden zu überbringen. Hierzu gehört die eigene Website genauso, wie die Geschichten, die über das Unternehmen erzählt werden. Ziel des Marketings ist es, die Kommunikation bewusst so zu steuern, dass die Unternehmensziele erreicht werden können.

Wenn es darum geht, herauszufinden, wen Sie mit welchen Mitteln erreichen können und wollen, können hilfreiche Fragen für Sie sein:

- Wen und was will ich erreichen?
- Welche Medien benutzt meine Zielgruppe?
- Welcher Etat steht mir zur Verfügung?
- An welche Art von Werbung ist meine Zielgruppe gewöhnt?
- Welche wäre neu? Erfolgversprechend?
- Welche Botschaft soll ankommen?

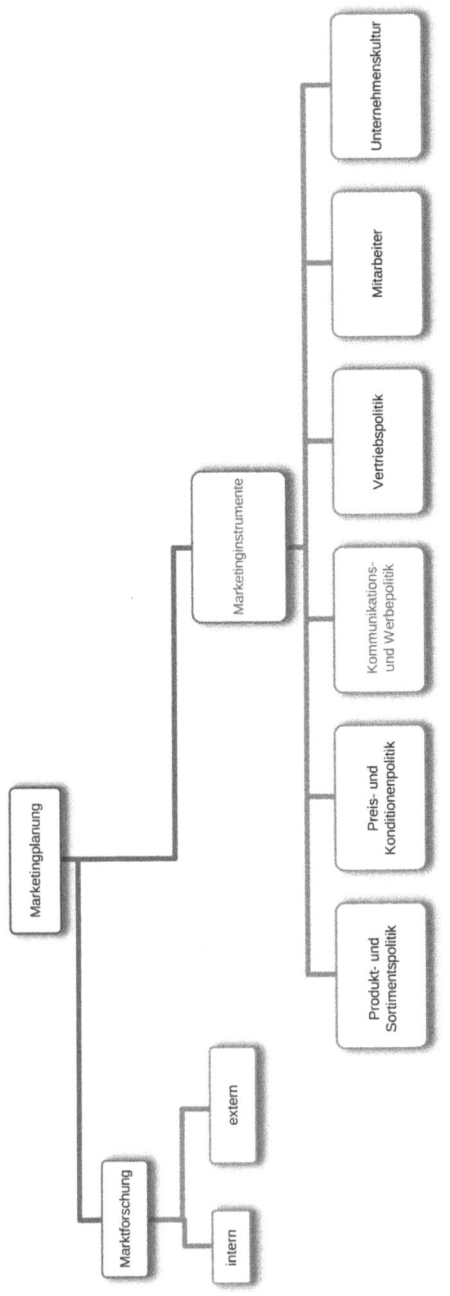

Abbildung 20: Kommunikation auf allen Kanälen, das können Sie tun.

- Gibt es Kooperationspartner für herkömmliche Werbung?
- Wie kann ich aktiv mein Bild in der Öffentlichkeit optimieren?
- Was habe ich bereits erfolgreich eingesetzt?
- Was erwarten Mitarbeiter, Kunden, Partner, die Öffentlichkeit?

Kommunikation ist alles, was Sie nach außen geben und im Innen leben.

Folgende Möglichkeiten stehen Ihnen zur Verfügung:

- Nach außen: ein einheitliches Bild nach außen (CI Corporate Identity), Internetseite, Suchmaschinenoptimierung, soziale Medien, alle schriftlichen Unterlagen, Anzeigen, Flyer, Broschüren, Verhalten am Telefon, Rechnungs- und Mahnungssystem, Beschilderung, Öffentlichkeitsarbeit, soziale Mitarbeit, Sponsoring, einheitliche Arbeitskleidung, Apps, Kundenkarten, Newsletter, Affilitate Marketing, Produktbeschriftung, Werbegeschenke, das Verhalten Ihrer Mitarbeiter, Einladungen, Tag der offenen Tür, Kundenbesuche, persönliche Kundenbetreuer, konkrete Angebote, Einkaufstüten, Plakatwerbung, Büroausstattung und Sauberkeit, Visitenkarten, Mitgliedschaften, Umgang mit Reklamationen, Art der Ansprache, Kataloge, durchgängiges Erscheinungsbild, Firmenfahrzeuge, Werbung auf Bussen und Straßenbahnen, Kundenveranstaltungen, Mandanteninformationen, Glückwünsche und Weihnachtskarten.
- Im Haus: schwarzes Brett, Intranet, wöchentlicher Jour fixe, Mitarbeitergespräche, Jahreszielvereinbarungen, geheime Facebook-Gruppe, Rundschreiben, Teamworkshops, Teamgespräche, gemeinsame Kundenpräsentationen, Verkaufsschulungen, Auszeichnungen. Im Grunde alles, was dafür sorgt, dass Mitarbeiter informiert und eingebunden sind.

Sie haben jede Menge Möglichkeiten. Bedenken Sie bitte: Jede Art von Kommunikation, bewusst oder unbewusst, hat Einfluss auf das Bild nach außen.

Das Bild im Außen

Ein besonderes Augenmerk liegt auf der **Öffentlichkeitsarbeit**. Seien Sie sich dessen bewusst: Sie erschaffen in der Öffentlichkeit immer ein Bild. Entweder werden Sie zu einem Unternehmen, das man kennt oder Sie bleiben der unbekannte Marktteilnehmer. Beides sagt etwas über Sie aus. Wenn Sie wachsen möchten, empfehlen wir Ihnen von Anfang an Maßnahmen zu implementieren, die Ihren Bekanntheitsgrad steigern. Erzählen Sie von sich, teilen Sie das mit, was über Sie gesprochen werden soll. Das erleichtert auf Dauer einiges. Kunden kaufen lieber bei Firmen, die man kennt, Mitarbeiter arbeiten gerne in Unternehmen, die bekannt sind, auch Banker haben Augen und Ohren offen und finanzieren lieber ein aktives Unternehmen.

Eine wichtige Unternehmer-Aufgabe ist es, sich aktiv um Ihre Öffentlichkeitsarbeit, PR oder andere Veröffentlichungen zu kümmern. Ihre Regionale Zeitung interessiert sich sicher für Erfolge in der Region: »20. Mitarbeiter bei Startup XY eingestellt – Wachstum in der Region« könnte ein Artikel dort heißen. Überlegen Sie, welche Themen für die Region interessant sind und schreiben Sie regelmäßig Pressemitteilungen. Vielleicht engagieren Sie sich für soziale Projekte oder Kultur, vielleicht haben Sie ein besonderes Gehaltssystem entwickelt. Oder aber Sie sind Experte auf einem bestimmten Gebiet. Bei Kunden und künftigen Mitarbeitern stärken Sie dieses Bild durch entsprechende Veröffentlichungen in der Fachpresse. Stimmen Sie die Geschichten unbedingt mit Ihrer Strategie ab. Wenn Sie wachsen wollen, ist es wichtig, dass Sie im Außen entsprechend wahrgenommen werden. Wenn Sie eine Schule in Afrika unterstützen, kann das genauso interessant sein wie das Sponsoring der Trikots für den regionalen Fußballclub. Sie vermitteln Ihre Werte und ziehen so die Menschen an, die dieselben Werte verfolgen. Die Öffentlichkeit macht sich ein Bild von Ihnen. Durch regelmäßige Veröffentlichungen steuern Sie die Geschichten und schaffen im Außen das Bild, das Sie auch vermitteln wollen.

Achten Sie immer darauf, dass alle Maßnahmen in Ihrem Unternehmen aufeinander abgestimmt sind. Immer ist im Vorfeld einer Aktion oder eines Verhaltens abzuklären, ob die Maßnahmen zu Ihrer Strategie passen. Sie können eine teure Agentur beauftragen, ein tolle Internetseite und ein super Produkt haben. Wenn die Öffentlichkeitswirkung, das Verhalten Ihrer Mitarbeiter, der Umgang mit Ihren Kunden dieses Bild nicht widerspiegelt, macht es wenig Sinn, Ihren Verkauf durch verstärkte Aktionen anzukurbeln. Das eine passt nicht zum anderen. Ihr Umfeld merkt das.

Schmutzige Firmenfahrzeuge und schmutzige Schuhe entsprechen nicht dem Bild eines ordentlichen Handwerkbetriebes. Ihr Internetauftritt vermittelt einen ersten Eindruck. Passt dieser zu Ihrer Unternehmensstrategie? Denken Sie daran, alles im Unternehmen hat Einfluss darauf, wie Sie wahrgenommen werden. Wenn der Verkauf nicht gut läuft, liegt es oft einfach daran, dass Ihr Bild nicht mit dem Bild übereinstimmt, das Sie vermitteln wollen.

> Um nachhaltig erfolgreich zu sein, muss immer der Kundennutzen im Vordergrund stehen. Den gilt es zu kommunizieren. Auf allen Kanälen.

Was dem Kunden gefällt, war er mag, was er sich wünscht, das sollte immer die Messlatte für Ihre Entscheidungen sein. Sie müssen wissen, was Ihr Kunde denkt und fühlt. Auch Ihren Mitarbeitern wird das gefallen. Sie können daran Ihre Arbeitsergebnisse messen.

Der Bauch kauft mit

Wie inzwischen hinreichend bekannt ist, ist es Emotion, die kauft. Der sachliche Grund für die Kaufentscheidung ist weit weniger wichtig als in der Vergangenheit angenommen. Der Käufer muss sich wohl fühlen, der Kauf muss bei ihm ein gutes Gefühl hinterlassen. Menschen wollen gute Energie. Bekommen sie das alles nicht, kommen sie nicht wieder, reklamieren unnötig viel oder reden ungut über Sie. Obwohl doch das Produkt an sich in Ordnung war. Es ist das Gefühl, das entscheidet. Die Mehrzahl der Unternehmer sieht dies genauso. Die wenigsten jedoch, ca. 5 Prozent (laut einer Umfrage der Zeitschrift *Akquisa*), handeln konsequent kundenorientiert. Dies spiegelt sich in der Werbung sichtbar wider. Das Herausstellen des Kundennutzens, die Gestaltung der Kommunikationselemente geschieht in den wenigsten Fällen so, dass die Perspektive des Kunden dabei berücksichtigt wurde.

Sämtliche Kommunikationsunterlagen machen dann Sinn, wenn der Kunden seinen Nutzen erkennt, seine Vorlieben wiederfindet und ihm gefällt, was er sieht. Bewusst und unbewusst. Er muss eine Antwort finden auf seine Frage: »Was habe ich davon, wenn ich das Produkt kaufe?« Das Medium muss ihn ansprechen. Das ist die Aufgabe der Firmenkommunikation, er muss schnell, sofort, verständlich und gehirngerecht interessiert werden. Also rational und emotional gleichermaßen.

Richten Sie sich bei allen Kanälen der Kommunikation danach, was der Kunde will, was ihm gefällt, welche Optik und Art ihn anspricht. Auch wenn Sie es anders haben wollten, ihm muss es gefallen, nur dann kauft er.

Wenn Sie sich für eine Radiowerbung entschieden haben, ist es naheliegend es bei dem Sender zu senden, den Sie gerne hören. Vielleicht ist das Klassik. Ihre Zielgruppe sind aber die 25 bis 30-Jährigen. Vermutlich macht also Ihr Werbespot auf dem Klassiksender wenig Sinn. Wählen Sie alle Medien so, dass es bei Ihrem Kunden richtig ankommt.

Die Abbildung 21 kann Ihnen eine Hilfe bei der Überprüfung Ihrer Unterlagen, Werbebotschaften und -medien sein. Werden beide Gehirnhälften angesprochen? Ist für jeden was dabei?

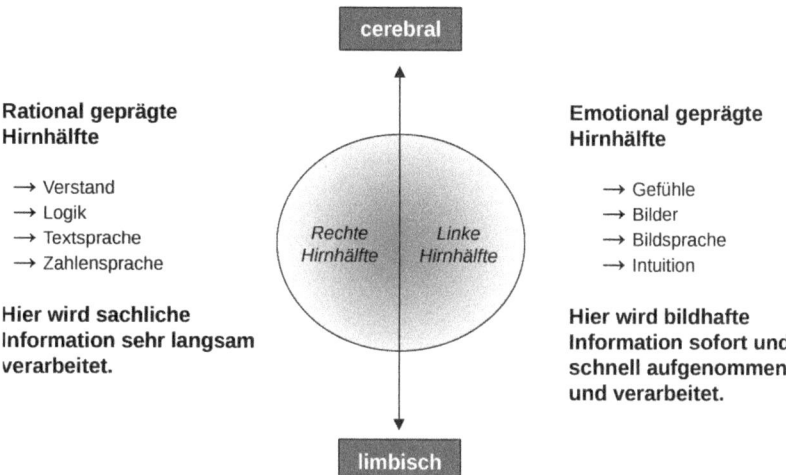

Abbildung 21: So nimmt das Gehirn Informationen auf

»Der Köder muss dem Fisch schmecken und nicht dem Angler.« Vielleicht haben Sie das auch schon einmal gehört. Es geht einfach darum, jede Art von Kommunikation so aufzubauen, dass der, der bei Ihnen kaufen soll, sich angesprochen fühlt.

Sollten Sie zum Beispiel IT-Dienstleistungen anbieten, sind Sie vermutlich ein sehr rational denkender, sachlicher Mensch. Ihre Kunden aber sind vermutlich genau das Gegenteil. Sonst würden sie sich ja genauso gut mit ihrer IT auskennen wie Sie. Es ist also anzunehmen, dass Ihre Zielgruppe anders denkt, anders fühlt und sich durch eine andere Optik, durch andere Aussagen angesprochen fühlt. Achten Sie ganz besonders darauf, auf der Sach- und Emotionsebene gleichermaßen zu kommunizieren.

Vertriebs- oder Distributionspolitik

»Die Distributionspolitik legt den Weg fest, den die Ware, die Dienstleistung von Ihnen zum Kunden nimmt. Transport und Lagerhaltung, Akquise und Kundenansprache sind Inhalte die-

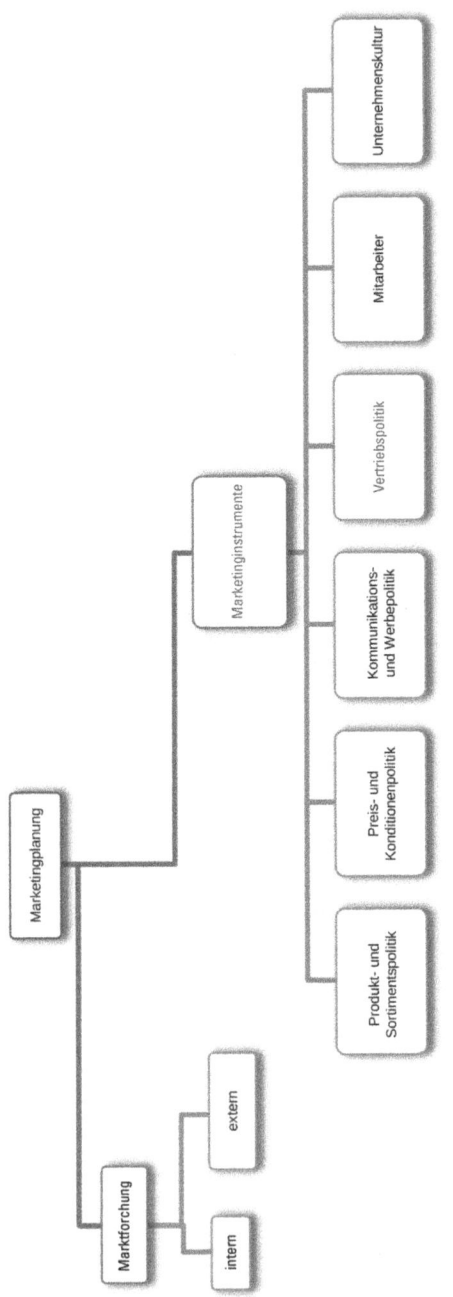

Abbildung 22: So kommt Ihr Angebot zum Kunden

ses Marketinginstrumentes. Sie gestaltet innerhalb des Marketings alle Aktivitäten und Entscheidungen auf dem Weg in den Markt.

Sie müssen sich hier damit beschäftigen, wie der Absatz und Verkauf in Ihrem Unternehmen funktioniert. Hilfreiche Fragen für Sie könnten sein:

- Was ist die übliche Verkaufsart? Einzelhandel, Großhandel, Online ...?
- Welche wäre noch möglich?
- Was wäre der kostenintensivste Weg? Was der für mich günstigste?
- Wie hoch ist der zur Verfügung stehende Etat?
- Welche Vertriebswege sind möglich – welche noch?
- Wie verkauft ein Unternehmen meiner Art erfolgreich?
- Wie verkauft ein völlig anderes Unternehmen erfolgreich?
- Welchen Vorteil bieten interne Verkäufer, welchen Handelsvertreter?
- Welche Stärken haben wir in Bezug auf Vertrieb? Sind diese ausbaufähig?
- Welche ungenützten Möglichkeiten gibt es?
- Wie macht es mein Mitbewerb?
- Wie erreicht den Kunden das Serviceangebot einfach und effektiv?
- Wird der Kunde zufriedengestellt? Was könnte dies verbessern?

Hier geht es darum festzulegen, wie Ihr Produkt oder Ihre Dienstleistung den Weg zum Kunden schafft. Je leichter und effektiver dieser Weg in der Praxis ist, desto leichter wird es Ihnen fallen, Ihren Umsatz zu erwirtschaften, Gewinne zu erzielen und die entsprechenden Wachstumsschritte zu verwirklichen.

Da müssen grundsätzliche Entscheidungen getroffen werden. Hier sind Änderungen künftig schwierig und vor allem sehr finanzaufwendig. Wählen Sie den Weg des Groß- oder Einzelhändlers? Verkaufen Sie über eigene Geschäfte, Online-Shops, Franchise, Multi-Level-Marketing oder andere Vertriebsarten? Halten Sie ein aufwendiges Lager oder geben Sie die Logistik außer Haus? Wollen Sie eigene Verkäufer einstellen, die mit Ihrem Unternehmen identifiziert sind? Oder macht es mehr Sinn, Handelsvertreter zu beschäftigen, die vielleicht bereits andere Produkte an Ihre Zielgruppe verkaufen und damit den Markt schneller bedienen können?

Auch Ansprüche von außen machen eine Anpassung nötig. Der Markt, die Ansprüche Ihrer Kunden oder die allgemeine Wirtschaftslage ziehen immer wieder Veränderungen nach sich. Hier muss vielleicht jedes Jahr neu entschieden werden. Neben dem Kataloggeschäft macht es vielleicht jetzt Sinn, eine Online-Shop und eine passende Online-Strategie aufzubauen. Oder aber Sie wollen, um Ihr Ziel zu erreichen, den Face-to-face-Kontakt weiter ausbauen. Vielleicht soll Ihr Kunde sich auch immer mehr an Online- und Postkontakt gewöhnen. Eventuell muss der Verkauf an Mitarbeiter abgegeben werden, weil Sie es alleine nicht mehr schaffen, alle Kundenbesuche selbst zu machen.

Auch bei der Vertriebspolitik ist Ihr Ziel ausschlaggebend. Was ist Ihre Strategie für das kommende Jahr? Welche Änderungen sind für die Zielerreichung notwendig? Wenn Sie 30 Prozent Kundenwachstum oder 25 Prozent mehr Umsatz anstreben, dann wird es vielleicht Zeit ein Callcenter zu beauftragen. Oder Sie wählen hier als Maßnahme den Aufbau einer eigenen Vertriebsmannschaft. Kundenbesuche, Einladungen und ein verstärkter E-Mail-Kontakt – was auch immer Sie als Strategie gewählt haben, überprüfen Sie in Zusammenhang mit Ihrem Budget Ihre weiteren Maßnahmen.

Manche Entscheidungen sind langfristig angelegt. Andere müssen auch hier regelmäßig überprüft und angepasst werden.

4 Marketing – Der Weg zum Ziel

Wichtig ist:
- langfristige Vertriebsstrategie festlegen,
- Marktforschung nutzen: Anpassung an den Markt,
- Jahresplanung berücksichtigen: Anpassung an die jährliche Strategie.

Nutzen Sie Ihr Netzwerk zum Wachsen. Eine zur Zeit sehr beliebte Methode der Vertriebspolitik ist das Empfehlungsmarketing. Sie verkaufen, weil Sie von anderen Menschen Empfehlungen erhalten. Doch anders als manche Unternehmer denken, ist es auch hier sinnvoll, die entsprechenden Maßnahmen zu planen. Sie müssen aktiv werden, von selbst funktioniert auch Empfehlungsmarketing nur sehr bedingt und eher zufällig. Sie aber wollen Marketing das Ergebnisse mit sich bringt.

Hier einige Empfehlungen:

- Sorgen Sie dafür, dass die Menschen, die Sie empfehlen sollen, von Ihrem Angebot genauso begeistert sind wie Sie. Sie müssen verstehen, worum es geht.
- Fragen Sie Kunden und Geschäftsfreunde aktiv nach Empfehlungen und passenden Kontakten.
- Lassen Sie es zur Firmenkultur werden: Bedanken Sie sich immer für gegebene Empfehlungen, egal ob ein Auftrag dabei entsteht oder nicht. Halten Sie den Empfehlenden auf dem Laufenden.
- Überlegen Sie genau, welchem Netzwerk Sie oder Ihre Mitarbeiter beitreten möchten. Klären Sie vorher, ob Sie dort Ihre Zielgruppe oder Kontakte zu Ihrer Zielgruppe finden können.
- Stellen Sie sicher, dass Sie sich mit dem Ziel des Netzwerkes identifizieren können. Stimmen die Werte mit Ihren überein?
- Im Netzwerk sollten sich Geben und Nehmen stets die Waage halten. Sie müssen Zeit und Energie investieren, nur Nehmen geht auf Dauer nicht gut.

- Gemeinsame Aktionen und Veranstaltungen stärken den Teamgeist. Reservieren Sie auch am Abend und an den Wochenenden Zeit für Ihr Netzwerk. Vertrauen ist die Grundlage für Ihr Ziel, durch Empfehlungsmarketing Umsatz zu generieren.
- Stellen Sie sicher, dass Sie die empfohlenen Personen zufriedenstellen. Alles andere wirft ein schlechtes Licht auf den Empfehlenden. Bei Missverständnissen sorgen Sie dafür, dass der Empfehlende immer informiert wird.
- Rechnen Sie nach. Zeit und Beiträge, Treffen und Veranstaltungen. Rechnet sich diese Art des Marketings für Sie?
- Welches Netzwerk und welche Empfehlungsgeber unterstützen Sie bei Ihrem Ziel zu wachsen? Achten Sie immer darauf, dass die entsprechenden Netzwerkpartner zu Ihrem Ziel passen.

Mitarbeiter

Personalkommunikation

Unter Personalkommunikation verstehen wir alle Maßnahmen, die dazu führen, die Personalpolitik auf die Unternehmensziele auszurichten. Es geht hierbei um Kontakte nach außen, um Mitarbeiter zu finden, und nach innen, um Mitarbeiter zu binden. Um jederzeit zu gewährleisten, dass alle Mitarbeiter wissen, wofür Sie arbeiten, stehen eine Vielzahl von Möglichkeiten zur Verfügung, die individuell eingesetzt und umgesetzt werden. Es gilt zu bedenken, dass Menschen sich an Kommunikationswege gewöhnen und diese auch einfordern. Das heißt, einmal eingeführte Kommunikationselemente müssen nachhaltig gepflegt werden. Wir unterscheiden zwischen interner Personalkommunikation und externer Personalkommunikation.

4 Marketing – Der Weg zum Ziel

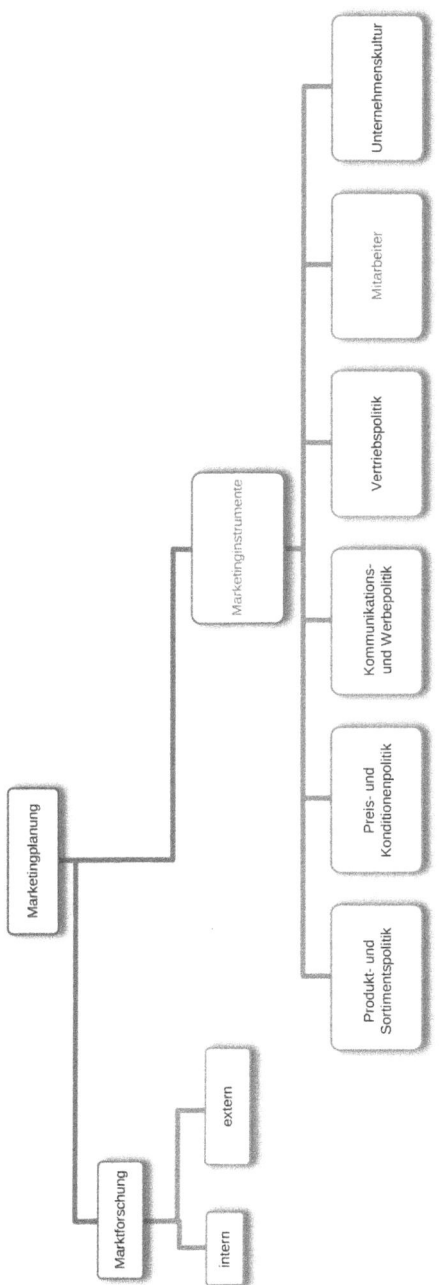

Abbildung 23: Personal/Mitarbeiterkommunikation, damit gute Mitarbeiter kommen und bleiben

Diese Möglichkeiten stehen Ihnen zur Verfügung:

- externe Personalkommunikation: Kontakte zu Personalberatern, Arbeitsagenturen, Personalvermittlern, Zeitarbeitsfirmen, Universitäten, Schulen, Handwerkskammern, Verbänden;
- interne Personalkommunikation: Wissensmanagement, Tandem, Intranet, Unternehmenszeitung, schwarzes Brett, Betriebsversammlungen, Pausentreffs, Meeting Point, Kantine, außerbetriebliche Treffen.

Ihre Mitarbeiter sind wesentlicher Bestandteil Ihres Marketings. Unzufriedene Mitarbeiter können viel zunichtemachen, was Sie mit viel Energie, Zeit und finanziellem Aufwand aufzubauen versuchen. Zufriedene Mitarbeiter unterstützen die Erreichung Ihrer Ziele, sind interessiert am Unternehmenserfolg und halten einen positiven Kontakt zu den Akteuren am Markt.

Sie wollen wachsen. Ein ganz wichtiger Aspekt ist hierbei der Aufbau Ihres Teams. Wie aber wollen Sie engagierte und interessierte Mitarbeiter finden, wenn Ihr Unternehmen sich nicht als attraktiver Arbeitgeber auszeichnet?

Es gibt Unternehmen, die ihre gesamte Strategie auf die Zufriedenheit ihrer Mitarbeiter ausrichten. Gerade in Bereichen, in denen der Fachkräftemangel inzwischen Realität geworden ist, ist dies sicher eine gute Variante, um am Markt zu wachsen. Einige Unternehmen könnten wesentlich größer werden sowie mehr Umsatz und Gewinne erzielen, wenn sie über ausreichend qualifizierte Mitarbeiter verfügen würden. Grund genug, sich Gedanken zu machen, wie Sie eine optimale Mitarbeiterpolitik erreichen können. Mitarbeiter sind heute ein wesentlicher Wettbewerbsfaktor. Die Verknappung von qualifiziertem Personal und eine älter werdende Belegschaft macht es notwendig, sich diesem Bereich intensiv zu widmen.

Im Grundsatz geht es um die Frage: Wie viele Beschäftigte benötigen Sie, mit welchen Qualifikationen und wie stellen Sie sicher, dass diese eingestellt werden können und auch bei Ihnen bleiben? Personalentwicklung ist heute nicht nur Aufgabe der Personalabteilungen, sie ist vielmehr ein wichtiges Instrument des Marketings geworden. Nur wenn Sie als Unternehmensleitung die Bedeutung der Personalentwicklung für den Betriebserfolg erkennen, wird es auch in Zukunft möglich sein, ausreichend qualifiziertes Personal zu gewinnen und langfristig zu binden. Personalentwicklung muss im Hinblick auf den Erfolg des Unternehmens zunehmend bewusst und zielgerichtet erfolgen.

Zufriedene Mitarbeiter tragen maßgeblich zum Erfolg bei. Sie sind weniger krank und verlässliche Partner für Ihre Kunden. Sie erzählen auch privat von ihrem Arbeitsplatz, tragen also einen wesentlichen Teil zu Ihrem Image bei. Leicht und scheinbar mühelos sorgen sie für Zusatzverkäufe und sind daran interessiert, vertraute Kunden zu halten. Sie arbeiten lösungsorientiert, sind zuverlässig und halten die gesetzten Regeln ein. Es ist ihnen wichtig, dass das Unternehmen gut dasteht und dazu tragen sie gerne ihren Teil bei. Sie achten auf Sauberkeit und Ordnung, ihr Umfeld ist ihnen wichtig. Sie behandeln alle Arbeitsgeräte und die Geschäftsausstattung achtsam. Sie sind Empfehlungsgeber für Kunden und weitere Mitarbeiter. Sie sind ein großer Teil davon, was im Außen von Ihrem Unternehmen wahrgenommen wird.

Die Beschäftigten sollten im Mittelpunkt jeden Unternehmens stehen. Sie sind Wertschöpfer und Sie sollten als Chef sorgsam mit diesem Potenzial umgehen. Personalwechsel kostet viel Geld, Geld das wesentlich besser in andere Marketingaktionen investiert werden sollte.

Je passgenauer Sie Ihr Personal rekrutieren, desto eher wird es gelingen, zufriedene und langfristige Mitarbeiter zu binden. Es geht also hier darum, Methoden und Instrumente zu nutzen, die die richtige Auswahl erleichtern. Im nächsten Schritt geht es um die aktive Mitarbeiterbindung

Genaue Bedarfsplanung

Was muss die Person können? Fachliche und persönliche Anforderungen. Es kann jemand ausgezeichneter Prozessbegleiter sein. Wenn er nicht gern und gut mit Menschen umgehen kann, wird er, genau wie das Unternehmen, auf Dauer nicht zufrieden sein.

Kostengünstige Beschaffung

Sorgen Sie dafür, dass man gerne bei Ihnen arbeiten möchte. Dass Menschen sich gerne bei Ihnen bewerben. Passen Sie Internet und Social Media an, sorgen Sie dafür, dass Ihre künftigen Mitarbeiter denken: »Da würde ich gerne arbeiten.« Sorgen Sie durch Pressearbeit und Ähnliches aktiv dafür, dass Ihr Image als guter Arbeitgeber steigt. Das lesen auch Ihre Kunden sehr gerne.

Methodische Auswahl

Nehmen Sie sich Zeit für die Auswahl. Was ist es, das Sie brauchen? Welche Werte und Vorstellungen muss die Person haben, damit sie ein guter Mitarbeiter wird? Bereiten Sie Ihre Vorstellungsgespräche gut vor. Nehmen Sie sich Zeit, in Ruhe auszuwählen. Die Menschen, die Sie auswählen, arbeiten künftig mit und für Ihre Kunden.

Angepasster Einsatz

Da sitzt der Technikfreak am Telefon oder der Kommunikationsprofi in der Buchhaltung. Prüfen Sie die Stärken Ihrer Mitarbeiter. Fragen sie nach, was tun ihre Leute in der Freizeit. Manch ein Organisationstalent wurde im Betrieb übersehen und war dort unzufrieden, aber in seiner Freizeit begeisterter Organisator für die Wasserwacht. Welche Stärken können Sie im Umgang mit Kunden und Zielerreichung nutzen? Tun Sie es. Ganz nebenbei werden die Motivation Ihrer Mitarbeiter und damit die Zufriedenheit Ihrer Kunden erheblich zunehmen.

Langjährige Bindung

Mitarbeiterwechsel kostet Zeit und Geld. Viel Zeit und Geld. Im Wachstum ist es auch schwierig, neben all den Änderungen auch noch ständig neue Teams einzuarbeiten. Besser binden Sie Ihre guten Mitarbeiter. Möglichkeiten hierfür gibt es viele. Welche passen, müssen Sie an Ihre Strategie und Ihr Unternehmen anpassen. Verwaltungsangestellte mögen feste Arbeitszeiten, im Servicecenter feiert man ab und an gerne, gute Physiotherapeuten benötigen Zeit und Geld für Weiterbildung, Kundenbetreuer gehen mit ihren Kunden gerne gut zum Essen und Verkäufer mögen es, wenn ihre Ideen Gehör finden. Finden Sie heraus, was in Ihrem Unternehmen passt. Was alle Mitarbeiter lieben, ist ein präsenter Chef, der das Gefühl von Sicherheit, Authentizität und Wertschätzung vermittelt.

Die Abbildung 24 zeigt Ihnen die Zusammenhänge noch einmal nachvollziehbar auf.

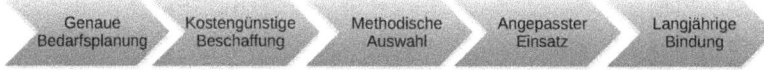

Abbildung 24: Auch beim Thema »Personal« macht es Sinn eine durchgängige Strategie zu entwickeln

> Gute Mitarbeiter sind ein wichtiges Marketingtool. Sie tragen erheblich zum Erfolg aller Marketingziele bei.

Unternehmenskultur

Unter Unternehmenskultur verstehen wir alle über die Zeit gewachsene grundlegende Ordnungen und Verhaltensweisen im Unternehmen – nach innen und außen. Sie zeigt das Verhalten einzelner Mitarbeiter, die Werte und Normen die im Unternehmen gelten und gelebt werden. Die Unternehmenskultur sollte bewusst gesteuert werden, um sie den Unternehmenszielen anzupassen. Geschieht eine bewusste Steuerung von Unternehmensseite nicht, ist die Gefahr groß, dass sich unbewusst Regeln und Normen bilden, die nicht im Sinne der Geschäftsleitung sind. Die Unternehmenskultur wird in Ritualen und Verhaltensweisen sichtbar und ist durch langsame Umdenkprozesse veränderbar.

Unternehmenskultur ist das, was in der Realität gelebt wird

Unter Unternehmenskultur versteht man die Gesamtheit der gelebten, gemeinsamen Werte, Normen und Einstellungen. Die Kultur prägt das gesamte Geschehen in und für das Unternehmen. Es ist schwierig die jeweilige Kultur genau zu benennen, weil eine Menge unterschiedlicher Faktoren einfließen. Die Werte und Normen, die gelebt werden, werden oft nicht explizit wahrgenommen. Abbildung 25 zeigt, dass auch die Unternehmenskultur zu den beeinflussbaren Marketinginstrumenten gehört. Einer guten Unternehmenskultur werden unterschiedliche Funktionen zugewiesen:

- Motivationsfunktion: Unternehmens-Werte stimmen mit denen der Mitarbeiter überein. Wertschätzung wird dadurch erlebt, die Leistungsbereitschaft steigt. Leistungsbereite Mitarbeiter wiederum sorgen für zufriedene Kunden und Geschäftspartner.
- Identifikationsfunktion: Die Unternehmenskultur sorgt für ein Zusammengehörigkeitsgefühl der Mitarbeiter. Jeder fühlt sich für den Erfolg verantwortlich und trägt seinen Teil dazu bei.
- Koordinierungsfunktion: Die Unternehmenskultur schafft Richtlinien und Regeln. Das Verhalten wird darauf abgestimmt. Handlungsfreiräume und Abläufe sind koordiniert und bieten einen sicheren Rahmen.
- Profilierungsfunktion: Sie ermöglicht ein starkes Abgrenzungsmerkmal zum Mitbewerb und ermöglicht eine Alleinstellung am Markt, die für Kunden sichtbar ist. Die Attraktivität des Unternehmens wird in der Außenwirkung gestärkt. Viele Kunden achten auf eine gute Kultur bei ihren Geschäftspartnern.

4 Marketing – Der Weg zum Ziel

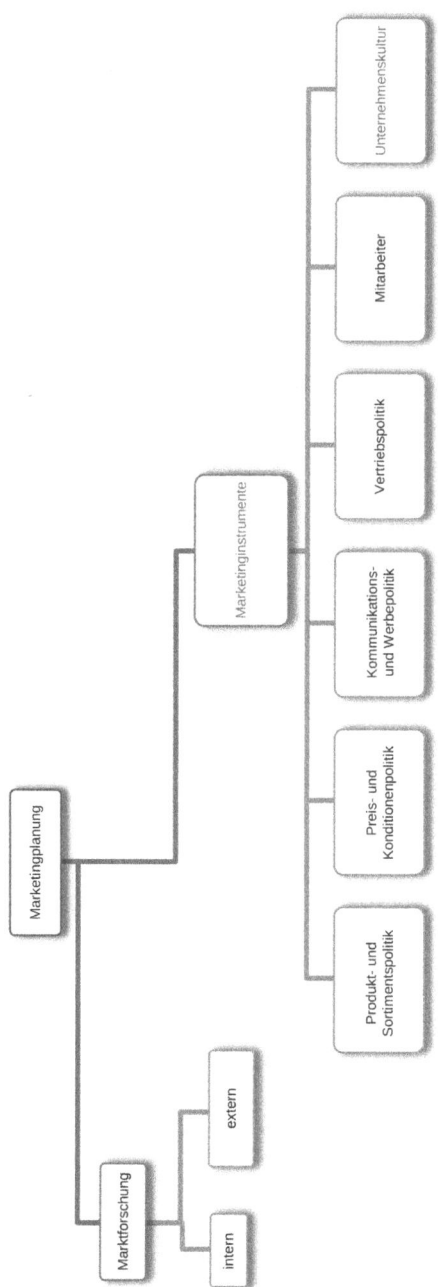

Abbildung 25: Unternehmenskultur – das, was sich zeigt

So ist die Unternehmenskultur nicht nur eine Verhaltensweise im Innen, sie kann auch im Außen zu Marketingzwecken genutzt werden. Vorausgesetzt, Sie als Unternehmer nutzen eine positive Kultur, um diese in der Öffentlichkeit darzustellen.

Firmenkultur will gelebt sein

Es ist nicht ganz einfach eine gute Kultur zu initiieren. Viele Versuche scheitern kläglich. Der Grund ist einfach: Es wird versucht, Leitlinien zu entwickeln, schöne Broschüren im Haus zu verteilen und jedem Mitarbeiter das Leitbild in die Hand zu drücken. Das ist es nicht, was eine gute Kultur ausmacht. Die gewünschten Werte müssen gelebt werden. Es werden grundsätzlich Überlegungen notwendig.

Geben Sie sich nicht der Illusion hin, dass alle automatisch zu Ihrem Ziel mitgehen. Ihre Mitarbeiter verstehen zwar, dass das Unternehmen wachsen soll, sehen aber auf den ersten Blick nicht die Notwendigkeit, sich oder die Arbeitsweise zu ändern. Die meisten Mitarbeiter und Teams machen lieber alles so, wie sie es schon immer gemacht haben. Sie müssen es ihnen sagen. Sie müssen die Anforderungen, Ziele und Anweisungen klar kommunizieren. Stille Erwartungen werden in den seltensten Fällen erfüllt.

Wenn sich ihr Unternehmen im Umbruch und Wachstum befindet, bringt dies eine Änderung Ihrer Unternehmenskultur in jedem Fall mit sich. Es werden plötzlich Gruppenleiter eingesetzt, Teams gebildet und mehr Verantwortung an die Mitarbeiter abgegeben. Der Chef ist nicht mehr für alle Ansprechpartner und statt einer kurzen Frage zwischen Tür und Angel ist jetzt ein Termin oder eine schriftliche Anfrage nötig. Das gefällt nicht allen und andere brauchen einfach ein wenig Zeit, um sich daran zu gewöhnen.

Je größer Sie werden, desto wichtiger wird es, dass Sie sich aus dem Alltagsgeschäft zurückziehen und damit einen Kulturwandel einführen. Das bringt eine unmittelbare Änderung für alle

Beteiligten mit sich. Sie selbst, Mitarbeiter, Geschäftspartner und Kunden müssen sich daran gewöhnen und neue Verhaltensweisen umsetzen.

> Sie müssen wissen: Welche Kultur herrscht in Ihrem Unternehmen und wie müsste sie sein, damit Sie Ihre Ziele erreichen werden?

Unternehmenskultur als Wachstumsmotor

Unternehmenskultur soll nicht Wachstumshemmnis, sondern Wachstumsmotor sein. Grund genug, sich diesem Thema zu widmen. Übrigens ist auch dies eine Aufgabe, die Sie gut an qualifizierte Mitarbeiter abgeben können.

Folgende Fragen können dabei helfen:

- Welche Gewohnheiten fördern unseren Erfolg?
- Wie wichtig ist uns Produktivität?
- Steht Qualität und Kundenbindung im Vordergrund?
- Was können wir aus Reklamationen lernen?
- Was passiert, wenn jemand einen Fehler zugibt?
- Ist es erlaubt, neue Ideen einzubringen? Gibt es dafür Raum?
- Wie müssen wir im Unternehmen miteinander umgehen, um unsere Ziele zu erreichen?
- Herrscht eine offene Informationspolitik?
- Wie gehen wir generell mit Neuem um? Mit neuen Mitarbeitern, Kunden oder Technik?
- Wie führen unsere Führungskräfte? Leben wir Wertschätzung?
- Welche Verhaltensweisen fördern die Erreichung der Unternehmensziele?

Daraus können Sie Ihr Leitbild, Ihre Grundwerte entwickeln. Wichtig aber ist bei eventuellen Veränderungen, dass diese kommuniziert werden. Die Mitarbeiter müssen verstehen, was passiert und warum. Sie müssen sich mit den Zielen identifizieren und ihr eigenes Verhalten darauf abstimmen. Das tun sie nur dann, wenn sie auch wissen warum, das heißt den Sinn dahinter erfassen.

Die Führungskultur wird maßgeblich durch die Führungskräfte gestaltet und vorgegeben. Sie müssen als Chef offen Ihren Willen zur Veränderung kommunizieren, Sie bestimmen die Richtung. Allerdings, werden Sie genau beobachtet, ob Sie diesen Weg selbst auch gehen. Am besten bestimmen Sie konkrete, messbare Ziele, deren Einhaltung auch entsprechend überprüft wird. Die Mitarbeiter sollten über die Kontrollergebnisse informiert werden. Sie sind Grundlage für die nächste Zielvorgabe. Sorgen Sie für Transparenz und Offenheit.

Kulturveränderung wird dann erfolgreich sein, wenn es gelingt, alle Beteiligten zu motivieren, die neuen Gewohnheiten umzusetzen. Der Nutzen muss für alle Beteiligten attraktiv sein. Je besser Ihre Mitarbeiter mit dem Unternehmen identifiziert sind, desto leichter wird es fallen, die neue Unternehmenskultur im Sinne eines sinnvollen Marketinginstruments zu implementieren. Die Geschichte des Unternehmens muss berücksichtigt werden. Kulturwandel und die damit verbundenen Verhaltensänderungen brauchen Zeit. Je klarer allen Beteiligten ist, worum es geht, desto schneller wird es gelingen, die Kultur dem Wachstum anzupassen.

So jetzt haben Sie viel gelesen über Marketing. Ein großes Feld wie Sie sehen. Allerdings auch ein wichtiges Feld. In meinen Seminaren sage ich oft: »Ihre Finanzen sind gleich zu setzen mit Ihrem gelebten Marketing.« Wenn Ihr Unternehmen nicht so läuft, wie Sie es sich vorstellen – hier finden Sie strukturierte Möglichkeiten zur Veränderung. Wenn Sie etwas Neues vorhaben – hier können Sie im Vorfeld strukturiert über eine gute Vorgehensweise nachdenken. Wenn etwas besonders gut läuft bei Ihnen – hier können Sie sehen warum.

4 Marketing – Der Weg zum Ziel

> Ein guter Marketing-Mix, abgestimmt auf den Markt und Ihre Ziele, macht Sie erfolgreich, garantiert.

Lernen aus der Praxis

Unternehmenswachstum: weiter wachsen – aber richtig!

Was nicht wächst, stirbt. Das gilt auch für Unternehmen aus der IT-Branche. Bleibt die Frage, mit welchen Strategien nachhaltiges Wachstum erreicht werden kann. Unser Kunde, eine Online-Agentur, hat darauf Antworten gefunden.

Telecom, Kuka, McDonalds, große Versicherungsanbieter: Auf der Kundenliste finden sich viele alteingesessene und bekannte Großunternehmen, die ihre Webseiten von der Online-Agentur programmieren und online bewerben lassen. »Wir haben uns von Anfang an auf etablierte Unternehmen mit einem überregionalen Einzugsgebiet konzentriert«, erklärt der Geschäftsführer.

Der Unternehmer startete mit Anfang 20 sein eigenes Unternehmen, nachdem er erste Erfahrungen in der Branche gesammelt hatte. Seine Vorstellung von optimaler Kundenbetreuung sah jedoch anders aus. Also wagte er den Sprung in die Selbstständigkeit. Er startete als Einzelunternehmer mit einem Mitarbeiter und zwei Werkstudenten. Bereits nach vier Jahren gelang es ihm, einen Partner zu finden, einen weiteren Experten in Sachen Suchmaschinenoptimierung. Er hat einen besonders guten Ruf und gute Kontakte. Das Stammkapital konnte erhöht und eine GmbH gegründet werden. Nach insgesamt 5 Jahren beschäftigt das Unternehmen 25 Mitarbeiter, Tendenz steigend.

Das Ziel war es, Mitarbeiter und Umsatz jährlich zu verdoppeln und das hat auch funktioniert, so einer der Geschäftsführer heute. Neben der Fokussierung auf die Zielgruppe planten die

Geschäftsführer, dass die Agentur schnell weiter wachsen und einen sicheren Platz am Markt einnehmen soll. Daher achteten sie besonders darauf, dass Sie künftig möglichst wenig ins Tagesgeschäft eingebunden sind und richteten klare Prozesse ein, die dies auch ermöglichen. Die Mitarbeiter konnten die Zielvorgaben aus dem kommunizierten Marketingkonzept ersehen und wussten, was zu tun ist.

Alle drei Monate fahren die beiden Partner zusammen zwei Tag ins Allgäu, um alle Prozesse an die neuen Gegebenheiten anzupassen und zu optimieren. Ein wichtiger Meilenstein war die Einführung einer zweiten Führungsebene. Zu Beginn wurden gute Mitarbeiter zu Teamleitern befördert. Das war ein Fehler, wissen die beiden heute. Ein wirklicher Online-Experte zu sein, heißt noch lange nicht, auch Menschen führen zu können. An dieser Stelle begann unsere Zusammenarbeit. Sie suchten einen Coach, der sie bei der weiteren Entwicklung begleitet. Sie wollten künftig teure Fehlentscheidungen vermeiden und das Wachstum nicht in Gefahr bringen. Sie nutzen mich heute als Sparringspartner. Bei regelmäßigen Terminen diskutieren wir die Ideen und Herausforderungen. Die anfängliche Anforderung war, die Wachstumsschmerzen des Unternehmens zu reduzieren. Diese treten immer dann auf, wenn Unternehmen schnell oder zu schnell wachsen. Prozesse müssen angepasst werden und die gesamten Entscheidungen im Unternehmen, was die Außen- und Innenkommunikation betrifft, aufeinander abgestimmt sein.

In der zweiten Wachstumsstufe wurden die Vertriebsaktivitäten enorm verstärkt, was dazu führte, dass die Mitarbeiter das neue Arbeitspensum nur mit viel Überstunden und Wochenendarbeit bewältigen konnten. Kunden mussten zu lange warten, die Beschwerden häuften sich und schließlich machten sich die Qualitätsprobleme auch bei der Liquidität bemerkbar. Wir identifizierten die Problemhebel.

Ein wichtiger Punkt war es, dass die Verkäufe sehr individuell erfolgten. Im Bereich Produktpolitik war die neue Anforderung, die Angebote zu standardisieren. Heute wissen beide, wer an Wachstum denkt, sollte von Anfang an nur Leistungen anbieten, die skalierbar, also wiederholbar, sind. Im zweiten Schritt stellten wir fest, dass die Geschäftsführer zu viele Entscheidungen treffen müssen, die für das Alltagsgeschäft wichtig sind. Die Konsequenz war das Einstellen von zwei erfahrenen Führungskräften. Sie hatten die nötigen Qualitäten, um das Team auch in turbulenten Zeiten auf Kurs zu halten. Der Know-how-Transfer erfolgte durch die Erstellung von Arbeitsanweisungen und Checklisten. Dies erforderte zwar eine Menge Zeit, machte aber im Anschluss ein eigenständiges Arbeiten der Projektteams möglich.

Die interne Zufriedenheit stieg, die Mitarbeiter hatten Aufstiegschancen. Ein wichtiger Beitrag zur Mitarbeiterbindung war geschafft. Viele Mitarbeiter schätzen es sehr, bei einem Unternehmen im Wachstum zu arbeiten. Es wird zwar viel gefordert, aber die Erfolge sind sichtbar. Es macht Spaß und die ständige Veränderung bringt ständig Neues. Gut für das Unternehmen: Das Know-how bleibt im Unternehmen und die neuen Mitarbeiter werden gut integriert.

Damit das Wachstum langfristig gelingen kann, wurde im nächsten Schritt besonders darauf geachtet, Substanz zu schaffen. Rentable Auftragseingänge zu sichern, Stammkunden noch besser auszubauen und daraus Rücklagen für das weitere Wachstum zu schaffen. Gerade für Online-Agenturen ist es wichtig, die Produkt-Lebenszyklen zu beachten. Was heute ein lukratives Geschäft ist, kann morgen schon in Vergessenheit geraten sein.

Nahe am Markt zu sein ist für die beiden Geschäftsführer heute Alltag. Sie kennen den Mitbewerb, die Trends und auch die Chancen und Risiken, die ihr Geschäft in sich birgt. Sie wissen, dass die kontinuierliche Marktforschung sie informiert und sichert. Sie reagieren kontinuierlich darauf und passen das Konzept entsprechend an. Beide Geschäftsführer sind sich heute einig: Das Wachstum muss an das Unternehmen angepasst sein, das ist die immerwährende strategische Herausforderung.

Das größte Wachstumshemmnis ist das Tagesgeschäft. Es muss die Zeit gefunden werden, Strategien zu entwickeln, ohne selbst in der 70-Stunden-Woche zu enden. Ein Unternehmer muss am statt im Unternehmen arbeiten. Von Anfang an Strukturen schaffen, die es möglich machen, dass die Mitarbeiter den Alltag übernehmen. Onlineprogrammierungen zwar kennen, aber keinesfalls selbst durchführen. Prozesse in die Wege leiten, aber nicht selbst steuern. Unternehmer müssen ihren Alltag so ausrichten, dass ihre Aufgaben das Wachstum fördern. Sie müssen Organisation und Strukturen bereitstellen, die dies möglich machen. Dann können sie auch die Zeit finden, Fachartikel zu verfassen, Vorträge zu halten, das Image ständig verbessern und dadurch die richtigen Kunden zu finden.

Mehr strategisch und weniger operativ arbeiten. Das ist die Herausforderung für Unternehmer, die Wachstum anstreben, auch für unsere beiden Geschäftsführer – bis heute. So ist es auch gelungen, ein wichtiges Wachstumshemmnis, nicht die richtigen Mitarbeiter zu finden, zu umgehen. Es wurde frühzeitig das Ziel definiert, sich gut in der Fachwelt aufzustellen. Potenzielle Mitarbeiter kennen das Unternehmen über Facebook-Einträge, Artikel in der Fachpresse, Vorträge auf relevanten Veranstaltungen und eine interessante Seite für Bewerber im Netz. Es ist bis heute kein Problem, Mitarbeiter zu rekrutieren, anders als bei vielen Mitbewerbern. Das Unternehmen hat sich am Markt einen guten Namen gemacht, das zahlt sich aus. Das Unternehmen wächst weiter und möchte sich so positionieren, dass es nach 10 Jahren gut verkauft werden kann. Das ist der Motor der beiden Geschäftsführer, der beide motiviert hält und das Wachstum sichert.

Dies ist ein Beispiel dafür, wie Marketing im weitesten Sinne eingesetzt werden kann, um das geplante Wachstum in die Tat umzusetzen.

4 Marketing – Der Weg zum Ziel 145

Jetzt sind Sie dran

Erkenntnisse

Dies ist mein Ziel	
Erkenntnisse aus der Marktforschung Intern:	
Erkenntnisse aus der Marktforschung Extern:	
Meine Marketing-Strategie für das Jahr ...	
Was? Produkt / Dienstleistung / Service / Nutzen	
Wie viel? Preissegment Preis Preisgestaltung	
Für wen? Zielgruppe Interessenten	
Nutzen? Wirklicher, echter Nutzen für die Zielgruppe Grund, warum wir den Nutzen bieten können	

Wie? Welcher Vertriebsweg?	
Art der Ansprache? Wie wird kommuniziert?	
Mitarbeiter	
Unternehmenskultur	
Wie? Step by Step Marketing-Mix	

Planung

Bevor Sie beginnen, legen Sie fest: Wer ist Ihr Kunde und was soll er warum bei Ihnen kaufen?

- Welche Ziele verfolgen Sie?

Beispiel: Unternehmenswachstum – 50 Prozent mehr Umsatz, 25 Mitarbeiter mehr in 3 Jahren.

Jahr 1

Jahr 2

Jahr 3

langfristig

- Welche Strategie soll Ihr Marketing verfolgen?

Beispiel: Wachstum

Jahr 1

Jahr 2

Jahr 3

langfristig

- Welche Marketing-Ziele verfolgen Sie?

Beispiel: Jahr 1 – 10 Prozent Umsatzerhöhung mit Stammkunden, 5 neue Mitarbeiter.

Jahr 1

Jahr 2

Jahr 3

langfristig

- Welche Maßnahmen planen Sie?

Beispiel: Jahr 1 – Verbesserte Außendarstellung, Stammkundenpflege

Jahr 1

Jahr 2

Jahr 3

langfristig

- Marketinginstrumente – Marketingmix

Beispiel: Jahr 1 – Kommunikationspolitik: Relaunch der Internetseite inkl. Einbindung einer Seite, die die Mitarbeiter darstellt. Produktpolitik: Zusatzangebote entwickeln. Preispolitik: Stammkundenrabatte, besondere Aktionsangebote. Mitarbeiter: Verkaufsschulungen für alle, die Kundenkontakt haben. Unternehmenskultur: monatliche Mitarbeitertreffen. Hier wird die Zielvorgabe und Zielerreichung kommuniziert. Besondere Leistungen werden hier aufgezeigt.

Jahr 1

Jahr 2

Jahr 3

langfristig

Ihre Planung kann zusammengefasst auf 2 Seiten stehen. Wichtig ist nur, dass eins zum anderen passt.

Fokus

Wenn Sie sich darüber klar werden und Ihren Fokus niederschreiben, kann dies Sie unterstützen, Ihren Fokus immer im Auge zu behalten.

Was ist Ihr Fokus? Was möchten Sie besonders im Auge behalten?

4 Marketing – Der Weg zum Ziel

Vision und Ziele:

_____

_____

_____

Marktbeobachtung:

_____

_____

_____

Relevantes Kundenbedürfnis:

_____

_____

_____

Werte, Stärken und Schwächen:

_____

_____

_____

Marketing Umsetzung:

_____

_____

Mitarbeiter:

_____

_____

_____

Firmenphilosophie:

_____

_____

_____

Die fünf wichtigsten Tipps zum Thema Marketing

Tipp 1	Immer der Reihe nach: 1. Traum träumen 2. Eigene Ziele und Visionen kennen 3. Unternehmensstrategie (für drei Jahre) 4. Marketingziele (für jedes Jahr) 5. Maßnahmen – Marketingmix (für jedes Jahr) 6. Aktionen konkret (für jedes Jahr)
Tipp 2	Immer bevor Sie beginnen, Aktionen im Unternehmen durchzuführen, überprüfen Sie Ihre Ziele. Unterstützt Sie diese Aktion dabei, Ihre Ziele zu erreichen? Begreifen Sie Marketing als Instrument der Unternehmensführung.
Tipp 3	Nehmen Sie sich mehr und mehr aus dem Tagesgeschäft heraus. Skalieren Sie Ihre Angebote, schaffen Sie Strukturen und Organisationsabläufe, die es Ihren Mitarbeitern möglich machen, die Aufträge weitgehend selbstständig zu bearbeiten. Denken Sie daran: Ihre Aufgabe ist es, das Wachstum zu ermöglichen. Arbeiten Sie am statt im Unternehmen.
Tipp 4	Nehmen Sie sich die Zeit, um regelmäßig Ihre Planungen anzugleichen.
Tipp 5	Binden Sie Ihre Mitarbeiter ein, soweit es möglich ist. Wenn Sie wachsen möchten, müssen Ihre Mitarbeiter Ziel und Strategie kennen. Nur so werden diese Sie auch unterstützen können und wollen.

5 Liquidität – ohne Moos nix los

Ihre Liquidität muss jederzeit gesichert werden
- Definition
- Liquidität als Sicherungsinstrument
- Möglichkeiten der Liquiditätssicherung
- Lernen aus der Praxis
- Jetzt sind Sie dran
- Die fünf wichtigsten Tipps für Ihre Liquidität

Definition

Liquidität: Bestand an flüssigen Mitteln

Unter Liquidität verstehen wir alle flüssigen Mittel in Euro, über die das Unternehmen verfügt. Die Liquidität umfasst den Kassenbestand, Bankguthaben und die Ausschöpfung des Kontokorrentkredites. Auch kurzfristig verfügbare Wertpapiere oder Sparkonten zählen dazu.

Ein Unternehmen muss immer über eine ausreichende Zahlungsfähigkeit verfügen. Das heißt, es muss immer in der Lage sein, die anfallenden finanziellen Verpflichtungen zu begleichen. Fehlende Liquidität heißt fehlende Zahlungsfähigkeit. Damit droht der Konkurs oder die Insolvenz. Die Liquidität ist ein wichtiges Führungsinstrument zum Zwecke der Unternehmenssicherung.

Liquidität als Sicherungsinstrument

Wirtschaftliches Handeln in Ihrem Unternehmen ist nur möglich, wenn jederzeit liquide Mittel zur Verfügung stehen, um alle Zahlungen fristgemäß zu leisten. Egal wie gut Ihr Produkt, wie gut Ihre Idee, wie produktiv Ihre Mitarbeiter sind. Sobald Sie Ihren Zahlungsverpflichtungen nicht mehr nachkommen können, droht die Insolvenz, die im schlimmsten Fall zur Geschäftsaufgabe führt. Deshalb ist es besonders wichtig, über den Grad Ihrer Liquidität jederzeit informiert zu sein, um rechtzeitig entsprechende Maßnahmen einzuleiten.

Im Rahmen von Krisenberatungen hat sich herausgestellt, dass immer der Grund einer Krise auch ist, dass die nötigen Zahlungen nicht mehr geleistet werden können. Vor allem im dritten Jahr der Selbstständigkeit zeigt sich das Problem der Steuer. Sie haben Ihren ersten Steuerbescheid vom vorletzten Jahr abgegeben und bekommen vom Finanzamt die Steuerlast in Rechnung gestellt. Vorauszahlungen für das letzte und jetzt laufende Jahr. Da kommt schnell eine stattliche Summe zusammen, die Sie aus den laufenden Mitteln nicht mehr leisten können. 60 Prozent aller Unternehmen schließen innerhalb der ersten drei Jahre. Die Steuer ist häufig der Grund. Schaffen Sie Steuerrücklagen, unbedingt.

Eine funktionierende Liquiditätsplanung senkt das unternehmerische Risiko, schafft Freiraum, um Entscheidungen zu treffen und hält Sie als Mensch handlungsfähig.

Sobald Ihr Unternehmen wachsen soll, ist Liquidität für wichtige Investitionen unbedingt notwendig. Als flüssige Mittel werden unmittelbar zu Verfügung stehende Mittel bezeichnet: Bankguthaben, Bargeld, verfügbare Kreditlinien. Alles, was sofort zu Geld gemacht werden kann, zählt auch dazu. Hierzu zählen Forderungen genauso wie Ihr Lager, zum Einkaufspreis bewertet.

Befragungen haben ergeben, dass die folgenden Punkte die häufigsten Gründe für Liquiditätsengpässe in Unternehmen darstellen:

- Forderungsausfälle,
- Steuernachzahlungen,

- nicht ausreichender Finanzierungsrahmen (falsche oder fehlende Planung),
- Reklamationen und Mängel, die zu verzögerter Zahlung führen,
- Konventionalstrafen durch nicht fristgerechte Lieferung,
- Fehlentscheidungen,
- zu hohe Fixkosten,
- Mängel in der Strategie,
- mangelnder Umsatz,
- fehlende Reserven,
- fehlende Planung.

Wir haben immer wieder festgestellt, dass Unternehmer, die ihre Rolle als Unternehmer einnehmen und über entsprechende Planungen verfügen, sich auffallend selten in einem Liquiditätsengpass befinden. Sie wissen, was auf sie zukommen wird und reagieren rechtzeitig. Das ist die beste Vorsorge, vor allem im Wachstum.

Liquiditätsengpässe zeichnen sich ab und sind selten eines Tages plötzlich da. Nutzen Sie diese Vorankündigungen als Unternehmer. Dann bleiben Sie handlungsfähig und haben noch Möglichkeiten, zu agieren. Je länger Sie warten, um in Aktion zu gehen, desto geringer ist die Chance, die Insolvenz abzuwenden.

Sichern Sie Ihre Liquidität, um jeden Preis

Voraussetzung für die Sicherstellung Ihrer Zahlungsfähigkeit ist es zunächst, jederzeit einen Überblick über die derzeitige Situation zu haben. Stellen Sie sicher, dass Sie täglich über die Finanzen Ihres Unternehmens Bescheid wissen.

Entwickeln Sie darüber hinaus einen Liquiditätsplan, der entsprechend angepasst wird. Dabei helfen Ihnen Zahlen aus der Vergangenheit, die aktuelle BWA (monatliche Betriebswirtschaftliche Auswertung) und Ihre Kontoauszüge. Außerdem sind Ihre Marketingplanung und Ihr Strategieplan wichtige Hilfsmittel.

Um realitätsnahe Planungen zu erstellen und eine Vorstellung davon zu bekommen, wie sich Ihre Geschäfte entwickeln werden, ist es erforderlich den Geschäftsablauf zu planen, da die Ein- und Auszahlungen maßgeblich vom Umsatz und Ihren Kosten abhängen. Achten Sie auf saisonale Umsatzschwankungen oder hohe Lieferantenzahlungen, Jahresbeiträge von Versicherungen, Steuerzahlungen oder Ähnliches. Hinsichtlich der Zahlungseingänge ist die Zahlungsmoral Ihrer Kunden zu berücksichtigen. Hier helfen Ihnen sicher die Erfahrungswerte aus der Vergangenheit. Stellen Sie in jedem Fall eine Planung auf. Das verschafft Ihnen das Gefühl von Sicherheit und Sie merken schnell, wenn etwas anders läuft und können reagieren. Vorsicht, Rechnungsstellung ist nicht zugleich Liquiditätszugang, der erfolgt erst dann, wenn das Geld auch tatsächlich auf Ihrem Konto eingegangen ist.

Auch wenn Sie noch nicht bereit sind, eine Software anzuschaffen, die dies für Sie übernimmt, gibt es Möglichkeiten. Sie können sich mit Ihrem Steuerberater monatlich treffen und eine Planung zusammen erstellen. Oder Sie nutzen eine einfache Excel-Tabelle. Ich kenne auch erfolgreiche Unternehmer, die Ihre Planungen mit der Hand machen und diese Methode sehr schätzen, weil sie so den Bezug, anders als bei vom Computer automatisch übernommenen Zahlen, besser halten. Die Zahlen werden so für sie lebendiger. Notieren Sie die Liquiditätsabweichungen +/−, so können diese in die nächste Planung übernommen werden.

Beispielsweise wird in fast allen Unternehmen im Dezember weniger gearbeitet, die Ausgaben aber steigen. Weihnachtsgeld und Jahresbeiträge werden fällig, es ist gut, dies vorher zu wissen. Vielleicht lassen sich Ihre Ausgaben durch verschiedene Maßnahmen verschieben: Urlaubs- statt Weihnachtsgeld, Umstellung auf Halbjahresbeiträge usw.

Grundsätzlich treten drei Liquiditätsszenarien in Unternehmen auf:
1. Flüssige Mittel + Risikopuffer = Zahlungsverpflichtung
   → optimale Liquidität, es besteht kein Handlungsbedarf
2. Flüssige Mittel + Risikopuffer = Zahlungsverpflichtung + X
   → hier kann überlegt werden, den Überschuss zinsgünstig anzulegen
3. Flüssige Mittel + Risikopuffer = Zahlungsverpflichtung – X
   → Unbedingter Handlungsbedarf, Insolvenzgefahr.

Die Liquidität kann beeinflusst werden durch:
1. höhere Einzahlungen
   a) mehr Umsatz
   b) schnellerer Zufluss
   c) Kredite, Fördermittel oder Einlagen

2. Weniger Kosten
   a) Verringerung der Auszahlungen auch kurzfristiger Verzicht auf das Unternehmergehalt
   b) Spätere Auszahlung, Verlängerung von Zahlungszielen
   c) Aussetzen von Zahlungsverpflichtungen
   d) Mietminderung, Aussetzen der Mietzahlung

Allerdings gilt es zu bedenken, dass alle Möglichkeiten in der Regel einen bestimmten Vorlauf benötigen. Wenn Sie Ihren Zahlungsverpflichtungen nicht mehr nachkommen können, ist es manchmal leider schon zu spät. Sie verkleinern Ihren Handlungsspielraum enorm. Deshalb ist die Kenntnis über Ihre Liquidität zu jeder Zeit so wichtig. Beim Zahlungsaufschub gibt es zwei große Ausnahmen: Umsatzsteuer und Sozialabgaben dulden keinen Aufschub. Alles andere lässt sich meist regeln, wenn Sie dies rechtzeitig tun. Achten Sie immer darauf, dass auch in schwierigen Zeiten diese beiden Posten unter allen Umständen bezahlt sind.

Egal ob verstärkte Vertriebsaktivitäten, Bankgespräche oder Zahlungszielverlängerungen, alles ist dann möglich, wenn für

Ihre Gesprächspartner noch ein Zeitfenster zur Entscheidungsfindung zur Verfügung steht. Oft sind Partner durchaus bereit, eine Zeit auf ihr Geld zu warten oder Ihnen einen Kreditrahmen zu gewähren, allerdings wollen sie rechtzeitig informiert sein. Warten Sie im Bedarfsfall nicht, handeln Sie sofort, sobald sich ein Engpass auf Ihrer Übersicht abzeichnet. Falls es sich dann doch positiv entwickeln sollte, können Sie jederzeit doch früher bezahlen oder auf einen weiteren Kontokorrent verzichten.

> Liquiditätsengpässe müssen nicht zur Krise führen, wenn sie zeitnah erkannt und Gegenmaßnahmen ergriffen werden.

Falls Sie zu Ihrer Planung ein schnelles Instrument zur Liquiditätsübersicht wünschen, bietet es sich an, mit Kennzahlen zu arbeiten. So können Sie auf einen Blick Ihre derzeitige Situation abschätzen, Abweichungen schnell erkennen und Schwankungen sichtbar machen und künftig noch besser berücksichtigen. Nutzen Sie Kennzahlen, so wissen Sie jederzeit wo Sie gerade stehen.

Kennzahl Liquidität 1. Grades

Zahlungsmittel ./. kurzfristige Verbindlichkeiten × 100 = x Prozent

Zahlungsmittel sind verfügbares Bankguthaben (auch Kontokorrent), Kassenbestand. Zu den kurzfristigen Verbindlichkeiten gehören auch Kreditrückzahlungen.

Beispiel:

	Januar €	Februar €	März €
Zahlungsmittel	75 000	60 000	68 000
kf. Verbindlichkeiten	78 000	51 000	52 000
* 100			
=	96,15 Prozent	117,64 Prozent	130,76 Prozent

Sie sehen so auf einen Blick, wann es eng wird und können rechtzeitig agieren. In diesem Fall würde es ausreichen, einige Zahlungsziele zu verlängern oder Ihre Gehaltsauszahlung um ein paar Tage zu verschieben.

Kennzahl Liquidität 2. Grades

Zahlungsmittel + Forderungen ./. kurzfristige Verbindlichkeiten × 100 = x Prozent

Zahlungsmittel sind verfügbares Bankguthaben (auch Kontokorrent), Kassenbestand. Zu den kurzfristigen Verbindlichkeiten gehören auch Kreditrückzahlungen.

Beispiel:

	Januar €	Februar €	März €
Zahlungsmittel	75 000	60 000	68 000
Forderungen	21 000	18 000	9 000
kf. Verbindlichkeiten	78 000	51 000	52 000
* 100			
=	123,07 Prozent	152,94 Prozent	132,69 Prozent

Sie sehen, sofort verändert sich Ihre Kennzahl. Im Ganzen gesehen, sind positive Kennzahlen in jedem Fall anzustreben. Nur so können Rücklagen und weitere Investitionen getätigt werden.

Kennzahlen als strategisches Sicherungsinstrument

Wenn Sie wachsen möchten, können Sie Ihre Kennzahlen zum Überblick aktiv nutzen. Wachsen kostet Geld, das zur Verfügung stehen muss. Sollten Ihre Kennzahlen über mehrere Monate hinweg kontinuierlich abnehmen, ist es wichtig, die Ursachen zu finden und entsprechende Gegenmaßnahmen müssen eingeleitet werden. Eventuell haben Sie sich nicht an Ihre Planung gehalten, der Markt hat sich verändert, Ihre Mitarbeiter arbeiten durch fehlende Strukturen nicht effizient oder Sie arbeiten mit einer nicht rentablen Zielgruppe. Finden Sie die Gründe. Aufgabe eines Unternehmers ist es, das Unternehmen zu führen. Dazu gehört auch unbedingt der angepasste Finanzeinsatz.

> Liquiditätsplanung schafft Spielraum und Sicherheit.

Möglichkeiten der Liquiditätssicherung

Zeit für Planung nehmen

Planen Sie regelmäßige Zeitfenster, um sich mit Ihren Zahlen zu beschäftigen. Nutzen Sie das Know-how Ihres Steuerberaters oder buchen Sie einen Coach, der Ihnen dabei hilft, mehr Verständnis zu bekommen. Ihre Zahlen sind ein wichtiges Steuerungsinstrument. Nicht zuletzt werden Sie auch von Ihren Banken auf Grundlage Ihrer Zahlen bewertet. So sind Ihre Finanzen immer Grundlage bei der Bewertung von Kredit- und Fördermittelbeschaffung. Banken schauen in die Vergangenheit. Wenn Sie da nicht bewiesen haben, dass Sie Ihre Geschäfte steuern können, werden Banker sich nicht für Ihre Zukunftspläne begeistern lassen.

Kalkulieren Sie

Ihr Unternehmen verändert sich. Ihre Kosten auch. Überprüfen Sie Ihre Preise regelmäßig. Rechnen Sie nach. Individuelle Aufträge müssen nachkalkuliert werden. In Ihren Abwicklungsprozessen müssen Vor- und Nachkalkulation unbedingt eingebunden sein. Kein Auftrag, der nicht kalkuliert ist. Sie müssen wissen, ob: Sie Ihre Preise verändern müssen, Ihr Zielgruppe vergrößern, Ihre Einkaufskosten reduzieren oder das Personal anpassen müssen. Kalkulieren Sie immer. Das ist wichtig.

Stellen Sie Rechnungen

Vielleicht denken Sie sich jetzt, was ist denn das, das ist doch normal. Nein ist es nicht. Ungefähr 35 % Prozent meiner Kunden tun dies nicht. Die Gründe sind vielfältig. Durchforsten Sie Ihre Kundenzahlungen. Gibt es vielleicht große Projekte, bei denen Sie Abschlagsrechnungen nach Baufortschritt stellen könnten? Bei sehr großen Projekten, wie zum Beispiel im Bau, ist dies üblich. Aber wie ist das, wenn Sie vielleicht nur vier Wochen an einem Auftrag arbeiten? Müssen Sie wirklich für alles Material in Vorkasse gehen oder gibt es vielleicht die Möglichkeit, für Material bereits vor Fertigstellung etwas zu berechnen? Ist es möglich, bei manchen Kunden oder Aufträgen Vorauskasse zu berechnen? Kann das Zahlungsziel verkürzt werden? Überprüfen Sie genau, welche Möglichkeiten Sie bisher nicht ausschöpfen.

Nutzen und gewähren Sie Skonto

Werden Sie zum Sofortzahler und handeln Sie Skonto aus. Auf das Jahr gerechnet, verschafft Ihnen Skonto einen echten Liquiditätsvorsprung. Außerdem werden Sie bei Ihren Geschäftspartnern als zuverlässiger Partner wahrgenommen. Wenn Sie Skonto gewähren, werden viele Ihrer Kunden früher bezahlen. Skonto ist immer ein wirklicher Zahlungsanreiz, der Verzicht auf Skonto ist teuer. Schnelle Zahlung verbessert direkt Ihre Liquidität. Um keine Gewinnschmälerung zu verbuchen, sollten Sie das gewährte Skonto vorab in Ihre Kalkulation mit aufnehmen.

Prüfen Sie Zahlungsbedingungen

Achten Sie darauf, dass Ihre Zahlungsbedingungen so formuliert sind, dass sie der Liquidität in Ihrem Unternehmen zu Gute kommen. Dazu gehört auch, bei Lieferanten Skonto, Rabatte und Zahlungsziel zu verhandeln. Prüfen Sie auch alle aktuellen Kaufverträge. Gibt es vielleicht noch »alte« Kunden, die 90 Tage Zahlungsziel bekommen, oder solche, die auch nach 20 Tagen noch Skonto ziehen?

Ich habe einmal ein interessantes Angebot für das Abhalten von Seminaren und Workshops erhalten. Allerdings war in den Zahlungsbedingungen vereinbart, dass ich die Rechnung erst nach vier Monaten stellen kann und dann 60 Tage Zahlungsziel zu akzeptieren habe. Das hätte bedeutet, dass ich sechs Monate in Vorleistung gehen muss. Sie können so etwas schon machen, dann muss allerdings der Preis angepasst werden. Bleibt die Frage: Möchte ich meinen Kunden ihre Liquidität sichern und vielleicht die eigene verlieren? Das Risiko war mir zu groß. Aber entscheiden Sie selbst, welche Zahlungsbedingungen für Ihr Unternehmen optimal sind.

Überprüfen von Geschäftspartnern

Manch ein Unternehmer in der Krise sagt, dass ihm diese Krise erspart geblieben wäre, wenn er seinen Geschäftspartner vor Abschluss des Vertrages überprüft hätte. Bei Neukunden ist es sinnvoll, eine Bankauskunft einzuholen. Machen Sie dies ruhig offiziell. Wenn alles in Ordnung ist, wird der Kunde einverstanden sein und schätzen, dass Sie ein Augenmerk auf Sicherheit haben und wenn nicht, wird er ablehnen und Sie können die nötigen Gespräche führen, bevor Sie einen Zahlungsausfall zu verbuchen haben. Creditreform, Bürgel oder die Schufa geben Auskunft. Fügen Sie es in Ihre normalen Prozesse ein, Neukunden im Vorfeld zu überprüfen. Auch bei schlechterer Auskunft können Sie Geschäfte tätigen. Dann ist es eine Möglichkeit, ein

Höchstlimit festzulegen oder öfter kleinere Rechnungen zu stellen. In jedem Fall mindert es Ihr Ausfallrisiko.

Mahnwesen einführen

Viele Unternehmer, die über Liquiditätsschwierigkeiten klagen, sind gleichzeitig sehr nachlässig bei der Eintreibung ihrer Forderungen. Am besten führen Sie auch hier Prozesse ein. Prüfen Sie wöchentlich den gesamten Zahlungseingang. Mahnen Sie sofort, wenn Ihr Kunde in Verzug ist. Es gibt keinen Grund, noch eine Woche zu warten. Falls es Ihnen unangenehm ist, können Sie einen Blick über die Mahnliste werfen und eventuell den einen oder anderen Kunden zuerst anrufen oder ihm eine persönliche E-Mail schicken. Grundsätzlich ist das nicht nötig. Eine freundliche Zahlungserinnerung, eine zweite als Mahnung deklariert und eine dritte mit der Ankündigung die Forderung nach Ablauf der Frist an ein Inkassounternehmen oder einen Anwalt zu übergeben reicht aus. Warum auch nicht? Sie haben Ihre Leistung erbracht, der Kunde hat nicht reklamiert oder anderweitig eine Zahlungsverzögerung angekündigt? Es gibt keinen Grund auf Ihr Geld zu warten.

Sie erziehen Ihre Kunden. Als dieses Vorgehen in meinem Unternehmen noch nicht üblich war, sagte mir ein Kunde auf Nachfrage: »Ich dachte, Ihre Rechnung ist nicht so wichtig, sie kann noch warten.« »Warum? War meine Leistung nicht in Ordnung?«, fragte ich zurück. »Doch natürlich die war sehr gut, aber Sie mahnen ja immer erst sehr spät.« Aha, wieder was gelernt.

Es steht Ihnen natürlich immer frei, auf Anfrage individuell zu entscheiden. Allerdings sollten Sie sich zur Gewohnheit machen, nur auf direkte Anfrage Ihres Geschäftspartners das Zahlungsziel zu verlängern. In allen anderen Fällen macht es Sinn, ein durchgängiges Mahnwesen zu installieren.

Zahlungen absichern, Forderungen verkaufen

Bei Neukunden oder kostenintensiven Aufträgen macht es vielleicht für Sie Sinn, die Forderungen abzusichern. Das geht, indem Sie die Forderung ab Rechnungsstellung an ein Factoring-Unternehmen verkaufen oder entsprechende Bankbürgschaften vereinbaren. Das kostet zwar Geld, ist aber im Ernstfall wesentlich günstiger als ein Forderungsausfall. Übrigens lohnt es sich immer, sich über die Konditionen im Factoring zu informieren. Wenn Sie alle Rechnungen ab Rechnungsdatum verkaufen, ist der zu zahlende Betrag nicht sehr hoch und verschafft Ihnen sofortige Liquidität. Meist ist dies günstiger als die Ausnutzung eines teuren Dispositionskredites und verschafft Ihnen ein besseres Ranking.

Verkaufen Sie nicht genutzte Betriebsausstattung

Neue Computer werden gekauft, neue Maschinen angeschafft, Lagermöbel werden nicht mehr benötigt und noch vieles mehr. Verkaufen Sie überflüssige Güter. Auch wenn Sie nicht viel dafür bekommen, es schafft Platz und bringt bare Mittel. Außerdem stimmt Ihr Anlagevermögen und Sie schleppen nicht jahrelang ungenützte Güter in Ihren Büchern mit.

Achten Sie auf gezielten Einkauf

Viele Unternehmer achten zwar darauf, dass nicht zu viele fertige Produkte im Lager liegen, das Bewusstsein für den täglichen Einkauf aber fehlt. Mit Ihrem eigenen Materiallager lässt sich Geld sparen oder Liquidität erhöhen. Entscheiden Sie: Kaufen Sie große Mengen Büromaterial und nutzen Sie einen Mengenrabatt oder kaufen Sie nach Bedarf und schonen Ihre Liquidität. Eventuell lässt sich auch mit Lieferanten ein Jahreskontingent vereinbaren, so können Sie Mengenrabatte nutzen und die Ware trotzdem nur dann abrufen, wenn sie benötigt wird.

Ihre Mitarbeiter sollten hier klare Anweisungen bekommen. Sonst passiert es Ihnen vielleicht wie bei einem meiner Kunden. Er fand im Keller Druckerkartuschen im Wert von 1 500 €. Allerdings waren die dazugehörigen Drucker schon lange nicht mehr im Einsatz. Ein anderer Unternehmer beschäftigte 30 Außendienstmitarbeiter. Durch die Anweisung, künftig nicht mehr direkt an der Autobahn zu tanken, sparte das Unternehmen auf das Jahr gerechnet somit eine ansehnliche Summe, die er den Mitarbeitern zum Teil auf andere Weise wieder zukommen ließ. So hatten alle etwas davon.

Manchmal macht es Sinn, ein wenig teurer einzukaufen, dies wird dann bewusst so gemacht. Oft aber liegt es einfach an fehlenden Einkaufsprozessen. Es wird unnötig Geld verbraucht, das an anderer Stelle der Liquidität zuträglich wäre. Denken Sie an die regelmäßige Überprüfung Ihrer Versicherungsbeiträge oder Rahmenverträge bei Autohändlern. Falls Sie bei 50 beschäftigten Mitarbeitern den Mobiltelefonvertrag pro Mitarbeiter und Monat um 5 Euro reduzieren können, macht das im Jahr die stattliche Summe von 3 000 €. Bedenken Sie beim Einkauf immer:»Kleinvieh macht auch Mist.« Achten Sie auf einen angepassten Einkauf, lassen Sie Ihr Einkaufsverhalten in Ihre Prozesse einfließen.

uführung von Eigenmitteln

Soweit das möglich ist, wäre die Erhöhung des Eigenkapitals aus Ihren privaten Mitteln eine gute Lösung Ihre Liquidität zu erhöhen. Nicht immer ist das möglich oder gewollt. Eine andere Möglichkeit das Unternehmen kapitalkräftiger zu machen, ist die Reduzierung der Gewinnausschüttung an die Gesellschafter. So verbleibt Kapital im Unternehmen, macht sich in der Bilanz positiv bemerkbar und schafft die nötige Sicherheit für weitere Investitionen.

Auch die Hinzunahme von weiteren Gesellschaftern ist eine Möglichkeit der Kapitalaufstockung. Die unterschiedlichen Gesellschaftsformen bieten auch die Möglichkeit von stillen Teilhabern oder Teilhabern, die lediglich mit ihrer Einlage, nicht aber mit ihrem Privatvermögen haften. Überprüfen Sie Ihr Umfeld. Vielleicht ist jemand dabei, der sich gerne an Ihrem Unternehmen beteiligen möchte und bereit ist, mit Risikokapital einzusteigen. Sehen Sie aber davon ab, Darlehensverträge zu unterschreiben. Bevorzugen Sie Einlagen, die als Kapitaleinlage verbucht werden. Vielleicht sind die Beträge kleiner, aber die Kapitalgeber sollen an Chance und Risiko beteiligt sein. Kreditbeschaffung ist ein anderes Mittel der Liquiditätssicherung und sollte nicht mit zusätzlicher Einlage verwechselt werden.

Erweitern Sie auf Basis von Fremdkapital

Hierbei ist im Vorfeld wichtig zu wissen: Banken und andere Darlehensgeber wollen das eigene Risiko und damit das Vorhaben im Vorfeld einschätzen. Hierfür ist eine schriftliche Planung des Vorhabens unerlässlich. Achten Sie darauf, Ihre Kapitalgeber in die Planung mit einzubeziehen. Häufig wird der Kreditvergabe deshalb nicht zugestimmt, weil es zu spät ist. Das Vorhaben wurde bereits begonnen, die Investition ist bereits in der Umsetzungsphase. Beantragen Sie rechtzeitig mit aussagekräftigen und zahlenbasierten Konzepten Ihre Finanzierung.

Sprechen Sie mit Ihren Banken auch über Fördermittel. Die KfW und LfA vergeben zinsgünstige Darlehen oder sichern auch nur das Risiko gegenüber der Hausbank ab. Regionalförderungen können beim Bau und gleichzeitigem Ausbau der Arbeitsplätze beantragt werden. Hier handelt es sich zum Teil um »verlorene Zuschüsse«, das heißt, sie müssen nicht zurückbezahlt werden. Informieren Sie sich ausführlich. Ihre Hausbank, Ihr Steuerberater, IHK und HWK können Ihnen dabei behilflich sein.

Richtig Investieren

Als Grundregel gilt: Langfristiges langfristig. Kurzfristiges kurzfristig. Das heißt: Immer dann, wenn Sie langfristige Investitionen tätigen, greifen Sie auf Kredite zurück. Immer wenn es darum geht zum Beispiel Betriebsmittel zu finanzieren, tun Sie dies aus eigenen Mitteln. Ich habe oft gesehen, dass meine Kunden ihre Konzepte in die Umsetzung gebracht haben. Für anfängliche Investitionen wurde die eigene Liquidität beansprucht. Später ging das Geld aus und sie ersuchten die Bank nach einer passenden Finanzierung. Leider gab ihnen keine Bank dann das Geld.

Denken Sie immer daran:

Investitionsmittel bei Bedarf fremdfinanzieren. Eigene Liquidität für Betriebsmittel nutzen. Dann sind Sie auf der sicheren Seite.

Unternehmer, die sich aktiv um die Liquidität im Unternehmen kümmern, sind erfolgreich.

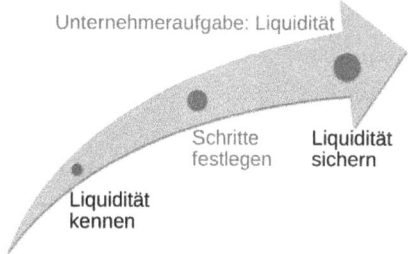

Abbildung 26: Achten Sie zu jedem Zeitpunkt auf Ihre Liquidität. Es lohnt sich.

Lernen aus der Praxis

Fehlende Liquidität sorgt für Unruhe und Stress. Das gilt vor allem für Unternehmen, die sich im Wachstum befinden. Ständiger Mitarbeiterausbau, immerwährende Investitionen, neue

Entwicklungen – alles kostet Geld. Die Frage nach dem Wie stellt sich jedem Unternehmer. Unser Kunde, ein Schreinermeister, konnte diese Frage inzwischen für sich lösen.

Die Schreinerei wurde vom Inhaber gegründet, vier Jahre bevor er zu mir kam. Wir konnten für die Beratung und das Coaching im ersten Schritt 50 Prozent Fördermittel beantragen. Eine gute Möglichkeit, die Beratung trotz angespannter finanzieller Situation sinnvoll zu nutzen und gleichzeitig die Förderung der KfW in Anspruch zu nehmen.

Der Unternehmer hatte schon viel geschafft. 7 Mitarbeiter beschäftigte er zum Beginn der Beratung. Allerdings war es ihm aus finanziellen Gründen seit 2 Jahren nicht mehr gelungen, das Wachstum weiter voran zu treiben. Die finanzielle Situation war auf den ersten Blick in Ordnung. Er konnte allen Verpflichtungen gut nachkommen, hatte allerdings keinerlei Rücklagen. Auf Nachfrage erklärte er mir den Grund. Er hatte viel Geld für Maschinen, Fahrzeuge, Werkstatt, Print- und Onlinewerbung, Computer und andere technische Geräte investiert. Nun hat er auch den ersten Kunden gefunden, der ein größeres Auftragskontingent von ihm abwickeln lassen möchte.

Die Idee war gut. Er wollte Kunden ein umfassendes Angebot bieten. Energiesparende Holzhäuser, Innenarchitektur, Möbelbau, Einrichtung und ökologische Ausrichtung. Alles aus einer Hand. Damit würde es ihm gelingen, sich von seinen Mitbewerbern abzuheben und gleichzeitig lukrative Aufträge zu akquirieren. Die Praxis hat gezeigt, es klappt auch. Die Schreinerei hat einen guten Ruf, Partner und Kunden arbeiten gerne mit ihm zusammen, das neue Angebot stößt auf überregionales Interesse.

Die nötigen Investitionen wurden getätigt, jetzt mussten 5 neue Mitarbeiter eingestellt werden. Die Kandidaten waren gewählt. Der Inhaber hatte Skrupel, die Arbeitsverträge fix zu machen, solange die Gehaltszahlungen für die nächsten Monate nicht gesichert sind. Er hat vieles gut gemacht. Nur seine Liquidität war ein Zufallsergebnis. Sein Verhalten kann man auch nennen: »Management by Kontoauszug«. Schade, er hätte genügend Rücklagen für die Finanzierung der zusätzlichen Lohnkosten gehabt. Die neuen Aufträge hätten nach sechs Monaten die nötigen Umsätze gebracht. Das Geld hat er leider für Investitionen verwendet. So war die Bank nicht bereit, die anstehenden Mehrkosten ohne Sicherheiten zu finanzieren.

Die Beratung hat das Thema »Liquidität« erheblich in den Vordergrund gerückt. Er achtet inzwischen vor allem darauf, flüssig zu bleiben. Solange er sich in der Wachstumsphase befindet, hat er entschieden, weniger Dinge zu kaufen sowie die Alternativen »Mieten« und »Leasen« besser zu nutzen. Das ist nicht immer die günstigste Variante. Erst einmal hat aber die Liquiditätssicherung Vorrang. Das neue Firmenfahrzeug wurde ohne Anzahlung geleast, einige Fixkosten konnten reduziert werden und ein Kopiergerät wurde gemietet.

Sein Vorhaben hat er inzwischen realisiert. Allerdings im ersten Schritt mit Subunternehmen. Nachdem die ersten Aufträge rentabel abgearbeitet waren, konnten die anstehenden Arbeitsverträge realisiert werden. Das war eine gute Entscheidung. Die Neuerungen werden in der Pilotphase über flexible Mitarbeiter abgewickelt. Sobald die Finanzierung durch Umsätze gesichert ist, werden profitable eigene Mitarbeiter eingestellt.

Inzwischen kennt er seine Zahlen. Er überprüft jede Woche genau, was kommt und was geht. Der nächste Wachstumsschritt ist geplant, die Unterlagen liegen im Vorfeld bei seiner Hausbank und werden geprüft. Mögliche Fördermittel werden in Augenschein genommen und wie es aussieht, wird der nächste Schritt auf eine gesunde Weise finanziert.

Es hat sich jetzt auch ein Interessent gezeigt, der Inhaber einer Möbelschreinerei, der interessiert daran ist, sich als Teilhaber zu beteiligen. Eine weitere Möglichkeit der Kapitalaufstockung.

Die eindeutigen Problemhebel und damit Wachstumshemmnisse waren:

- fehlendes Zahlenverständnis,
- falscher Einsatz der zur Verfügung stehenden Mittel,
- Finanzierungsanfragen wurden zu spät gestellt, die Finanzplanung war zu kurzfristig ausgelegt,
- fehlende Zeitfenster für die Finanz- und Liquiditätsplanung und Kontrolle.

Nachdem der Unternehmer dies erkannt hatte, nutzte er die neuen Erkenntnisse und setzte diese mit Erfolg um. Er weiß heute, dass er noch mehr am statt im Unternehmen arbeiten muss, um das angestrebte Wachstumsziel künftig kontinuierlich zu erreichen. Unternehmenswachstum ist sein innerer Motor. Er ist heute zufrieden, stellt sich den wachsenden Herausforderungen und hat Spaß an seinem Unternehmen, der sich in alle Bereiche ausdehnt.

Dies war ein Beispiel dafür, wie die Fokussierung auf das Thema »Liquidität« positive Möglichkeiten schafft, das Firmenwachstum mittel- und langfristig zu sichern.

Jetzt sind Sie dran

Entwickeln Sie für sich eine Excel-Tabelle, die Ihnen hilft, Ihre Zahlen im Blick zu halten. Sie können diese auch durch Ihre Buchhaltung erstellen lassen und die Ergebnisse regelmäßig auswerten. Hier ein Beispiel:

5 Liquidität – ohne Moos nix los

	Januar €	...	Dezember €
Bankguthaben 1			
Bankguthaben 2			
Festgeld			
Barmittel Kasse			
Ausstehende Forderungen			
Ausstehende kurzfristige Verbindlichkeiten			
* 100			
= Kennzahl in Prozent			

Eine solche Liste können Sie auch als Gegenüberstellung von Soll und Ist anfertigen. Das stärkt Ihre Planungssicherheit. Sie lernen beim Überprüfen des Ist-Zustandes eine Menge über Ihre Liquidität und können die nächste Planung entsprechend anpassen.

	Soll/Ist Jan. €	...	Soll/Ist Dez €
Bankguthaben			
Barmittel Kasse			
Ausstehende Forderungen			
Ausstehende kurzfristige Verbindlichkeiten			
* 100			
= Kennzahl in Prozent			

Noch besser ist es, Sie fertigen sich diese Liste jede Woche oder auch jeden Tag an. Der Vorteil ist eine bessere Übersichtlichkeit und noch bessere Möglichkeiten, Erkenntnisse zu ziehen. Eventuell stellen Sie dann fest, dass Ihr Guthaben immer zum Ende des Monats hin eine schlechte Liquidität aufweist. Eine Rechnungstellung in der Monatsmitte würde dies vielleicht ändern, eventuell ist es auch möglich, die Gehälter zum 15. auszuzahlen.

	Monat:		
	Woche 1	Woche...	Woche 5
Bankguthaben 1			
Bankguthaben 2			
Festgeld			
Barmittel Kasse			
Ausstehende Forderungen			
Ausstehende kurzfristige Verbindlichkeiten			
* 100			
= Kennzahl in Prozent			

5 Liquidität – ohne Moos nix los

Die fünf wichtigsten Tipps für Ihre Liquidität

Tipp 1	Investitionskosten langfristig, Betriebsmittel kurzfristig finanzieren. Auch wenn Sie die Mittel für Investitionen vielleicht hätten, schaffen Sie damit besser Rücklagen.
Tipp 2	Vor Beginn des nächsten Wachstumsschrittes die Finanzierung sichern. Planung – Finanzierungsgespräch – Änderungen – Zusage – Investition. Auch wenn Sie durch diese Vorgehensweise vielleicht ein günstiges Geschäft verpassen, so sichern Sie Ihren Betrieb gegen die Gefahren einer Insolvenz.
Tipp 3	»Kleinvieh macht auch Mist.« Kosteneinsparungen regelmäßig überprüfen. Oft liegt viel zu viel ungenutzt herum oder es wurden Verträge abgeschlossen, die längst nicht mehr passen. Lassen Sie es sich zur Gewohnheit werden, alle Verträge jährlich zu überprüfen.
Tipp 4	Mehr Umsatz steigert die Liquidität. Eventuell können Produkte und Dienstleistungen entwickelt werden, die mit wenig Aufwand regelmäßigen Umsatz generieren (Wartungsverträge, Updates, Monatsverträge, Mitgliedschaften usw.).
Tipp 5	Entwickeln Sie verbindliche Prozesse für Rechnungsstellung und Mahnwesen. Binden Sie Ihre Mitarbeiter ein. Zum Beispiel durch Regeln: rechtzeitige Stundenabgabe, um die Rechnungsstellung zeitnah zu ermöglichen, bei allen Einkäufen muss Skonto gewährt werden usw.

6 Prozesse – schaffen Wachstum

Wachstum dank festgelegter Geschäftsprozesse

- Definition
- Einblicke: Prozesse als Wachstumsinstrument
- Das 1x1 der Prozessentwicklung
- Lernen aus der Praxis
- Jetzt sind Sie dran
- Die fünf wichtigsten Tipps für Ihre Prozesse

Definition

Unter Geschäftsprozessen versteht man feste Vorgänge, die in einer bestimmten Reihenfolge erfolgen und ein bestimmtes Ziel verfolgen. Sie definieren eine Anzahl an zusammengehörigen Aktivitäten, die ein bestimmtes Ergebnis erzeugen. Der Zweck von Geschäftsprozessen ist es, die Aktivitäten im Unternehmen aufeinander abzustimmen und damit eine Skalierbarkeit, messbar mehr Effizienz, Fehlervermeidung, Kostenersparnis und Qualitätssteigerung zu erreichen.

Prozesse als Wachstumsinstrument

Jedes Unternehmen arbeitet in Geschäftsprozessen, bewusst oder unbewusst. Alle Aufgaben, die von außen angestoßen werden und zu einem Ergebnis führen sollen, werden in Prozessen erledigt. Manche Unternehmen arbeiten mit sehr individuellen Prozessen, was immer zu Lasten der Effizienz geht. Besser ist es, sich die einzelnen Prozesse klar zu machen und diese fest als Grundlage der Arbeit zu definieren. Häufig geschieht dies in Form eines Qualitätsmanagement-Handbuches. So ist allen Beteiligten genau klar, was sie wann und wie zu tun haben. Es erleichtert die Arbeit gerade in wachsenden Unternehmen erheblich.

Nun waren Sie vielleicht zu Beginn Ihrer Selbstständigkeit alleine, oder sind es immer noch. Prozesse?, fragen Sie sich vielleicht, ich habe doch keine festgelegten Prozesse. Haben Sie doch. Es kommt eine Anfrage vom Kunden per E-Mail, Sie rufen zurück, führen ein Vorgespräch, sagen den Auftrag zu, bearbeiten ihn, schreiben eine Rechnung, überwachen die Zahlung. Sicher, zu Beginn dauert alles ein wenig Zeit, bis es sich eingespielt hat. Vielleicht haben auch Sie ein wenig »Lehrgeld« bezahlt, aber letztlich spielt es sich ein. Sie wissen, so funktioniert es am besten. Leider führen nicht festgelegte Prozesse bei mehreren Mitarbeitern dazu, dass zu viele Aufgaben individuell erledigt werden. So nutzen Sie leider den Wissensaufbau im Unternehmen nicht. Die Effizienz und Kundenzufriedenheit schwankt. Das muss nicht sein.

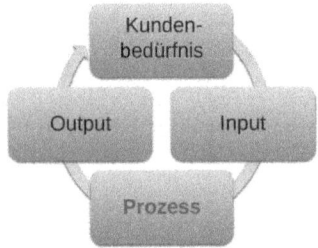

Abbildung 27: Prozesse gibt es in jedem Unternehmen.

Es kommt eine Anfrage von außen, ein Bedürfnis auf Sie zu, zum Beispiel stellt ein Kunde eine Anfrage, Sie erhalten den nötigen Input, alles durchläuft einen bestimmten Prozess, um den entsprechenden Output zu gewährleisten. Das (Kunden-)Bedürfnis ist gestillt, der Kunde hat bekommen was er möchte.

Letztlich haben alle Bedürfnisse in einem Unternehmen mit dem Kunden beziehungsweise der Zufriedenheit des Kunden zu tun. Machen Sie sich bewusst, auch Ihre Wirtschaftlichkeit, der Umgang mit Ihren Mitarbeitern, Ihre Strategieplanung, alles hat letzten Endes mit der Zufriedenheit des Kunden zu tun. Wenn er zufrieden ist, kauft er und trägt damit maßgeblich zu Ihrem Erfolg bei.

Prozesse sind aber auch ein Wachstumshemmnis, das allzu oft nicht bewusst wahrgenommen wird. Warum? Unternehmer starten oft alleine oder in kleinen Teams, die Kommunikation »zwischen Tür und Angel« funktioniert. Das letzte Wort hat der Chef. Die Verantwortung meist auch. Alles Wissen ist in den Köpfen der Einzelnen integriert. Es funktioniert. Bis Sie als Unternehmer den Entschluss fassen, zu wachsen.

Jetzt muss es anders werden. Sie wissen das und gleichzeitig fehlt die Zeit. Sie sind ständig mit Entscheidungen und Fachkrafttätigkeiten beschäftigt. Sie sind gefangen im Hamsterrad. Auch Ihr Tag hat nur 24 Stunden und statt sich die Zeit zu nehmen, aktiv an schriftlich definierten Prozessen zu arbeiten, machen Sie weiter wie bisher. Und Sie werden täglich unzufriedener, Ihre Mitarbeiter hören nicht auf, Sie zu fragen, Ihren Rat einzuholen oder Ihnen die Aufgaben wieder zurück zu delegieren.

ozessdefinition hilft Ihnen, aus Ihrem Hamsterrad szusteigen

Prozesse sorgen für Effizienz, Qualität, Wirtschaftlichkeit und nicht zuletzt für Zufriedenheit. Nicht umsonst arbeitet die Industrie nur mit Unternehmen zusammen, die ISO zertifiziert sind.

Fangen Sie langsam an.

Der Schritt in die Arbeit durch und mit festgelegten Prozessen ist für den Unternehmer im Wachstum eine große Herausforderung. Er muss alle Mitarbeiter ins Boot holen, sich selbst motivieren und seine Zeit dafür reservieren. Deshalb ist es im ersten Schritt wichtig, dass Sie den Nutzen erkennen. Sie werden lernen, die Aufgaben im Unternehmen so zu definieren, dass letztlich die Fachkraftaufgaben immer mehr von Ihren Mitarbeitern übernommen werden können. Sie werden die Zeit finden, sich um das zu kümmern, was letztlich Ihre Aufgabe ist: das Unternehmen führen, die Richtung vorgeben und für Wachstum sorgen.

Geschäftsprozesse sollen:

- effizient gestaltet sein, das heißt, möglichst wenig Ressourcen (Zeit, Geld und Energie) werden verbraucht, um das gewünschte Ergebnis zu erzielen.
- sicher sein im Ablauf. Das heißt, ein Prozess ist so zu gestalten, dass die Wiederholung immer das gleiche Ergebnis mit gleichem Aufwand ergibt.
- schnell ablaufen, das heißt, das Ergebnis soll in möglichst kurzer Zeit erbracht werden.
- wirtschaftlich umgesetzt werden, das heißt, das Ergebnis soll möglichst geringe Kosten verursachen.
- die Zufriedenheit fördern. Dazu müssen alle Beteiligten den Prozess kennen und den Sinn dahinter verstehen.
- die Motivation steigern. Kunde, Chef und Mitarbeiter wissen, was zu tun ist, die Verantwortlichkeiten sind verteilt. Ergebnisse werden zufriedenstellend ausgeführt.
- das Geschäftsleben vereinfachen.

Solange der Chef noch in die Alltagsaufgaben stark eingebunden ist oder wenige Mitarbeiter beschäftigt sind, läuft alles soweit ganz gut. Schwieriger wird es, wenn neue Kollegen dazu kommen. Der eine macht es so, der andere anders. Das ist Alltag in vielen Unternehmen. Zwar beschwert sich immer mal jemand darüber, oder es bricht Chaos aus, wenn jemand krank wird, aber letztlich bleibt alles beim Alten. So können Sie nicht wachsen.

Ich merke schnell, wenn Prozesse fehlen. Ich merke es als Kunde. Ich merke es an meinem eigenen Verhalten. Es gibt Firmen, da möchte ich nur bei einem bestimmten Mitarbeiter kaufen. Dann weiß ich, mein Anspruch wird erfüllt. Es gibt Ärzte, da gehe ich deshalb hin, weil eine bestimmte Helferin meine Terminwünsche möglich macht. Natürlich rufe ich dort nur an, wenn ich sicher bin, dass sie auch da ist. Manche meiner Kunden bleiben bei einer, manchmal teureren, Bank, weil sie mit einem bestimmten Kundenberater dort gute Erfahrungen gemacht haben. Was aber wenn der krank, im Urlaub ist, in eine andere Abteilung versetzt wird oder kündigt? Wird das Unternehmen es schaffen, den Kunden zu halten? Ich glaube nicht, dass die Chefs dieser Unternehmen glücklich sein würden, dies zu lesen.

Deshalb sind Prozesse wichtig. Je größer Sie werden, desto wichtiger ist es, dass Ihre Ergebnisse vergleichbar und von Mitarbeitern unabhängig austauschbar sind. Qualität, Einsatz, Schnelligkeit und Wirtschaftlichkeit müssen gewährleistet sein. Egal wer die Aufgabe übernimmt.

Mehr Mitarbeiter heißt, mehr Menschen, mehr Gewohnheiten, Verhaltensweisen und Werte. Geschäftsprozesse legen Strukturen und Regeln fest und schaffen ein gutes Miteinander, zufriedene Kunden und Geschäftspartner und ein wirtschaftlich arbeitendes Unternehmen. Letztlich das einzig wichtige Argument. Denn nur Wirtschaftlichkeit schafft Nachhaltigkeit.

> Geschäftsprozesse sparen Geld, Zeit und Nerven und schaffen Zufriedenheit.

Geschäftsprozesse beginnen dort, wo die erste Anforderung auf das Unternehmen zukommt. Am Telefon oder per E-Mail. Hand aufs Herz. Melden sich alle Ihre Mitarbeiter gleich? Melden sich auch mobil alle im Unternehmen mit der gleichen Begrüßungsformel? Verwenden alle die optisch selbe Signatur. Benutzen alle eine allgemeingültige Sprache und Schriftform?

Unwichtig sagen Sie? Sicher? Es gibt Kunden, denen ist es vielleicht egal, andere aber, bewusst oder unbewusst, beginnen genau hier, sich ein Bild von ihrem Unternehmen zu machen. Kunden sollen beim Unternehmen kaufen, nicht bei einzelnen Mitarbeitern. Einheitlichkeit schafft Vertrauen und ein gutes Gefühl. Das wiederum ist ausschlaggebend dafür, ob sie gerne und oft bei Ihnen kaufen.

Ich habe lange die Serviceabteilung eines größeren Unternehmens gecoacht. Das Ziel war, eine Servicezertifizierung des TÜV zu erhalten. Dazu war die Anforderung, eine einheitliche Meldeformel am Telefon einzuführen. Die Geschäftsleitung hatte sich entschlossen, diesen Weg begleiten zu lassen. Zu Beginn der Zusammenarbeit hat sich herausgestellt. Es gibt sie, die Meldeformel, festgeschrieben im Qualitätsmanagement-Handbuch. 64 Prozent aller Mitarbeiter, so die Befragung, wussten nichts davon. Realität war: In einem Unternehmen mit 300 Mitarbeitern haben Testanrufe ergeben, dass 22 verschiedene Meldeformeln verwendet wurden. Gibt's nicht, sagen Sie? Doch. Innerhalb des Servicecenters, bei dem die meisten Anrufer ankamen, waren es immerhin noch 14 völlig unterschiedliche Arten sich zu melden. Zu viel.

Während des Coachings hat sich auch herausgestellt, dass alle Beschäftigten sehr individuell mit den Anrufern umgingen. Manchmal wurde das Gespräch am Ende professionell zusammengefasst, einige Male wurde sogar die Verabschiedung vergessen. Egal also, bei wem der Anrufer landete, er musste sich immer auf neue Gegebenheiten einstellen. Völlig unterschiedliche Vorgehensweisen bei gleicher Anforderung: Können Sie mir bitte das XY zuschicken. Varianten, die wir in den Aufzeichnungen vorfanden waren: »Ja gerne, sagen Sie mir bitte die Adresse«, »nein, das geht nicht – Sie müssen das schriftlich anfordern« oder »ich schau mal, ob das geht, wenn nicht, rufen Sie halt noch mal an«. Kein Wunder, dass die Kunden mit manchen Damen wesentlich lieber ihre Geschäfte abwickelten. Das wiederum ist schwierig in einem Servicecenter, in dem 50 Prozent Teilzeitkräfte beschäftigt sind. Die begleitenden Workshops haben viel Bewusstsein geschaffen. Heute melden sich alle im Unternehmen gleich. Die Gesprächsführung wurde standardisiert. Raum für Individualität blieb trotzdem. Die Mitarbeiter haben sich daran gewöhnt, die Kunden sind zufrieden. Das merkt man vor allem an einem messbaren Rückgang der Reklamationen und einer anschließenden Kundenbefragung. Außerdem gibt die gesamte Abteilung nun ein einheitliches Bild nach außen ab. Der TÜV war zufrieden, die Zertifizierung wurde sogar besser als angestrebt bewertet.

Ein Prozess, der auf den ersten Blick eher unbedeutend wirkt, hat letztlich durch den Rückgang der Reklamationen, kürzere Telefonzeiten und klare Regeln zu mehr Zufriedenheit, mehr Effizienz und mehr Wirtschaftlichkeit geführt. Wie Sie sehen, es lohnt sich. Am besten von Anfang an.

Wenn Sie wachsen möchten, ist es wichtig, sich schnell mit diesem Thema zu befassen. Die Einarbeitung neuer Mitarbeiter geht wesentlich schneller und effektiver. Die Qualität bleibt erhalten und vor allem, Sie können sich mehr und mehr aus dem Tagesgeschäft herausnehmen. Ihre Mitarbeiter wissen wie und was zu tun ist. Bei Beschwerden gibt es Überprüfungsmöglichkeiten und die Prozesse können kontinuierlich verbessert werden.

> Die Messlatte für Geschäftsprozesse ist: Qualität, Wirtschaftlichkeit, Effizienz und Zufriedenheit.

Wenn es Ihr Ziel ist, Ihr Unternehmen zum Wachsen zu bringen, ist es unerlässlich, Geschäftsprozesse zu definieren und diese an die entsprechenden Personen zu kommunizieren. Dulden Sie zu Beginn nur Ausnahmen nach Absprache. Im der Zeit werden Ihre Mitarbeiter lernen, wo es sinnvoll ist, eine Ausnahme zu machen. Die Regel jedoch sollte immer sein: Alle halten sich daran.

Das 1x1 der Prozessentwicklung

> Ziel ist immer, die Abläufe wiederholbar und effizient zu machen. So können Sie mehr und mehr aus der Fachkraftrolle in die Unternehmerrolle wechseln. Sie können Aufgaben an Mitarbeiter abgeben und das Unternehmen kann wachsen. Die Qualität stimmt und Ihr Kunde ist zufrieden.

Kontakt nach außen

Manche Ihrer Mitarbeiter stehen auf, laufen zur Tür oder bleiben sitzen, sobald ein Kunde das Haus betritt. Manche sind präsent, freundlich und zuvorkommend, andere würden lieber ihre Arbeit jetzt weitermachen. Legen Sie fest, wie die Abläufe in Ihrem Haus geregelt sind und sorgen Sie dafür, dass alle im Haus sich daran halten.

Wie werden Besucher begrüßt? Was passiert, wenn Besucher ins Besprechungszimmer gebracht werden? Es gehört zur Begrüßung im Haus die einheitliche Meldeformel am Telefon und Handy, genauso aber auch das Schriftbild, das bei jeder Art von Kommunikation, die nach außen geht, verwendet wird. Schriftgröße, Schriftart, Logo, Begrüßungsformel. Legen Sie den Standard fest. Sicher finden manche Mitarbeiter eine bestimmte Schrift vielleicht netter, aber darauf dürfen Sie sich nicht einlassen, wenn Ihr Unternehmen größer werden soll. Das einheitliche Bild nach außen schafft das Bild in der Öffentlichkeit, das Sie anstreben.

> Regeln schaffen Zufriedenheit und Sicherheit. Jeder kann selbst kontrollieren, ob alles »richtig« läuft. Bei Reklamationen und Missverständnissen kann der Fehler leicht gefunden und optimiert werden.

Kundenzufriedenheit

Viele Kunden werden anspruchsvoller. Das gilt besonders dann, wenn auch Ihr Kunde seine Kunden zufriedenstellen muss, oder Sie im hochpreisigen Segment tätig sind. Finden Sie heraus, was es ist, das die Zufriedenheit erhöht beziehungsweise was von Ihrem Unternehmen erwartet wird. Sorgen Sie dafür, dass alles möglichst reibungsfrei, termingerecht und ohne Fehler und Komplikationen erledigt wird. Ihr Kunde möchte sich auf Sie verlassen können.

Schaffen Sie Regeln und Strukturen, die die Kommunikation vereinfachen und mögliche Änderungen transportieren. Beispielsweise könnte bei größeren Aufträgen wöchentlich der Projektstand kommuniziert werden, es wäre möglich, den Lieferungstermin genau mitzuteilen oder den Ansprechpartner konkret zu nennen. Bei kleineren Aufträgen wäre es vielleicht ausreichend, den Bestelleingang zu bestätigen, die Auslieferung anzukündigen und den voraussichtlichen Liefertermin zu nennen.

Finden Sie heraus, was Ihren Kunden wirklich entspannt. Was ihm ein gutes Gefühl gibt, so dass er gerne wiederkommt. Sie können regelmäßige Kundenbefragungen in den Prozess integrieren. So schaffen Sie es, wichtiges Kunden-Feedback zeitnah zur Prozessverbesserung zu verwenden. Alle Mitarbeiter in Ihrem Unternehmen müssen sich an den Ablauf halten, so ist gewährleistet, dass sich der Kunde von der Firma und nicht nur von einzelnen Mitarbeitern in Ihrem Haus gut behandelt fühlt und gerne wiederkommt. So schaffen Sie Qualitätsmerkmale, die Sie sicher vom Mitbewerb abheben.

Mitarbeiter

Wenn das Unternehmen wächst, benötigen Sie auch weiterhin neues Personal. Stellen Sie sicher, dass Mitarbeiter ausgewählt werden, wie Sie es wünschen und auch schon erfolgreich gemacht haben. Wenn das immer vor verschlossener Türe, individuell unterschiedlich passiert ist, überprüfen Sie die Art und Weise, die gut funktioniert und legen Sie die Prozesse schriftlich nieder.

Legen Sie die Art und Weise der Personalbeschaffung, des Bewerbungs- und Einstellungsgesprächs fest. Was soll gesagt, gefragt und bewertet werden. Welche Werte müssen übereinstimmen? Wie soll der erste Arbeitstag verlaufen, wie verläuft die Einarbeitung, was sind die zwischenmenschlichen Anforderungen, wer beschreibt das Unternehmen und seine Ziele? Gibt es einen Mentor oder Vorgesetzten? Wie ist das Verhalten untereinander geregelt? Was passiert bei Konflikten und Missstimmung? Wer ist verantwortlich für das Teamgefühl?

Schreiben Sie die einzelnen Prozessschritte auf. Bestimmt kann und werden diese im Laufe der Zeit noch verbessert werden, aber der Anfang ist gemacht. Alle Neuankömmlinge werden auf dieselbe Weise begrüßt und eingearbeitet. Verantwortlichkeiten werden festgelegt. Die Einstellung und Einarbeitung unterliegt immer weniger dem Zufall. Ihre neuen Mitarbeiter können produktiv arbeiten, statt die ersten Monate damit zu verbringen, die informellen Regeln zu erfassen. Sie schaffen eine duplizierbare Vorgehensweise, die den Bedürfnissen des Unternehmens angepasst ist. So kann auch die Personaleinstellung und Einweisung von Kollegen kompetent erledigt werden. Geschäftsprozesse im Bereich Personal verschaffen Ihnen Zeit für anderes und mehr Effizienz im Unternehmen. Sie setzen Ihre Ressourcen so ein, dass ein Wachstum möglich ist.

Auftragsabwicklung

Mal schnell, mal langsam. Mal werden die Kontaktdaten erfasst, manchmal wird es vergessen. Manchmal erhält der Kunde sofort eine Auftragsbestätigung, manchmal aber nicht oder erst wesentlich später. Mal kommt die Rechnung mit der Auslieferung, ein anderes Mal erst eine Woche später. Sehr individuelles Vorgehen bei der Auftragsabwicklung macht ständig neue Entscheidungen nötig. Umgehen Sie das. Legen Sie einen Standard fest, der bei der Auftragsabwicklung von allen Beteiligten eingehalten wird. Schaffen Sie wiederholbare Prozesse, an die sich Ihre Mitarbeiter und die Kunden gewöhnen können.

Auch Ihre Mitarbeiter sind Gewohnheitsmenschen. Haben sie sich erst einmal an eine Vorgehensweise gewöhnt, halten sie sich in der Regel auch daran. Die Kunst liegt darin, Veränderungen in die Wege zu leiten und dafür zu sorgen, dass dies lückenlos geschieht. Ihre Aufgabe ist es, zusammen mit den Teamleitern, die Prozesse zu beschreiben, einzuführen und die Einhaltung zu kontrollieren. Zu Beginn werden Sie immer wieder auf Widerstand stoßen: Das haben wir noch nie so gemacht. Bleiben Sie dennoch dran. Binden Sie die Mitarbeiter ein. Wer weiß, warum etwas geschieht, kann sich leichter umstellen. Sobald es sich eingespielt hat, alle Beteiligten wissen, warum sich die Prozesse ständig ändern, werden sich die Zeit- und Ressourcenersparnisse erheblich bemerkbar machen.

Schaffen Sie gute Gewohnheiten, die einen Qualitätsstandard sichern.

Entscheidungswege

Ist in Ihrem Unternehmen genau geregelt, wer was entscheiden darf und kann? Oder leben Sie auch in einem Haus mit offenen Türen? Das heißt, jeder, der etwas benötigt, fragt kurz bei Ihnen nach. Schaffen Sie Strukturen die Verantwortlichkeiten und schaffen Sie sich damit Ihren Freiraum. Entwickeln Sie Zuständigkeiten, die Ihr Team in die Lage versetzen, die Prozesse optimal umzusetzen. Entscheidungen werden schneller, effektiver und einfacher getroffen. Das sichert die Qualität, Effizienz und Wirtschaftlichkeit. Nebenbei wird vermutlich auch das Verantwortungsgefühl Ihrer Mitarbeiter stabilisiert und verbessert.

Die Entwicklung eines Organigramms ist ein erfolgversprechendes Werkzeug. Nehmen Sie sich regelmäßig die Zeit, um es den aktuellen Gegebenheiten anzupassen. Auch für Ihre Jahresplanung ist das Organigramm ein Instrument, das schnell sichtbar macht, wo die Reise hingeht.

In Abbildung 28 können Sie anhand eines Beispiels sehen, dass unterschiedliche Organigramme auch unterschiedliche Verantwortungsbereiche und Verhaltensweisen festlegen.

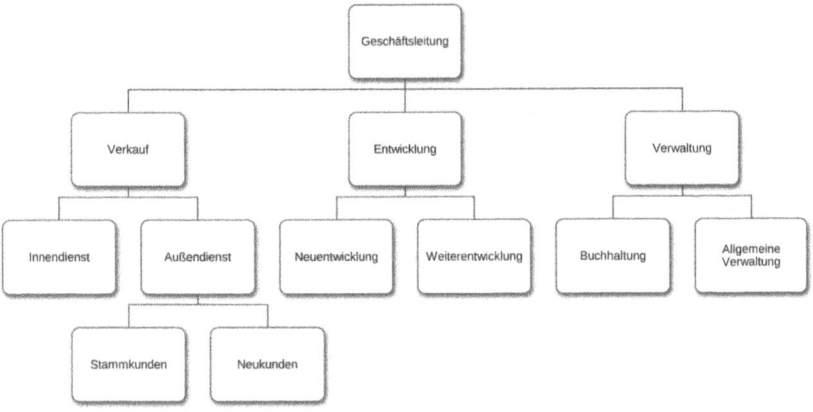

Abbildung 28: Hier gibt es klare Verantwortungsbereiche

In diesem Fall wurde von der Geschäftsleitung festgelegt, dass für Verkauf, Entwicklung und Verwaltung Verantwortliche als »Abteilungsleiter« agieren. Das heißt in der Praxis, dass nicht der Chef mit allen Mitarbeitern korrespondiert, sondern die einzelnen Kommunikationswege über die entsprechenden »Abteilungsleiter« laufen. Der Chef bespricht sich mit den drei Hauptverantwortlichen, diese kommunizieren mit ihrem Team. Das heißt auch, dass in Ihrem Unternehmen neben Ihnen auch andere Mitarbeiter über Führungsqualitäten verfügen müssen. Das schafft für Sie den Freiraum, sich um Ihre Aufgaben als Unternehmer zu kümmern. Sie geben den Kurs vor und Ihre Teamleiter managen diese und kümmern sich um die Ausführung.

Im Wachstum muss das Unternehmens-Organigramm ständig an die neuen Gegebenheiten angepasst werden. Mehr Personal bedeutet auch, mehr Kommunikation und Controlling Aufwand. Sie können als Chef eines Unternehmens mit fünf Mitarbeitern nicht dieselben Prozesse leben wie in einem Unternehmen mit 40 Mitarbeitern oder mehr. Es ist eine Sache der Organisation, ob Sie es schaffen, Ihre Unternehmerrolle einzunehmen. Organigramme machen sichtbar, wie es um die Verantwortlichkeiten im Unternehmen bestellt ist. Im in Abbidung 28 dargestellten Beispiel ist es möglich, weiter zu wachsen.

Anders im Fall in Abbildung 29.

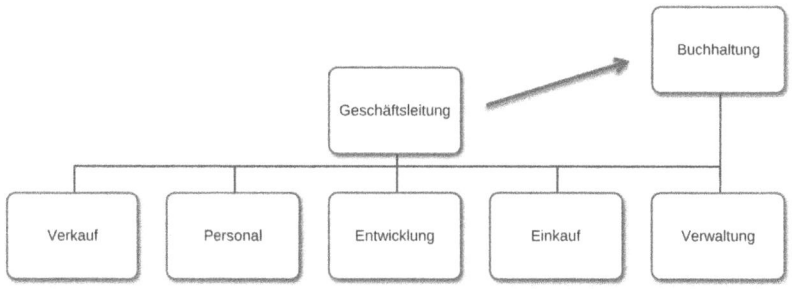

Abbildung 29: Hier ist der Chef in alles einbezogen, auf Dauer sehr anstrengend

Kein Wunder, dass der Chef hier ständig an Zeitmangel leidet. Er kümmert sich um alle Abteilungen und Belange, alles muss mit ihm besprochen, jede Aufgabe von ihm überprüft werden. Wachstum ist so nicht möglich. Auch Ihr Tag als Chef hat nur 24 Stunden. Sollte Ihr Organigramm diese Form aufweisen, ist es dringend erforderlich, neue Strukturen zu initiieren und neue Wege, die Wachstum möglich machen, einzuführen.

Qualität

Die kontinuierliche Qualität wird vermutlich automatisch verbessert, sobald Sie Geschäftsprozesse einführen. Bei der Gestaltung der Prozesse sollten die einzelnen Abläufe hinterfragt werden. Anders geht es nicht. Sie werden sehen, hier stehen einige Aha-Effekte bereit. Sie können Qualitätskontrollen direkt in die Prozesse integrieren. Es können Kennzahlen miteinbezogen werden, die eine Kontrolle der Produkt- und Dienstleistungsqualität sichern. Durch Qualitätsprozesse können Sie Ihre Ergebnisse effizient überprüfen und geeignete Maßnahmen zur Verbesserung entwickeln. Know-how aus den jeweiligen Kontrollen fließt in die Produktentwicklung ein. Sie werden besser.

Bedenken Sie dabei, dass Sie es auf diese Weise schaffen, einen gleichbleibenden Qualitätsstandard zu halten. »Ihr Kollege hat aber gesagt Sie machen das« und ähnliche Sätze werden weniger. Alle Mitarbeiter kennen die Qualitätskriterien und halten sich zunehmend daran. Der große Vorteil ist die Einheitlichkeit in der Auftragsabwicklung. Kunden wissen, was sie erhalten, Mitarbeiter wissen, was zu tun oder zu lassen ist. Das schafft Klarheit.

> Kunden und Mitarbeiter gewöhnen sich an eine bestimmte Qualität. Sorgen Sie im Unternehmen für Kontinuität.

Rendite

Können Sie Ihre Rendite durch Prozesse erhöhen? Ja das geht. Erstens sparen Sie auf Dauer jede Menge Zeit bei der Abwicklung, wenn nicht jeder Schritt hinterfragt, abgesprochen oder neu entschieden werden muss. Zweitens können Sie durch die Reduzierung von Fehlern und Reklamationen wirklich viel Geld sparen.

Schlanke Prozesse helfen Ihnen bei der kostengünstigen Umsetzung Ihrer Aufträge, oft können so auch Lagerbestände verringert werden. Geschäftsprozesse sichern auch die Vor- und Nachkalkulation. Sie wissen also, was ist rentabel und was nicht. Das ist der erste Schritt in eine höhere Rendite. Mehr Rendite bedeutet auch mehr Kapital, mehr Liquidität und am

Ende Geld, das Sie für Ihr Wachstum und die Steuerung verwenden können.

Führen Sie unbedingt Prozesse ein, die Ihre Rendite mittel- und langfristig erhöhen.

kalierbarkeit

Schaffen Sie Produkte und Dienstleistungen, die skalierbar sind. Das heißt, sie sind wiederholbar. Wir neigen oft dazu, jedem Kunden ein sehr individuelles Angebot zu machen. Ist das wirklich nötig? Würde es nicht auch genügen, ein Standardangebot zu entwickeln? Ein Produkt oder eine Dienstleistung, die Sie, einmal entwickelt, auch anderen Kunden anbieten können? In meinem Fall biete ich Workshops und Seminare zu unterschiedlichen Themen. Jedes einzelne benötigt viel Zeit, Wissen und zum Teil auch Geld für die Entwicklung. Wirklich lohnen tut sich das, wenn ich es mindestens fünf Mal verkaufe.

Gibt es in Ihrem Unternehmen Produkte, die vereinheitlicht werden können? Beschreiben Sie den Prozess, machen Sie Ihre Produkte und Dienstleistungen skalierbar.

Wenn Sie weiter wachsen wollen, ist es wichtig, Produkte und Dienstleistungen zu standardisieren.

Ein Gebäudereiniger beispielsweise kann eine Checkliste für alle Leistungen zur Büroreinigung entwickeln. Jeder seiner Mitarbeiter kann diese Liste zusammen mit dem Kunden auf dessen Wünsche anpassen. Statt eines Gesamtangebotes für Reinigung, dass in jedem Büro sehr individuell ist, können Einzelleistungen angekreuzt und damit gekauft werden. So bekommt jeder Kunde das, was er bezahlt und jeder Mitarbeiter weiß, was zu tun ist. In dem einen Büro sind die Abfalleimer täglich, im anderen vielleicht nur wöchentlich zu leeren. Auf diese Weise wird die Auftragsabwicklung leichter, die Reklamationen weniger und die Zufriedenheit von Mitarbeitern, die genau wissen, was zu tun ist, steigt erheblich. Jeder bekommt, was er bezahlt, keiner mehr und keiner weniger. Ihre Rentabilität wird es Ihnen danken. Nebenbei erleichtert ein konkretes Angebot auch den Verkauf enorm.

Kostenminimierung

Haben Sie Ihre Mitarbeiter schon einmal gefragt, wodurch das Unternehmen unnötige Kosten verursacht? Werden Bahn und Flüge zu spät gebucht und dadurch unnötig teuer? Wird Büromaterial zu teuer eingekauft? Wird unnötig viel Zeit in Besprechungen investiert für Dinge, die viel schneller funktionieren könnten? Muss wirklich jeder im Unternehmen mit jedem Vorgang vertraut sein? Wie sieht es aus mit Ihrer Datenbank, sind hier jede Menge Adressen erfasst, die längst überholt und damit uninteressant sind? Wird Geld verschwendet, weil die Außendienstmitarbeiter unnötigerweise direkt an der Autobahn tanken?

Binden Sie Ihre Mitarbeiter mit ein. Lassen Sie ihre Ideen in Ihre Prozesse mit einfließen. Sie können Ersparnisse ja mit einem Bonus belohnen. Das ist eine gute Methode, um den Anreiz zu schaffen, die Verbesserungsvorschläge an die Geschäftsleitung zu übermitteln.

> Nutzen Sie die Ideen und Erfahrungen Ihrer Mitarbeiter, um unnötigen Aufwand, Kosten und Missverständnisse zu vermeiden.

Lernkurven

Fehler reduzieren sich durch die Einführung von Prozessbeschreibungen. Sie werden sehen. Durch die Gestaltung der einzelnen Prozesse finden Sie Schnittstellen, an denen es immer wieder zu Fehlern kommt. Mangelnde Information, falsche

Verantwortlichkeit, lange Bearbeitungszeiten usw. Sie werden Möglichkeiten finden, Ihre Prozesse im Unternehmen reibungsfreier zu gestalten und entsprechende Kontrollmechanismen einzufügen. Die Qualität steigt, die Beschwerden sinken und Ihre Mitarbeiter werden sich freuen, wenn die Aufträge zeitnah abgearbeitet werden können. Führen Sie am Besten in allen Abteilungen ein Reklamationsbuch ein. Hier werden alle Fehler erfasst und die Beteiligten können für die Zukunft daraus lernen. Lernkurven entstehen und die Prozesse können dadurch weiter optimiert werden.

Gleiche Fehler passieren in mehreren Abteilungen immer wieder. Das muss nicht sein. Fügen Sie unbedingt ein System ein, wodurch Sie und Ihr Unternehmen aus Fehlern lernen können. Beispielsweise werden Reklamationen gesammelt aufgeschrieben, mit dem Vorgesetzten besprochen und Möglichkeiten gefunden, die Unzufriedenheit der Kunden künftig zu vermeiden. So kann einer vom anderen lernen.

Verkaufsprozesse

Was in Ihrem Fall der beste Verkaufsprozess ist, wissen Sie sicher am besten. Aber wissen das auch Ihre Mitarbeiter? Am besten Sie legen auch diesen Prozess genau fest: Kunden definieren, ansprechen, nachfragen, Termin vereinbaren, bedanken, nachfragen, Prospekt schicken, zum Sommerfest einladen, konkretes Angebot unterbreiten, Frühling-, Sommer-, Herbst- und Winter-Angebote schicken. Oder aber ein Danke für den Auftrag, regelmäßige Folgeangebote oder ein gezieltes Saisonangebot, wie zum Beispiel die Winterreifen im Oktober.

Wie auch immer Sie es jetzt und in der Vergangenheit erfolgreich getan haben, schreiben Sie es auf. Sorgen Sie dafür, dass alle Innen- und Außendienstmitarbeiter den Prozess kennen. Sie sichern dadurch, dass positive Ergebnisse von allem Mitarbeitern geschaffen werden können. Fügen Sie Ziel- und Erfolgskontrollen ein. Sorgen Sie dafür, dass Ihr Wissen dem gesamten Unternehmen zugutekommt.

> Überlassen Sie möglichst wenig dem Zufall. Für gelungenes Wachstum sind definierte Prozesse ein wesentlicher Baustein.

Bestimmt finden Sie noch weitere Felder, in denen sich Prozesse einführen lassen. Fertigen Sie eine Liste an und durchforsten Sie alle Abteilungen und Aufgaben.

Weitere Beispiele hierfür sind: Strategieplanungsprozess, Meetings- und Besprechungsprozess, Produktentwicklungsprozess, Reklamationsprozess, Materialprozess, Lagerprozess, Rechnungsablaufprozess. Letztlich werden alle Abläufe in allen Abteilungen überprüft, optimiert, in die Komplexität des Unternehmens eingebunden und schriftlich festgehalten. Nach und nach wird es Ihnen gelingen, den Boden für viele Mitarbeiter zu bereiten. Sie schaffen Ihr Qualitäts-Management-Handbuch.

»Ein Unternehmen läuft dann gut, wenn der Chef drei Monate in Urlaub fahren kann und keinem Mitarbeiter fällt es auf.« Diesen Satz habe ich einmal von einem meiner Kunden gehört. Und ich kann heute sagen: Es stimmt.

> Streben Sie unter allen Umständen an, dass das Alltagsgeschäft auch ohne Ihre Präsenz erfolgreich läuft, dann haben Sie die Zeit, sich um die Gestaltung des Unternehmens zu kümmern.

Funktionierende Prozesse sind eine wichtige Grundlage für Wachstum und Stabilität. Nehmen Sie sich die Zeit. Sie werden sehen, es lohnt sich.

rnen aus der Praxis

Wenn definierte Geschäftsprozesse fehlen, ist das Wachsen schwer. Das gilt für Unternehmen von Beginn an. Einer unserer Kunden machte sich als freiberuflicher Journalist selbstständig. Später erhielt er einen festen Auftrag für ein Magazin. Auftraggeber war ein großer deutscher Verband. Monatlich sollte das Heft erscheinen. Ein schöner Auftrag. Er stellte einen Grafiker fest an und nahm zwei freiberufliche Redakteure mit ins Team. Die Zusammenarbeit untereinander klappte prima. Bei Fragen oder Input wurden kurze Wege genutzt. Jeder kannte den anderen gut und selbst im Homeoffice war die Zusammenarbeit bestens.

Der Verband war zufrieden. Mein Kunde erhielt zwei Empfehlungen und im Nachgang zwei weitere Aufträge. Der Stress begann. Das Team war nun wesentlich größer. Das Unternehmen wurde in eine GmbH umgewandelt. Die Kommunikation zwischen Tür und Angel funktionierte nicht mehr. Entscheidungen mussten getroffen, Kundenansprüche erfüllt werden und alle wollten auch rechtzeitig ins Wochenende gehen können. Das klappte nur noch bedingt. Als der Unternehmer sich eigentlich freuen sollte, weil ein weiterer Auftrag vor der Tür stand, kam er zu mir.

Massive Zeichen von Stress waren der Anlass. Eigentlich war es sein Ziel, das Unternehmen zum Wachsen zu bringen. Andererseits war er jetzt schon zeitlich und psychisch am Limit. Wie sollte das weitere Wachstum gelingen?

Zusammen mit den ersten Mitarbeitern konnte mein Kunde langsam in die Aufgaben hineinwachsen. Dem neuen, inzwischen viel größeren Team fehlten die Erfahrungswerte. Inzwischen war es im Unternehmen wesentlich stressiger. Jeder seiner Mitarbeiter erledigte die anfallenden Aufgaben auf seine eigene Weise. Jeder Auftrag wurde individuell bearbeitet. Fehlende Strukturen machen sich bemerkbar. Fehler und Engpässe wurden durch ihn ausgeglichen. Alle Fragen von Mitarbeitern und Kunden landeten auf seinem Tisch. Fehlende Liquidität sorgte für Unruhe und Stress. Das war bei ihm wie bei vielen Unternehmen, die sich im Wachstum befinden. Ständiger Mitarbeiteraufbau, immerwährende Investitionen, neue Entwicklungen, alles kostet Geld. Die Frage nach dem Wie stellte sich auch ihm. Unser Kunde, der Inhaber, konnte diese Frage inzwischen für sich lösen. Es fehlten die Geschäftsprozesse.

Zusammen mit ihm durchleuchteten wir alle Prozesse im Unternehmen, erstelltem ein Organigramm und wiesen die Mitarbeiter an, schriftlich zu definieren, was die jeweiligen Prozesse und Kommunikationswege im Unternehmen waren. Dem Unternehmer war schnell klar, dass ein wesentliches Wachstumshemmnis im Unternehmen er selbst als Person war. Er war bereit, sich auf das Experiment »Einführen von Geschäftsprozessen« einzulassen. Die Erkenntnisse flossen ein in ein Organigramm, das wesentliche Prozesse aufzeigte und Veränderungen im Unternehmen mit sich brachte.

Ein Workshop zusammen mit allen Mitarbeitern schaffte Verständnis und die Bereitschaft der Beteiligten, an dem Vorhaben aktiv mitzuwirken. Eine wesentliche Aufgabe des Geschäftsführers bestand darin, Verantwortung abzugeben. Das gelang deshalb, weil er sich im Vorfeld die Zeit nahm, seine Ziele und Strategien schriftlich festzulegen und die dazu gehörigen Prozesse zu definieren. Das gab ihm und allen Mitarbeitern die nötige Sicherheit, dass alles wie bisher, zum Wohle des Kunden, geschieht. Es wurden Teams gebildet und Verantwortlichkeiten festgelegt. Eine Anfrage von neuen Kunden konnte nun auch dann beantwortet werden, wenn er nicht selbst zur Verfügung stand. Die Fehlerhäufigkeit minimierte sich erheblich. Sicher auch deshalb, weil die einzelnen Mitarbeiter sich mehr in der

Verantwortung fühlten. Es gab Richtlinien, an die sich alle halten konnten und im Zweifelsfall wurde der Teamleiter gefragt. Im Laufe des ersten Jahres wurde ein Qualitätsmanagement eingeführt. So konnten alle Aufgaben und Prozesse im Unternehmen regelmäßig überprüft und angepasst werden. Trotz anfänglicher Schwierigkeiten hat sich das Vorgehen bewährt.

Der Unternehmer hat viel geschafft. Inzwischen betreibt er aktiv Akquise und hat bereits vier Wunschkunden als langfristige Partner gewinnen können. Die Erkenntnisse aus den einzelnen Aufträgen fließt in Folgeaufträge ein und einige Aufgaben können inzwischen gebündelt abgearbeitet werden. Die Druckaufträge werden durch die Planung wesentlich günstiger. Ein regionaler Drucker schätzt die Zusammenarbeit, die Planung machte eine gezielte Preisverhandlung möglich, die gewährten Rabatte kommen direkt dem Unternehmen zugute.

Zwar war es zu Beginn der Beratung schwierig, den Unternehmer zu überzeugen, die zur Verfügung stehende Zeit besser in die Planung und Festlegung von Prozessen zu investieren und den anstehenden Neuauftrag zurückzustellen. Im Nachhinein hat es sich allerdings gezeigt, dass die Vorgehensweise nicht nur das Wachstum, sondern auch seine Zukunftspläne gesichert hat.

Er sagt heute, dass sein größter Fehler der war, Aufträge anzunehmen, ohne vorher die nötigen Strukturen zu schaffen. Heute sieht er seine Vorgehensweise als äußerst risikoreich. Damals fehlte ihm das Bewusstsein dafür. Statt sich über Wachstumsprozesse Gedanken zu machen, arbeitete er oft sieben Tage die Woche und verlor das große Ganze aus seinem Sichtfeld. Statt wichtige Dinge zu tun, war er mit dringenden Aufgaben beschäftigt. Die Kunden wollten schließlich bedient sein. Sein Tipp an seine Führungskräfte ist heute, sich täglich 15 Minuten mit den Prozessen im Team zu beschäftigen. Monatliche Jour fixe der Teamleiter haben das Ziel, voneinander zu lernen. Er kommuniziert in Quartalsberichten die Erfolge und legt die Ziele für die nächsten drei Monate fest. Das schafft inzwischen nicht nur wesentlich mehr Effizienz, sondern gleichzeitig kann er auch beobachten, dass die Zufriedenheit in den Teams wesentlich höher ist. Es wird inzwischen regelmäßig gefeiert, auch das gehört zu den festgelegten Prozessen: Nach jedem Erscheinen eines neuen Magazins gibt es eine interne »Kuchenfeier«. Der Austausch untereinander wird so gefördert, das Zusammengehörigkeitsgefühl gestärkt und der Grundstein für das nächste Projekt gelegt. Die Mitarbeiter bleiben motiviert und zielorientiert bei der Sache.

Unsere Zusammenarbeit hat das Thema »Geschäftsprozesse« wesentlich in den Vordergrund gerückt. Der Geschäftsführer arbeitet inzwischen mit Nachdruck daran, sich durch festgelegte Prozesse Freiraum zu schaffen, um die wichtigen Dinge im Unternehmen zu tun. Er ist wesentlich weniger an den einzelnen Fachaufgaben beteiligt. Er weist seine »Manager« an, seine Ziele in die Tat umzusetzen. Er kümmert sich um die Planung, das Wachstum, die richtigen Kunden und die nötige Liquidität im Unternehmen. Sein Aufgabengebiet hatte sich nach zwei Jahren vollständig verändert. Er war nun der Gestalter seines Unternehmens und das gelang ihm von Monat zu Monat besser.

Heute sieht er die Einführung eines QM-Systems als wesentlichen Beitrag, der sein Unternehmenswachstum möglich gemacht hat und wird nicht müde, diese Erkenntnis in das eigene Unternehmen zu kommunizieren. Die Mitarbeiter partizipieren auch persönlich. Alle Verbesserungsvorschläge, die Prozesse betreffend, werden belohnt. Entweder mit Freizeit oder finanziell, mit einem prozentualen Anteil der Einsparung. So konnte durch den Einsatz eines Softwaretools bei der Gestaltung der Magazine enorm viel Zeit eingespart werden. Der entsprechende Mitarbeiter erhielt für den Vorschlag und dessen Einführung einen Bonus von 5000 €. So bleiben die Mitarbeiter daran interessiert, mehr Effizienz in das Unternehmen zu bringen. Nicht eigene individuelle Lösungen werden umgesetzt, sondern alle sind daran interessiert, dass erfolgreiche Ideen allen Mitarbeitern zur Verfügung stehen.

Der Zeiteinsatz hat sich gelohnt. Zwar waren es viele Stunden, die nötig waren, um alle Geschäftsprozesse zu definieren, aber heute gibt ihm der Erfolg Recht. Das Wachstum geht munter weiter und alle Mitarbeiter partizipieren von einem geregelten Ablauf der Auftragsbearbeitung. Die Qualität ist gesichert und die Zufriedenheit der Kunden zeigt sich im Rückgang der Reklamationen und der extrem guten Kundenbindung.

Wesentliche Wachstumshemmnisse in der Vergangenheit waren:

- Jede Entscheidung lag beim Chef.
- Alle Mitarbeiter arbeiteten sehr individuell und damit nicht kontrollierbar.
- Es fehlte ein einheitliches Bild des Unternehmens im Außen.
- Planung und Zielvereinbarung waren aufgrund von Zeitmangel nicht möglich.
- Jedes Projekt wurde individuell konzipiert und durchgeführt. Es fehlte die Zeit, um Lernkurven zu entwickeln.
- Durch fehlende Strukturen waren einige Projekte nicht kontrollierbar und manchmal rückwirkend unrentabel für das Unternehmen.
- Der Geschäftsführer war wesentlich mehr »Fachkraft und Manager« als »Unternehmer«.

Heute nutzt der Unternehmer seine Erkenntnisse und arbeitet am statt im Unternehmen. Er hat die Rentabilität erheblich steigern können. Die Zahlen und der Erfolg geben ihm Recht.

Ein Beispiel, das wir auch oft in Handwerksbetrieben erleben. Die Einführung von Geschäftsprozessen, am besten von Anfang an, erleichtert das Wachstum und die persönliche Zufriedenheit des Unternehmers erheblich.

> Definierte Geschäftsprozesse schaffen Zeit, Effizienz und Zufriedenheit.

Jetzt sind Sie dran

Organigramm erstellen

Entwickeln Sie für sich ein Organigramm für die kommenden drei Jahre. Legen Sie alle Bereiche im Unternehmen fest (Verwaltung, Controlling, Marketing, Produktentwicklung, Fertigung, Vertrieb, Buchhaltung, Personal usw.) und stellen Sie genau dar, wie die Verantwortlichkeiten verteilt werden. Zeichnen Sie die unterschiedlichen Rollen auf:

- Unternehmer,
- Manager,
- Fachkräfte.

Achten Sie darauf, dass nur wenige Teamleiter Ihnen unterstellt sind. Das sind die Personen, mit denen Sie direkten Kontakt haben werden. Ihre Teamleiter sind Ihre »Manager«. Sie sorgen dafür, dass Ihre Ziele und Vorgaben im Unternehmen umgesetzt werden. Sie müssen also über entsprechende Führungsqualitäten verfügen.

Hier definieren Sie Verantwortlichkeiten und Aufgaben. Hier zeigen sich Kommunikationswege. Hier wird unter anderem Ihr Zeitkontingent festgelegt. Hier stellen Sie sicher, dass Ihre Zeit und Energie für die Unternehmensführung zur Verfügung steht.

Sie werden sehen, ein aktuelles Organigramm gibt Ihnen enorme Sicherheit bei der Gestaltung Ihrer Zeit, Ihres Know-hows und der Rentabilität des Unternehmens. Wachstum ist nur möglich, wenn Sie das tun, was Ihre Aufgabe ist. Sie führen ein Unternehmen.

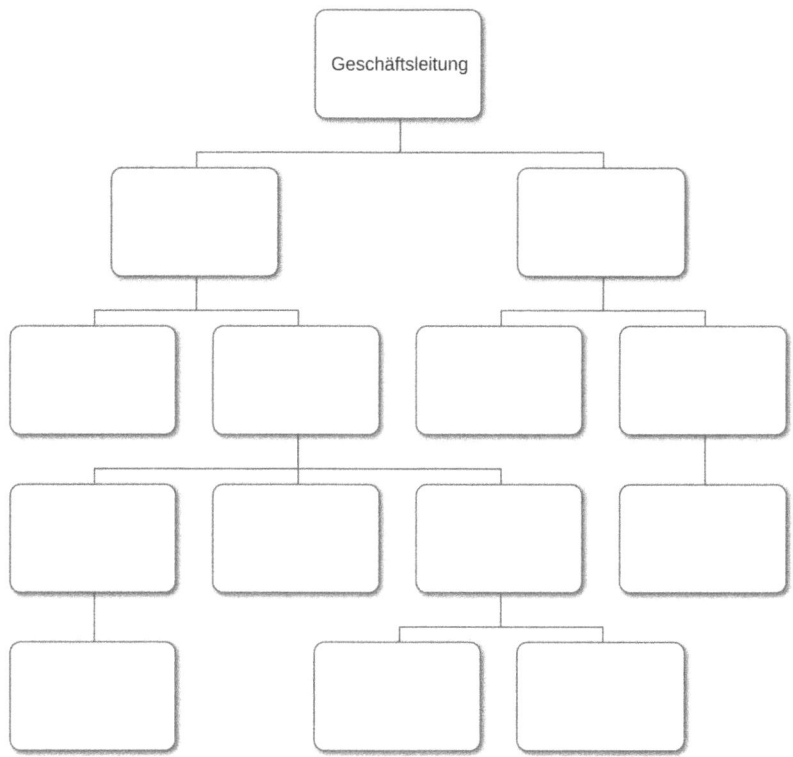

Abbildung 30: Hier ist Platz für Ihre Vorstellungen

Geschäftsprozesse

Erstellen Sie Ihre Prozesse in schriftlicher Form.

Gehen Sie alle Bereiche im Unternehmen durch. Finden Sie Schnittstellen, Aufgaben und machen Sie alles Ihren Mitarbeitern zugänglich. Halten Sie sich kurz, erstellen Sie Checklisten. Das ermöglicht eine ständige Verbesserung und gibt Aufschluss über Fehlerquellen.

Beispiele:

Auftragseingang:

1. Verantwortlich: Herr/Frau XY
2. Auftragseingang per E-Mail, Internet und Telefon im Sekretariat
3. Erfassen der Kundendaten im System
4. Schriftliche Bestätigung des Auftragseingangs innerhalb von 24 Stunden
5. Schriftliche Weitergabe an den Projektverantwortlichen
6. Rückmeldung an Sekretariat – Kontaktaufnahme erfolgt

Fakturierung und Mahnwesen:

1. Verantwortlich: Herr/Frau XY
2. Auftrag ausgeführt und mit Lieferschein an Kunden
3. Rechnungsversand innerhalb von zwei Werktagen
4. Zahlungscheck nach 10 Tagen (gemäß Zahlungsziel)
5. 1. Zahlungserinnerung: 4 Tage nach Zahlungsziel
6. 2. Mahnung: 14 Tage nach Zahlungsziel
7. 3. Mahnung und Ankündigung Inkasso: 24 Tage nach Zahlungsziel
8. Weitergabe an Inkasso: 34 Tage nach Zahlungsziel

> Erstellen Sie Checklisten: Machen Sie Ihre Prozesse kurz und knapp und für alle nachvollziehbar.

Machen Sie sich eine Liste

Welche Prozesse führe ich ein? In welchem Zeitfenster?

Prozess	bis wann?	von wem?
Auftragseingang		
Fakturierung/Mahnwesen		
Materialbeschaffung		
Personalbeschaffung		
Verkauf und Akquise		
Qualität		
Produktentwicklung		
Controlling		
Rentabilität		

Durchforsten Sie Ihr Unternehmen. Welche Bereiche können durch Prozessdefinition verbessert, vereinfacht und rentabler gestaltet werden? Binden Sie Ihre Mitarbeiter ein, das stärkt das Verständnis und erleichtert die Umsetzung erheblich.

Die fünf wichtigsten Tipps für Ihre Prozessentwicklung

Tipp 1	Entwickeln Sie ein Organigramm, das Ihren Zielen entspricht.
Tipp 2	Legen Sie die definierten Prozesse schriftlich fest.
Tipp 3	Binden Sie alle Mitarbeiter ein. So können Sie deren Know-how und Erfahrung nutzen und sparen sich Zeit und Widerstand bei der Umsetzung.
Tipp 4	Entwickeln Sie unbedingt mehr und mehr skalierbare Produkte sowie möglichst wenig individuelle Dienstleistungen und Abwicklungsverfahren. Das spart Geld, Zeit und Nerven.
Tipp 5	Überprüfen Sie die gegebenen Prozesse regelmäßig. Gerade im Wachstum gilt: Was heute passt, ist morgen vielleicht schon überholt. Passen Sie unbedingt alle Geschäftsprozesse regelmäßig an die aktuellen Gegebenheiten an.

7 Investieren – aber richtig

Investitionspolitik, ein weit verbreitetes Wachstumshemmnis
- Definition
- Einblicke: Investieren, aber richtig
- Lernen aus der Praxis
- Jetzt sind Sie dran
- Die fünf wichtigsten Tipps für Ihre Investitionen

Definition

Unter Investitionen verstehen wir Anschaffungen von Gegenständen, den Einsatz von größeren Zeitressourcen oder Ausgaben zur Verwirklichung von Projekten. Also alles das, was dem unternehmerischen Zweck dient. Neben materiellen Investitionen handelt es sich hier auch um immaterielle Investitionen. Investitionen sind notwendig und sinnvoll, um ein Unternehmen wachsen zu lassen. Beispiele hierfür sind: Geld, Zeit, Know-how, Energie und Kommunikation. Alles dies muss eingebracht werden, um das Unternehmen am Markt zum Wachstum zu bringen. Investitionen sind immer Ausgaben, die die betriebliche Zukunft sichern und festigen. Im Gegensatz zu betrieblichen Ausgaben dienen sie nicht dazu, den Alltag des Unternehmens zu finanzieren.

Investieren, aber richtig

Wir stellen in unserem Beratungsalltag immer wieder fest, dass es Unternehmer gibt, denen das Wachstum trotz großem Einsatz nicht gelingen mag. Besonders auffällig sind dabei folgende zwei Typen:

1. Kleindenker und Angstentscheider

Darunter verstehen wir die Unternehmer, die ständig das Gefühl haben, sie schaffen es nicht. Immer muss zuerst das Geld angespart sein, immer muss man ganz sicher sein, dass die Investition sich lohnen wird, immer wird nach Möglichkeiten gesucht, möglichst wenig Geld auszugeben.

Ja sicher, es ist wichtig abzuwägen. Zu prüfen, ob die Investition sich lohnt, um die unternehmerischen Zwecke zu erfüllen. Dieser Typ von Unternehmer aber gibt grundsätzlich nicht gerne etwas weg. Er spart an allen Ecken und Enden und übersieht auf diese Weise häufig die Möglichkeiten, die ihm eine sinnvolle Investition bietet. Er ist fast geizig und seine Energie ist ständig auf »sparen« gerichtet.

Natürlich hat dieses Verhalten auch positive Aspekte. Ich aber meine hier den Typ Unternehmer, der vor allem lieber zurückschreckt. Er will zwar ernten, aber nichts säen. Er sitzt und wartet auf Kunden, will aber weder Zeit noch Geld investieren, um auf sich aufmerksam zu machen.

Es liegt an seiner inneren Einstellung. Er denkt zu klein und kann sich schlecht vorstellen, in ein paar Jahren Millionär zu sein. Er kann sich nicht vorstellen, dass die Kunden ihm die Bude einrennen. Er hat kein Bild davon wie es sein wird, wenn Mitarbeiter nur deshalb bei ihm arbeiten wollen, weil das Unternehmen eine enorme Anziehungskraft hat. Er denkt hauptsächlich in Problemen, sieht eher Risiken als Chancen und übersieht so die eine oder andere sinnvolle Investition. Vorsichtshalber gibt er mal lieber weniger aus. Das kann nicht schaden.

2. Angeber und Übertreiber

Er schafft es mit Charme und Überzeugungskraft immer wieder, Investitionen zu tätigen für die weder eine sinnvolle Planung, noch das dafür nötige Geld vorhanden ist. Er investiert und investiert, ohne zu überprüfen, ob dies seinen unternehmerischen Zielen dienlich ist. Er fühlt sich groß und wichtig bei jeder Art von Investition. Eine Broschüre? Nein, es wird ein Magazin. Ein neues Auto? Nein, es wird eine Firmenflotte. Ein Büro für erst mal zehn Mitarbeiter? Nein, wir werden wachsen, die Mietfläche sind gleich mal 300 qm in der besten Gegend der Stadt. Alles wird übertrieben, spontan entschieden und dient immer eher dem eigenen Ego als der Firmenphilosophie. Er nutzt seine Zeit lieber für jegliche Art von Freizeitaktivitäten, als sich über einen längeren Zeitraum hinweg mit der Planung des Unternehmens zu beschäftigen. Er gibt die Zahlenplanung gleich mal an seinen Steuerberater, ohne sich vorher überlegt zu haben, wohin er wachsen möchte. Strukturen fehlen, es wird von Mal zu Mal entschieden, jedes Problem lässt sich wieder lösen. Mitarbeiter werden ein- und schnell wieder ausgestellt. Fahrzeuge werden geleast und zurückgegeben. Die Kosten, die dieses Verhalten mit sich bringen, werden abgetan mit: »Das kann ja mal passieren.« Alles passiert ohne Plan.

Er schafft es in Zeiten von Hochkonjunktur und Wirtschaftswachstum irgendwie die Mannschaft an Bord zu halten. In wirtschaftlich schwierigen Zeiten sind es zuerst die Gehälter, die nicht mehr bezahlt werden. Mitarbeiter kündigen, Banken bestehen auf die Rückführung der Kredite und fehlende Strategien machen sich jetzt nachhaltig bemerkbar.

Die Mischung macht's

Die meisten Unternehmer, die erfolgreich ein Unternehmen ins Wachstum gebracht haben, die Zeit und Geld haben, um sich auch privat ein gutes Leben zu ermöglichen, die neben Arbeit auch auf das persönliche Wohl und das der Familie bedacht sind, haben eines gemeinsam: **Sie sind geschickte Investoren.** Sie denken groß, fassen ihre Wünsche in Pläne und Strategien zusammen und tun alles dafür, ihre Vision zu verwirklichen. Sie sparen und investieren. Sie planen und ergreifen günstige Gelegenheiten. Sie sind geizig und investieren Zeit und Geld nur dann, wenn dies auch sinnvoll ist. Sie sind großzügig dort, wo die Großzügigkeit sinnvoll ist. Sie gehen Risiken nicht auf Kosten von anderen ein und sorgen verantwortlich dafür, dass das Team Teil eines funktionierenden Unternehmens bleibt. Sie investieren manchmal enorm viel Zeit für ein Projekt, vergessen darüber hinaus aber niemals ihr Ziel. Sie investieren immer da und dann, wenn es den unternehmerischen Zielen dient.

Erfolgreiche Unternehmer sind bedachte Investoren.

Sie passen Ihren Einsatz an Geld, Zeit und Energie ihren unternehmerischen Zielen an. Sie planen ihren Erfolg und investieren immer dann, wenn es Erfolg verspricht.

Investitionen, die sich lohnen

Alle Investitionen die zielführend sind, lohnen sich. Vielleicht denken Sie jetzt auch: »Das sagt sich so einfach. Aber welche sind das?«

Nachfolgend zeigen wir Ihnen eine sinnvolle Vorgehensweise, wie Sie mit dem Thema »Investitionen« Ihr Unternehmenswachstum sichern und ausbauen können.

Planen Sie – Vision, Ziel und Strategie

Vision, Ziel und Strategie: Schreiben Sie es unmissverständlich auf. Wie wollen Sie entscheiden, ob diese oder jene Investition für Ihr unternehmerisches Ziel lohnend ist, ohne genau zu wissen, was Ihr Ziel ist? Falls Ihre Strategie in diesem Jahr »10 Prozent mehr Neukunden« ist, gilt es andere Investitionen zu tätigen, als wenn Ihre Strategie in diesem Jahr »Mitarbeiterwachstum« heißt. Planen Sie Ihr Vorhaben. Nutzen Sie Ihre Marketing- und Businessplanung um Klarheit zu bekommen. So wird es leicht, Entscheidungen zu treffen oder rechtzeitig den finanziellen Spielraum zu sichern.

Computer, Software und Co.

Wie ist es bei Ihnen? Nutzen Sie alle technischen Tools in Ihrem Unternehmen optimal? Kennen Ihre Mitarbeiter die Möglichkeiten der Telefonanlage, Ihres CRM-Systems und die Besonderheiten Ihres IT-Umfeldes? Nutzen Ihre Verkäufer die angeschafften iPads im Verkaufsgespräch und kennen die Mitarbeiter die zeit- und kostensparenden Möglichkeiten Ihres neuen Kopiergerätes?

Die Realität sieht anders aus. Viele Unternehmen verwenden viel Geld für technisches Equipment, stellen dann aber nicht die nötige Zeit zur Verfügung, um diese auch zu nutzen. Die Listen für die Liquiditätsprüfung werden nicht erstellt, weil Excel so schwierig ist. Kopiert wird manuell, weil es Zeit benötigen würde, um die zeitsparende Kopier-, Loch- und Heftfunktion zu verwenden. Adressen werden per Hand eingefügt, weil niemand Zeit hat, sich mit der Serienbrieffunktion zu beschäftigen. Tablets werden angeschafft, aber niemand hat Zeit sich zielführend einzuarbeiten. Trotz neuester Telefonanlage wird jede Nummer manuell eingetippt. Beispiele gibt es zuhauf. Jede Investition in Technik ist sinnlos, wenn diese nicht für die Unternehmensziele eingesetzt wird.

Deshalb ist es bei jeder Anschaffung wichtig, sich die Frage zu stellen: Wie kann ich gewährleisten, dass die Technik optimal genutzt wird? Wer kann die Einarbeitung übernehmen, wie kann der Einsatz garantiert werden?

> Jede Investition in Technik macht die Investition in Zeit notwendig.

Stellen Sie Zeit und Geld für Schulungen, Einarbeitungszeit und internen Austausch zur Verfügung. Weisen Sie Ihre Mitarbeiter an, sich mit der zur Verfügung stehenden Technik ausführlich zu beschäftigen. Gehen Sie selbst mit gutem Beispiel voran. Benutzen Sie alles, was Sie besitzen sinnvoll.

Auch Ihr Kunde achtet auf Äußerlichkeiten. Wenn Sie IT verkaufen, möchte er sehen, dass Ihre Mitarbeiter auch verstehen, sie sinnvoll zu nutzen. Wenn Sie Effizienz verkaufen, jedes Blatt trotz eines Hochleistungskopierers per Hand kopieren, lochen und heften, wie kann er glauben, dass Ihr Produkt und die versprochene Effizienz bei ihm zum Tragen kommt? Wenn Sie technische Neuerungen verkaufen, diese aber selbst nicht nutzen, wie kann er glauben, dass der Kauf Sinn macht?

Kaufen Sie nichts, das Sie und Ihre Mitarbeiter später nicht nutzen. Keine Investition, die Sie tätigen, ist ein technisches Wunderding. Immer ist Zeit dafür nötig, um diese auch sinnvoll zu nutzen. Schließlich sollen doch alle Aufgaben möglichst effizient erledigt werden. Sinnlos Arbeitszeit zu vergeuden, ist sicher nicht Ihr Ziel.

Zahlenverständnis – eine Investition, die sich lohnt

Investieren Sie in Ihr Zahlenverständnis. Entweder Sie buchen einen Kurs, oder Sie investieren in monatliche Stunden mit Ihrem Steuerberater. Geben Sie nicht Ruhe, bevor Sie Ihre Finanzen verstanden haben. Legen Sie großen Wert darauf zu verstehen, was in Ihrem Unternehmen läuft, wie Sie dies beeinflussen und verbessern können. Jeden Euro, den Sie sinnlos ausgeben, kann für etwas anderes Zielführendes verwendet werden.

Zeit, ein knappes Gut

Investieren Sie in Ihre Freizeit. Übernehmen Sie mehr und mehr Ihre unternehmerischen Aufgaben. Geben Sie ab. Nutzen Sie Ihre Zeit, um die wichtigen Dinge zu tun. Verlassen Sie mehr und mehr den Quadranten der Notwendigkeit. Schnell gesagt, meinen Sie? Ja, das stimmt und doch ist Ihre Zeit eine der wichtigsten Investition, die Sie Ihrem Unternehmen zur Verfügung stellen können. Überdenken Sie immer wieder: Ist dieser Zeiteinsatz dem unternehmerischen Ziel dienlich? Bestimmt werden Sie sich wundern, wie sich Ihre Prioritäten durch diese Frage verändern.

Achten Sie auch darauf, dass Ihre Mitarbeiter die zur Verfügung stehende Arbeitszeit sinnvoll nutzen. In der Buchhaltung ist ein Buchungsfehler aufgetaucht. Es fehlen 5 Euro. Wenn das nicht zu häufig vorkommt, kann der Fehlbetrag ausgebucht werden. Das ist sicher wesentlich rentabler, als zwei Arbeitsstunden nach dem Fehler zu suchen. Eine halbe Stunde Tagesplanung schafft meist Freiraum. Es wird weniger vergessen, die wichtigen Dinge sind erledigt. Zu Meetings kommen Sie zu spät und alle müssen warten? Gehen Sie achtsam mit der Zeit Ihrer Mitarbeiter und ihrer eigenen um. Dies ist in jedem Fall eine sinnvolle Investition, die neben Wirtschaftlichkeit auch persönliche Zufriedenheit schafft.

Geld ausgeben – sinnvoll oder nutzlos?

Erfolgreiche Unternehmer denken voraus. Sie kennen ihr Jahresziel und verhalten sich entsprechend. Sie überprüfen bei Investitionen, ob es wirklich Sinn macht, im Hinblick auf unternehmerische Zielerreichung. Die Überlegung ist nicht: »Kann ich es kaufen?«, sondern: »Will ich es kaufen, macht das im Gesamtbild Sinn?«

So sind viele Fragen schnell beantwortet. Ein neuer Web-Auftritt wäre schön, aber im Moment sind wir mit Mitarbeiteraufbau beschäftigt und haben vier neue Arbeitsplätze geplant. Eine große Kampagne klingt verlockend, aber im Moment hat der Ausbau unserer Stammkunden Vorrang. Ein Umzug steht an. Ein neues Büro in bester Lage, das wäre toll. Da keinerlei Parteiverkehr in Ihrem Unternehmen herrscht, reicht sicher auch eine 1B-Lage. Die Kosten liegen pro Quadratmeter um 2 Euro niedriger. Die Büroeinrichtung kann eventuell gebraucht gekauft werden. Es gibt hier jede Menge Spezialanbieter, so lässt sich eine Menge Geld sparen. Müssen unbedingt neue Fahrzeuge für drei Jahre fest geleast werden? Würde es Sinn machen einen Gebrauchtwagen günstig zu finanzieren? Dieser kann dann jederzeit verkauft werden, falls es sich um ein Experiment handelt.

Was im Einzelnen in Ihrem Fall sinnvoll ist, ist immer mit Ihren Zielen und Strategien abzugleichen. In jedem Fall macht es Sinn, die Investitionen genau zu überlegen. Was passiert, wenn Sie diese Investition nicht tätigen? Sollte dies unwichtig für die Erreichung Ihrer Ziele sein, lassen Sie es. Falls es aber wichtig ist oder sein kann, investieren Sie, wohl überlegt.

Was schafft Wachstum

Eine weitere, wichtige Überlegung ist die Frage des Wachstums. Welche Investitionen werden Ihr Wachstum beschleunigen? Unternehmen machen manchmal den Fehler, nicht zu investieren. Da wird lieber jahrelang am Minimum entlang gelebt, statt einen Kredit oder Fremdmittel zu beantragen. Manche Investitionen sind einfach notwendig, wenn Sie wachsen wollen.

Verfügen Sie über alle Materialien und Werkzeuge, die ein effizientes Arbeiten möglich machen? Nachdem Ihr höchster Fixkostenblock das Personal darstellt, macht es Sinn, sich auch hier ein paar Gedanken zu machen. Sorgen Sie dafür, dass alle Mitarbeiter kostengünstig, zeiteffizient und gewinnbringend arbeiten können. Die Anschaffung eines Firmenfahrzeugs ist eventuell auf die Dauer von einem Jahr gerechnet wesentlich günstiger als der Zeitverbrauch bei Erledigungen mit dem öffentlichen Nahverkehr.

Überprüfen Sie den Zeit und Geldeinsatz im Falle einer Nicht-Investition. Falls Sie pro Jahr 200 Neukunden benötigen, wie lange wird es dauern, wenn Sie die Werbekampagne auslassen? Falls Sie innerhalb von 6 Monaten einen Marktanteil von 10 Prozent sichern möchten, wie lange wird es dauern, dies zu erreichen, wenn Sie das Budget für Marketingaktionen nicht erhöhen? Wenn Sie wachsen möchten und die erforderliche Zeit für Planung, Prozessoptimierung und Strategieumsetzung nicht einsetzen werden, wie lange wird es dauern, Ihr Ziel zu erreichen?

Auch Ihr persönliches Zeitbudget ist ein wesentlicher Faktor. Wie lange wird es dauern, Mitarbeiter produktiv einzusetzen, wenn Sie ihre Führungsqualitäten nicht ausbauen? Wie viel Geld wird es Sie auf Dauer kosten, wenn Sie statt zu planen jede Entscheidung spontan treffen müssen? Welchen privaten Zoll wird es fordern, wenn Sie für Familie, Gesundheit und Freunde keine Zeit einsetzen?

> Stellen Sie sich immer wieder die Frage: Welche Investition ist erforderlich, um mein Wachstumsziel zu erreichen?

Planen Sie und halten Sie sich daran. Sonst sind Sie in ein paar Jahren unzufrieden immer noch an der Stelle, an der Sie sich heute befinden. Wachstum erfordert Einsatz: Zeit, Geld und Energie. Wer wachsen will, muss investieren, auf die eine oder andere Art. Sonst bleibt alles beim Alten. Machen Sie es wie unsere Bauern: Erst pflügen sie, dann säen sie, dann pflegen sie, dann ernten sie. Eins nach dem anderen. Sie werden nicht schneller, wenn Sie die Reihenfolge verändern.

In Mitarbeiter investieren, lohnt sich das

Diese Frage stellen sich viele Unternehmer. Oder sie stellen sie sich eben nicht. Aus unserer Erfahrung lohnt es sich immer.

Das beginnt bereits bei der Bewerbung: Schreiben Sie die Stelle so aus, dass die Menschen sich bewerben, die zu der Aufgabe auch wirklich passen. Führen Sie Mitarbeitergespräche, finden Sie heraus, was Ihren Mitarbeitern wirklich wichtig ist. Es ist wesentlich einfacher, jemanden zu motivieren, wenn Sie wissen, wie Sie ihn motivieren können. Überprüfen Sie immer wieder: Sitzt der Mensch am rechten Platz? Studien zeigen auf, dass ungefähr 70 Prozent aller Angestellten innerlich bereits gekündigt haben. 70 Prozent, das ist doch verrückt. Sorgen Sie unbedingt dafür, dass Ihre Mitarbeiter zu den 30 Prozent gehören. Das sind die, die motiviert und gerne arbeiten. Wenn Sie gute Geschäftsergebnisse erreichen wollen, ist das der wichtigste Punkt.

Denken Sie daran, Humankapital lässt sich oft nicht messen, trägt aber maßgeblich dazu bei, dass Sie Ihre Ziele erreichen. Investieren Sie hier unbedingt Zeit und Geld. In eine wertorientierte Mitarbeiterführung, in Weiterbildung, Betriebsveranstaltungen, Gespräche und Personalentwicklung.

Ein Personalwechsel ist teuer: In der Zeit der Entscheidung wird nachweislich weniger gearbeitet, die Energie ist bereits im Vorfeld mit Bewerbungen und der Suche nach einem neuen Arbeitnehmer eingesetzt. Die letzten Wochen und Tage passiert oft nicht viel und ein neuer Mitarbeiter muss gefunden, eingestellt und eingearbeitet werden. So geht schnell in Summe ein Jahresgehalt verloren. Gerade jetzt, wo das Finden neuer Fachkräfte immer schwieriger werden wird, macht die Investition in Ihr Personal Sinn. Monetär und ethisch gleichermaßen.

Investitionen finanzieren

Nicht immer reichen die Rücklagen aus, um sinnvolle Investitionen zu tätigen. Die Zusammenarbeit mit Banken ist schwierig, es ist kaum möglich Kredite zu erhalten. Stimmt. Aber nur dann, wenn Sie Ihre »Hausaufgaben« nicht gemacht haben.

Unsere Erfahrung ist die, dass sich immer eine Bank findet, die finanzieren will, wenn die nötigen Entscheidungsgrundlagen auch geleistet werden. Hierzu zählt in erster Linie ein aussagekräftiger Business- oder Geschäftsplan. Zahlen aus der Vergangenheit bieten die Grundlage. Sorgen Sie also unter allen Umständen für eine gesunde Kontoführung. Zeigen Sie auf, wie sich die Unternehmenssituation derzeit darstellt, und malen Sie ein positives, realistisches Bild der Zukunft.

Jeder Banker überprüft: Vergangenheit, Gegenwart und Zukunft. Geben Sie ihm die nötigen Informationen, die er für seine Entscheidungsfindung benötigt. Nur dann kann er eine Entscheidung zu Ihren Gunsten treffen.

7 Investieren – aber richtig

Gehen Sie bereits in der Planungsphase zur Bank oder anderen Kreditgebern. Wenn Sie bereits Zahlungen zu tätigen haben, ist es oft zu spät. Die Finanzmittelbeschaffung braucht Zeit, das sollten Sie immer bedenken. Zeitlicher Druck führt oft zu einer negativen Entscheidungsfindung.

> Beschaffen Sie die finanziellen Mittel immer vor der Investition.

Prüfen Sie auch, ob staatliche Fördermittel für Sie zur Verfügung stehen. Auskunft geben hier die Banken, Unternehmensberater, spezialisierte Fördermittelberater, Steuerberater oder KfW und LfA. Regionalförderung, Zuschüsse der Staatregierung – Haben Sie alle Möglichkeiten geprüft? Es gibt vergünstigte Darlehen, Risikoabsicherung oder auch »verlorene Zuschüsse«. Das sind Beihilfen, die nicht zurückbezahlt werden müssen.

Es lohnt sich nachzufragen bei: Innovationen, technischen Neuerungen, Schaffung von Arbeitsplätzen, dem Bau eines Unternehmensgebäudes, Ausbau und Wachstum. Fragen Sie nach. Nicht immer passen die Programme, aber wenn, dann lohnt es sich in jedem Fall.

Lernen aus der Praxis:

Ein Handwerksmeister kam zu mir, nachdem er nahe dem Burnout stand. Seine Tage hatten 14 Stunden, seine Wochen 7 Tage. Urlaub, daran war im Moment nicht zu denken und die finanzielle Situation war dazu noch sehr angespannt.

Er hatte sich vor 7 Jahren alleine als Elektriker selbstständig gemacht und wollte ein professionelles Unternehmen auf die Beine stellen. »Was gekauft wird, muss bezahlt sein«, das war sein Grundsatz, der ihm schon oft im Leben sehr geholfen hatte.

So verhielt er sich auch als Unternehmer. Schon von Anfang an lief das Geschäft. Die Werkzeuge und einen Wagen konnte er aus seinen privaten Rücklagen decken, sein Lager und Büro konnte im Wohnhaus untergebracht werden, seine unternehmerischen Fixkosten waren gering. Ohne Werbung zu machen, kamen die Kunden über Empfehlungen zu ihm. Oft kleine Aufträge, aber seine Tagen waren ausgefüllt. Nach dem ersten Jahr war genügend verdient, um einen Gesellen einzustellen. Er freute sich, dass das so schnell ging und hatte auch bald den richtigen Mitarbeiter gefunden.

Wie der Zufall es so will, wurde er einer Hausverwaltung empfohlen. Preislich konnten sie sich gut einigen und so hatte der Elektromeister einen festen Auftrag für 24 Mehrfamilienhäuser in der Tasche. Aufzugwartung, kleinere Reparaturarbeiten im Haus und bei den Mietern und Eigentümern wurden von ihm erledigt. Der Geselle machte Überstunden, er selbst erledigte Büroarbeiten und Auftrags- und Rechnungserstellung am Abend und an den Wochenenden. Die Eigentümergemeinschaften waren zufrieden und so kam es, dass eine weitere Empfehlung zum Auftrag wurde. Auch die privaten Aufträge nahmen zu. Hier eine Lampe installieren, dort einen neuen Sicherungskasten einbauen. Viele Ansprechpartner, viele Absprachen, viel Aufwand, lange Wege, wenig Gewinn.

Er fuhr von Projekt zu Projekt, arbeitete noch schneller und mehr. Er hatte inzwischen vier weitere Gesellen eingestellt und das Geschäft lief. Leider blieb nichts hängen. Die Kunden zahlten, aber die vielen kleinen Aufträge verursachten einen enormen Zeitaufwand und es konnten nur kleine Beträge in Rechnung gestellt werden. Er hatte nur ein Fahrzeug, das mussten sie sich teilen, beziehungsweise die Elektriker wurden gefahren. Kaufen wollte er erst dann, wenn genügend Geld auf dem Konto lag. Werkzeug und Maschinen konnten angeschafft werden, aber für zwei neue Lieferwagen reichte das Geld augenscheinlich nicht.

7 Investieren – aber richtig

Der Meister arbeitete immer mehr. Mehrere Jahre führte er weder eine Wunschkundenliste noch nahm er sich die Zeit, um die Aufträge nach zu kalkulieren. Er investierte das meiste seiner Zeit in eine ordentliche Abwicklung. Strategieentwicklung, Mitarbeiterführung und Finanzen jedoch hatte er überhaupt nicht im Blick. Das Schlimmste war: Er hatte keine Zeit mehr für die Planung der eingehenden Aufträge. Dringlichkeit war sein ständiger Begleiter. Er investierte Zeit und Geld immer nur da, wo es am dringendsten war.

Zu Beginn der Beratung war der Unternehmer irritiert. Es verwirrte ihn, als ich ihm vorschlug, mich zusammen mit ihm um seine Investitionen zu kümmern. Was er brauchte, war doch mehr Zeit. Das war doch der Grund, warum er Unterstützung suchte.

Natürlich hätten wir damit beginnen können, sein Zeitmanagement zu optimieren. Mehr Zeitfenster öffnen. Aber was wäre passiert? Er hätte vermutlich noch mehr Zeit zur Verfügung gehabt, dringende Aufgaben zu erledigen. Letztlich wäre dies sicher kontraproduktiv gewesen im Hinblick auf seinen ehrlichen Wunsch zu wachsen.

So begannen wir damit, sein Ziel schriftlich zu definieren, daraus eine Strategie zu entwickeln und dann danach zu suchen, was die richtigen Wege dorthin sein können.

Der Unternehmer hatte erkannt, dass Wachstum auch von der Art und Weise seiner Investitionen abhing. Wie setzte er seine Ressourcen, Zeit und Geld bisher ein? Wie könnte er es so gestalten, dass seine Investitionen das Wachstum möglich machen, statt es zu bremsen?

Wir erarbeiteten im Laufe von drei Monaten einen Geschäftsplan für die nächsten drei Jahre. So begann er, Zeit für seine Zukunftspläne zu investieren. Ein Resultat daraus war die Anschaffung von vier ausgestatteten Lieferwagen für die Mitarbeiter über einen geplanten Kredit. So konnten 4 Teams gebildet werden, die zusammen die Aufträge erledigten und entsprechend mobil waren.

Eine wesentliche Änderung im Büro war, dass er abends die Pläne für den nächsten Tag ausarbeitete. Morgens um 6.45 Uhr teilte er seine Mitarbeiter entsprechend ein und schickte sie los. Von 7.30 bis 9.00 Uhr investierte er seine Zeit ausschließlich in Akquise und Stammkundenpflege. Eine Überprüfung seines Deckungsbeitrages ergab, dass es bestimmte Hausverwaltungen gibt, die gute Kunden für ihn waren. Allerdings waren das die, die Eigentumswohnanlagen ab 50 Einheiten verwalteten. Diese sprach er konkret an und konnte auch Erfolge mit seiner Akquise verbuchen. Diese Investition seiner Zeit hatte sich gelohnt.

Im Bereich Marketing stellte sich heraus, dass es sinnvoll war, hier in einige Aktionen zu investieren. Seine Fahrzeuge wurden beschriftet und die Beschilderung am Büro optisch aufgewertet. Kunden erhielten mit der Rechnung einen Flyer, aus dem alle Leistungen ersichtlich waren und die Internetseite konnte durch eine passende Agentur angepasst werden. Statt sich weiter »klein, klein« darzustellen hat er im Laufe des Jahres dafür gesorgt, dass er als professioneller Partner in Sachen »Elektro« wahrgenommen wurde. Seine Mitarbeiter wurden geschult, so dass sie sich in Privathaushalten auf die Auftraggeber einstellen konnten und das eine oder andere Zusatzgeschäft mit verkaufen konnten.

Für das Wachstum des Unternehmens hat sich der Inhaber einen Partner gesucht. Ein junger Elektromeister, der wie er den Elan hatte, ein größeres Unternehmen zu führen. So konnte er mit der Einlage einiges anschaffen und die Kredite bei der Bank klein halten.

Rückblickend ist ihm klar geworden, dass die fehlende Investitionsbereitschaft der maßgebliche Grund für seinen Stillstand war. Seine Überzeugung, unbedingt zu sparen, führte zu ständiger Überarbeitung. Gleichzeitig konnte er sich mit dieser Verhaltensweise nicht um das Führen, den Ausbau und die Vergrößerung des Unternehmens kümmern.

Inzwischen haben die beiden ein eigenes Geschäft angemietet und eine Ladenfläche eingerichtet. Es wurde bei der Strategieplanung schnell klar, dass neben der Handwerksleistung mit dem Handel von Elektroprodukten eine gute Marge erzielt werden kann. So verkaufen die beiden heute Lampen und Lichtkonzepte und alles Zubehör mit steigendem Erfolg. Er bedient mehr und mehr »Häuslebauer«, die Aufträge liegen hierbei bis zu 80 000 €. Er hebt sich vom üblichen Elektroinstallateur ab, indem er nicht nur Elektroleitungen und Sicherungskästen einbaut. Er setzt sich mit den Bauherren zusammen und entwickelt zusammen mit ihnen Projekte, die den Wohnwert erheblich steigern. Da er auch die dazugehörigen Bauteile und Produkte mit verkauft, bringt jeder Auftrag ihm Einkünfte durch die handwerklichen Leistungen und die Marge aus dem Handel. Für alle Beteiligten ein lohnendes Geschäft.

Die Firma hat inzwischen 29 Mitarbeiter und 4 Auszubildende. Die Zusammenarbeit klappt prima. Jede Woche wird die zeitliche Investition geplant und jährlich setzen sich die beiden Partner zusammen, um den Geschäftsplan für das kommende Jahr anzupassen und die dafür wichtigen Investitionen in die Wege zu leiten.

Die Beratung hat sich gelohnt. Neben einem großen Verständnis für »Investition« haben beide Unternehmer Zeit für Familie und Beruf, was auch dem Unternehmen sehr zugutekommt.

Der Zeitmangel hat sich gelöst, nachdem der Investitionsstau beseitigt wurde. Seine Regel für Wachstum: »*Investieren Sie täglich 15 Minuten Ihrer Zeit in Ihre Investitionsvorhaben, das ist die Grundlage für gesundes Wachstum.*«

Wer wachsen will, muss investieren: Zeit, Geld, Kontakte und Know-how.

Wir erleben in unserer Beratungspraxis immer wieder, dass offensichtlicher Zeitmangel auf einem falschen Einsatz der Zeit basiert. Unternehmer, die nahezu ausschließlich als Fachkraft tätig sind, schaffen es nicht, sich objektiv mit dem Wachstum und den dafür erforderlichen Ressourcen zu beschäftigen. Unser Rat an Sie: Nutzen Sie Zeit für die Planung. Nehmen Sie Ihre Rolle als Unternehmer ein. Auch wenn es unmöglich scheint – Aufträge warten, Mitarbeiter sind zu langsam, wichtige Kunden warten –, sobald Sie Ihre eigene innere Einstellung auf Wachstum programmieren, wird es Ihnen leichter fallen.

> Wachstum ist immer auch eine Entscheidung. Eine Entscheidung, die Konsequenzen hat. Ihre Zeit wird für die Führung benötigt. Ihr Geld für wichtige Investitionen.

Jetzt sind Sie dran

Was ist Ihr Ziel im laufenden Jahr?

_____

Was Ihre Strategie?

_____

Tragen Sie Ihre voraussichtlichen Investitionen ein. Immer unter Berücksichtigung Ihrer Ziele und Strategien.

Was?	Wodurch?	Bis wann?	Von wem?	Nutzen der Investition
Beispiel: Anschaffung einer zusätzlichen Maschine XY	20 Prozent Eigenkapital, Rest Hausbank plus Fördermittel	Kauf am 30.6.	Inhaber	10 % Effizenzsteigerung
Wachstumsstrategie entwickeln	Im Oktober 2 Tage pro Woche	15. November	Inhaber plus Steuerberater	Leitfaden für die kommenden Monate

Was hat in der Vergangenheit Ihr Wachstum behindert?

Später sehen wir oft klarer. Überprüfen Sie mit nachfolgender Liste, was rückblickend sinnvolle Investitionen für Ihr Wachstum gewesen wären.

Zeit:

Geld:

Know-how:
_____

Kontakte:
_____

Welche Investitionen dienen künftig Ihrem Wachstum?

Sie kennen Ihre Vision, Ihre Ziele, Ihre Strategie? Welche Investitionen stehen an?

Zeit:
_____

Geld:
_____

Know-how:
_____

Kontakte:
_____

Welche Investitionen wären sinnvoll, aber Sie haben sich dagegen entschieden? Warum?

Es gibt Entscheidungen, die wollen nicht getroffen werden. Sie wissen, es wäre sinnvoll, größere Räume zu mieten, wollen aber nicht. Warum? Es ist gut, auch diese Punkte aufzuschreiben. So wissen Sie, was Sie abhält. Sie erkennen Ihre Ängste und Sorgen und finden, nachdem Sie darüber nachgedacht haben, doch Wege zur Investition. Wussten Sie beispielsweise, dass es für größere Investitionen, die mit der Schaffung von Arbeitsplätzen verbunden sind, nicht rückzahlbare Fördermittel geben kann? Oder vielleicht entdecken Sie plötzlich, dass Ihre Mitarbeiter an einem Beteiligungssystem interessiert sind.

Zeit:
_____

Geld:
_____

Know-how:
_____

Kontakte:
_____

Die fünf wichtigsten Tipps für Ihre Prozessentwicklung

Tipp 1	Lassen Sie dem Zufall keine Chance. Planen Sie Ihre Investitionen immer schriftlich unter Bezugnahme Ihrer Ziele.
Tipp 2	Denken Sie nicht darüber nach, was Sie gerne hätten, sondern denken Sie darüber nach, welche Investition für Ihr Wachstum wichtig ist.
Tipp 3	Nutzen Sie möglichst viel Ihres Zeitfensters in Ihrer Unternehmer-Rolle. Aufgaben abarbeiten können auch andere, Ihr Unternehmen führen nur Sie. Ihre Zeit ist die wichtigste Investition in eine glückliche Zukunft.
Tipp 4	Informieren Sie sich in Bezug auf Fördermittel, Beteiligungsmodelle, Crowdfunding und andere Möglichkeiten, um Kapital zu beschaffen.
Tipp 5	Falls Sie größere Investitionen scheuen, überprüfen Sie die Möglichkeiten von Gebrauchtkauf, Mieten oder Leasen. Sie schonen die Eigenkapitaldecke und helfen manchmal auch beim Steuersparen. Sprechen Sie regelmäßig mit Ihrem Steuerberater über diese Themen.

3 Mitarbeiter – gemeinsam stark

Mitarbeiter und alle, die mit arbeiten

- Definition
- Mitarbeiter, Ihr wertvollstes Kapital
- Lernen aus der Praxis
- Jetzt sind Sie dran
- Die fünf wichtigsten Tipps für Mitarbeiter die gerne bleiben

Definition

- Ein Mitarbeiter ist eine Arbeitskraft, die fest im Unternehmen angestellt ist. Die Unterscheidung von Angestelltem und Arbeiter verliert immer mehr an Bedeutung. So sind Mitarbeiter oder Beschäftigte die Personen, die miteinander arbeiten und von einem Unternehmen entsprechend einer getroffenen Vereinbarung entlohnt werden.
- Im weiteren Sinne sind Mitarbeiter auch Personen, die mit dem Unternehmen zusammen arbeiten. Also auch Steuerberater, Kooperationspartner oder Banker. Wir sprechen hier von Kooperationspartnern, die für ihre Tätigkeit entlohnt werden.
- Unter freien Mitarbeitern verstehen wir Menschen oder Unternehmen, die projektbezogen für Sie arbeiten. Entweder, weil sie Ihre Leistung, nicht aber Ihre gesamte Arbeitszeit benötigen oder weil sie das Know-how für ein bestimmtes Projekt, es nicht aber für den alltäglichen Ablauf ständig benötigen.
- Auch Kunden und Partner, die das Unternehmen, das Produkt oder die Dienstleistung empfehlen tragen zum Erfolg bei. Sie tun dies in der Regel ohne finanzielle Entlohnung, aber auch sie tun dies selten aus altruistischen Beweggründen. Meist erwarten sie Anerkennung von der Seite des Unternehmens oder der empfohlenen Person.

Wir betrachten in diesem Kapitel alle Personen, die in irgendeiner Form dazu beitragen, dass Sie als Unternehmer in einem gewinnbringenden Umfeld den Erfolg Unternehmenserfolg erhalten oder erhöhen.

Mitarbeiter – Ihr wertvollstes Kapital

Zufriedene Mitarbeiter sind gut fürs Geschäft

In dem Moment, in dem Sie entscheiden: Mein Unternehmen soll wachsen, werden Sie sich mit dem Thema Mitarbeiter beschäftigen müssen, ob Sie wollen oder nicht. Vielleicht haben Sie erste Erfahrungen gemacht. Vielleicht wissen Sie bereits, dass es ohne weitere Mitarbeiter nicht klappen wird und wissen nicht, wie Sie es angehen sollen. In jedem Fall macht es Sinn, sich mit dem Thema zu beschäftigen, damit Sie künftig zu den Arbeitgebern gehören, die von sich sagen können: »Meine Mitarbeiter sind mein wertvollstes Kapital und das ist gut so.«

Es stellt sich die Frage, wer ist es eigentlich, der zum Erfolg meines Unternehmens beiträgt. Muss das Personal immer gleich aufgestockt werden und wer tut etwas für mein Unternehmen und sollte auch entsprechend betreut und informiert werden.

Fest angestelltes Personal erhöht immer auch die Kosten erheblich und zwar langfristig. Deshalb macht es Sinn, sich genau zu überlegen, wer soll eingestellt werden und wofür. Eventuell ist es auch vorerst ausreichend, andere Möglichkeiten zu nutzen.

Um gezielter entscheiden zu können, werden wir im nachfolgenden das Thema Mitarbeiter genauer betrachten und Ihnen unterschiedliche Möglichkeiten an die Hand geben.

Abbildung 31: Es sind viele, die zum Erfolg beitragen.

Fest angestellte Mitarbeiter

Die Konjunktur ist gut, das Unternehmen wächst, die Auftragsbücher werden dicker. Zukunftsforscher sagen voraus, dass bis zum Jahr 2025 die verfügbaren Arbeitskräfte zwischen 30 und 45 Jahren mindestens um ein Viertel weiter abnehmen werden. Schon seit einigen Jahren sind mehr als 50 Prozent aller Arbeitnehmer älter als 40 Jahre. Gute Leute können sich aussuchen, wo und für wen sie arbeiten möchten. Also wird es Zeit, sich von Anfang an gut als Arbeitgeber aufzustellen. Der neue Begriff dafür heißt: Employer Branding. Personalmanagement wird also mehr und mehr zum Marketinginstrument, ohne die richtigen Mitarbeiter wird es nicht gelingen, ein erfolgreiches Unternehmen weiter ins Wachsen zu bringen.

Der Mitarbeiter aber ist ein kompliziertes Wesen, das ständig Lob und Anerkennung braucht. Er will geschätzt und motiviert werden, möchte seine Stärken leben und erwartet einen fairen Umgang. Er will gesehen und gehört werden und möchte am Ende des Tages zufrieden sein. Er will stolz auf seinen Arbeitsplatz sein und mit seinen Kollegen ein glückliches Miteinander pflegen. Er will möglichst viele freie Tage genießen und für seine Arbeit besondere Wertschätzung erfahren. Am Ende wünscht er sich natürlich durch seinen sicheren Arbeitsplatz auch noch eine reiche Entlohnung.

Kann ein einzelner Mensch, der Chef eines Unternehmens, das alles leisten? Ist es für Sie als Unternehmer machbar, Ihre Mitarbeiter rundherum zufriedenzustellen? Das ist eine echte Herausforderung, vor der Sie da stehen. Kein Wunder, dass viele Unternehmer sich vor dieser weiteren Verantwortung scheuen. Es geht aber auch anders, wie viele erfolgreiche Unternehmen beweisen.

Lob und Wertschätzung ist sicher wichtig. Was Menschen aber wirklich bewegt, hängt vom Typ ab. Der eine will unbedingt die Aussicht auf mehr Verantwortung, der andere einen bestimmten Kunden betreuen. Wer seinen Mitarbeitern etwas Gutes tun will, muss ihnen die Aussicht auf sinnvolle und zufriedenstellende Arbeit ermöglichen.

Es macht aber Sinn herauszufinden, was mögliche Mitarbeiter wirklich nachhaltig motiviert: Die richtigen Mitarbeiter zu beschäftigen bringt Erfolg. Die falschen kosten Geld. Viel Geld. Grund genug, sich bereits im Vorfeld Gedanken zu machen.

In meiner Beratung kommen immer wieder Unternehmer zu mir, die mit und durch ihre Mitarbeiter Probleme haben. Es passieren zu viele Fehler, die Arbeitnehmer bringen sich nicht ein, im Team gibt es immer wieder Probleme und vieles mehr. Oft genug zeigt sich, dass der Fehler bereits vor der Einstellung passiert ist. Es wurden die falschen Mitarbeiter eingestellt. Im Vorfeld wurde nicht darauf geachtet, wie die freie Stelle wirklich besetzt werden muss. Sicher ist, wer im Vorfeld nicht genau überlegt, was und wen er sucht, muss nehmen, was kommt.

Selbstverständlich haben Unternehmer oft Recht die sagen, Mitarbeiter sind teuer und bringen nicht das gewünschte Er-

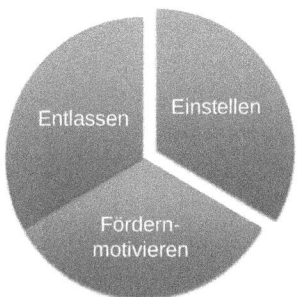

Abbildung 32: Die drei Phasen eines Mitarbeiters im Unternehmen. Das Einstellen bedarf besonderer Aufmerksamkeit.

gebnis. Das ist schade, denn ohne Mitarbeiter wird ihr Wachstum auf Dauer nicht gelingen. Machen Sie es anders. Nehmen Sie sich die Zeit, um bereits vor der Suche genau zu definieren, wen Sie suchen. Es lohnt sich. Der richtige Mensch am rechten Platz unterstützt Sie in Ihrem Streben nach Wachstum.

Einstellen – das richtige Profil von Anfang an

Welche Stelle soll besetzt werden? Über welche Qualifikationen muss der neue Mitarbeiter verfügen? Was soll ihm Freude machen? Wie muss er denken? Was muss er mögen? Wie soll er sich einbringen? Was darf er kosten? Was muss er lernen?

Fertigen Sie eine genaue Stellenbeschreibung an. Machen Sie sich die Mühe, es lohnt sich. Überprüfen Sie anhand der Stellenbeschreibung, ob Sie eine *Sachbearbeiterin* oder eine *Assistenz der Geschäftsleitung* benötigen. Eine gute Möglichkeit hier sensibler zu werden, ist es, Stellenausschreibungen zu lesen. Sie werden schnell merken, ob der Titel des Jobs zu dem Tätigkeitsfeld und der Firmenbeschreibung passt. Wenn Fehler bei der Einstellung passieren, dann meistens schon an dieser Stelle.

Natürlich meldet sich eine kreative, tatkräftige, aktive Person auf eine Anzeige »*Assistenz der Geschäftsleitung gesucht*«. Sie vermutet einen abwechslungsreichen Alltag, geht davon aus, eigenständige Entscheidungen zu treffen und erwartet ein hohes Gehalt. Das sorgt für Arbeit und Frust. Bei der Sichtung der Bewerbungsunterlagen fragen Sie sich vielleicht, wer bewirbt sich da? Laden dann aber dennoch einige Bewerber zum Vorstellungsgespräch ein. Die Gespräche sind zäh und so richtig überzeugt Sie niemand. Aber – es gibt ja nichts anderes. Also stellen Sie ein. Eigentlich hätten Sie jemanden gesucht, der das Tagesgeschäft abarbeitet und durch das Verwalten der Akten dem Chef den Rücken freihält. Ihre Anzeige hat die falschen Bewerber angelockt. Das muss nicht sein.

Suchen – auf den richtigen Ton kommt es an

Wenn Sie also herausgefunden haben, dass Sie jemanden suchen, der:

- zuverlässig ständig wiederkehrende Aufgaben abarbeitet,
- Projekte mit Hilfe von Checklisten bearbeitet,
- Am Telefon freundlich vermittelt,
- Angebote nach Vorgabe erstellt,
- Buchhaltungsbelege sortiert und ablegt,
- Regelmäßige Veranstaltungen organisiert,
- …,

dann wissen Sie, dass Sie jemanden benötigen, der Struktur und Wiederholung mag, der Sicherheit gewinnt, wenn er genau weiß was er zu tun hat. Dieser Mensch mag Bewährtes und kann sich gut an Termine und Vereinbarungen halten. Er bekommt Stress, wenn zu viel Neues auf ihn zukommt und ihm niemand sagt, wie die Aufgabe erledigt werden soll.

Vermutlich sind Sie selbst aber jemand, der Chancen mag, kreativ ist und den Neues sehr interessiert. Natürlich, sonst wären Sie kein Unternehmer. Deshalb ist es wichtig, erst eine Stellenbeschreibung anzufertigen und erst im Nachgang eine Anzeige oder eine Suchanzeige zu formulieren. Sonst passieren Fehler, die Sie vermeiden können.

Vorsicht:

»Innovatives, zukunftsorientiertes Unternehmen sucht ASSISTENZ DER GESCHÄFTSLEITUNG (m/w) Als rechte Hand unseres Geschäftsführers halten Sie das Büro am Laufen. Zu Ihren Stärken zählen ein Organisationstalent mit einem hohen Maß an Selbstständigkeit und eigenverantwortlichem Denken und Handeln. Ausgeprägte Kommunikationsfähigkeiten und ein überzeugendes Auftreten mit diplomatischem Geschick wären von Vorteil. Wir bieten flexible Arbeitszeiten und erfolgsorientierte Bezahlung. Über Ihre innovative Onlinebewerbung freut sich das kreative Team von: firma_mustermann.kreativ«

Dieses Stellengesuch gefällt Ihnen als innovativem Unternehmer vielleicht, spricht allerdings sicher niemanden an, der Sicherheit, Struktur und Verlässlichkeit braucht, um motiviert zu arbeiten. Also die Personen, die Sie sich wünschen und die die gewünschte Stelle optimal besetzen könnten.

Besser wäre:

Firma Mustermann ist ein überregional tätiges Unternehmen in Augsburg und blickt mittlerweile auf eine 20-jährige Firmengeschichte zurück.

Zum nächstmöglichen Zeitpunkt suchen wir Sie als **Büroassistentin.**

IHRE AUFGABEN
- Büroorganisation einschl. Reiseplanung, -buchung sowie -abrechnung
- Organisatorische Vor- und Nachbereitung von Meetings
- Inhaltliche Vor- und Aufbereitung von in- und externen Veranstaltungen
- Erledigung der anfallenden Korrespondenz
- Dokumentenmanagement

IHR PROFIL
- *Abgeschlossene kaufmännische Ausbildung und erste Berufserfahrung*
- *An strukturiertes Arbeiten gewöhnt*
- *Persönlichkeit mit Loyalität, Diskretion und Zuverlässigkeit*
- *Sehr gute MS-Office-Kenntnisse*

Haben wir Ihr Interesse geweckt? Dann freuen wir uns auf ihre vollständige Bewerbung, versehen mit Ihrem möglichen Eintrittstermin.

An: Firma Mustermann, z.Hd. Frau Muster, Adresse

Diese Anzeige spricht die Person an, die Sie suchen. Darunter kann eine Sachbearbeiterin, Bürofachkraft sich etwas vorstellen. Es sind die Reizwörter enthalten, die eine sicherheitsbewusste, klar strukturierte und langfristig denkende Person auch ansprechen. Denken Sie immer daran: »Der Köder muss dem Fisch schmecken und nicht dem Angler« und üben Sie sich bei der Stellenausschreibung darin, die Texte so zu formulieren, dass auch die geeigneten Personen sich angesprochen fühlen. Erfahrungsgemäß bewerben sich dann auch die Suchenden, die langfristig zufrieden sind mit der Stelle, die es zu besetzen gilt.

Wie schaffen Sie es, Ihre Mitarbeiter nachhaltig zu fördern und zu motivieren, so dass sie sich in Ihrem Unternehmen wohlfühlen?

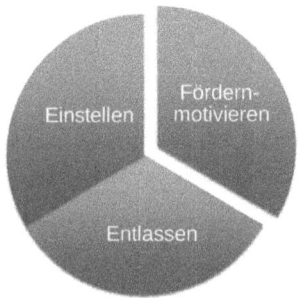

Abbildung 33: Mitarbeiter müssen zielgerichtet gefördert und motiviert werden, um nachhaltigen Erfolg zu sichern.

Die Vorteile sind offensichtlich:

- Sie sparen sich ständige Neuanstellungen.
- Die Prozesse laufen reibungsfrei.
- Kunden und Partner haben eine Beziehung aufgebaut.
- Know-how bleibt im Unternehmen.
- Sie können sich auf Wachstum statt auf Ersatz konzentrieren.
- Sie können Ihre Mitarbeiter einschätzen und wissen, was Sie haben.
- Sie sparen sich Geld, Zeit und Nerven.

Führung braucht sicherlich Methode

Aber sie ist keine Wissenschaft, Psychotherapie oder Religion. Es ist sehr dienlich, wenn Sie sich mit Führungstechniken beschäftigen. Das verschafft Ihnen ein größeres Spektrum an Handlungskompetenz. Sie lernen sich selbst besser kennen und wissen bewusst um Ihre eigenen Stärken und Schwächen. Allerdings gibt es leider bis heute keine Technik, die bei allen Menschen und zu jeder Zeit funktioniert. Es gibt kein Patentrezept, wie Sie alle Mitarbeiter immer glücklich machen, leider. Arbeitsforschung, Soziologie und Psychologie können bis heute keine allgemein gültige Führungsmethode anbieten, die alle Führungsfragen beantwortet. Mitarbeiter und damit Menschen bleiben kompliziert, wie sie es schon immer sind und waren. Dem gilt es Rechnung zu tragen, auch das ist eine Art von Wertschätzung.

Finden Sie die Methoden heraus, die bei Ihnen funktionieren. Überprüfen Sie die Motive Ihrer besten Mitarbeiter. Was schätzen sie? Wie haben Sie es geschafft, dass diese Menschen sich mit dem Unternehmen identifizieren? Welche Maßnahmen haben dazu geführt, dass diese Mitarbeiter ein Gewinn für das Unternehmen sind?

Sie werden es nicht schaffen, als Chef in die Herzen und Hirne Ihrer Leute zu sehen. Es ist utopisch zu glauben, die wirklich wahren Ängste und Bedürfnisse aller zu verstehen. Das ist auch nicht nötig. Wichtig ist es, die Strukturen zu erkennen und darauf zu reagieren. Es geht nicht darum, eine neumodische wissenschaftliche Hypothese zu realisieren. Für Sie, als Unternehmer geht es einzig und allein darum, dass Ihre Mitarbeiter mitarbeiten und zu Ihrem Erfolg beitragen. Weder die Zuckerbrot- und-Peitsche-Methode, noch intrinsische Motivationstheorien sind ein Allheilmittel. Praktische Menschenführung in Ihrem Betrieb ist die Herausforderung, die es zu meistern gilt.

Wer seinen Mitarbeitern wirklich etwas Gutes tun will, muss ihnen die Möglichkeit bieten, Arbeiten zu verrichten, die ihnen sinnvoll und befriedigend erscheinen. Fragen Sie in regelmäßigen Mitarbeitergesprächen die Zufriedenheit ab und fordern Sie Verbesserungsvorschläge ein. Überzeugen Sie Ihre Leute davon, dass Sie Ihre Fähigkeiten schätzen. Zeigen Sie ihnen Entwicklungsmöglichkeiten auf, so sie diese denn auch wollen. Lob und Anerkennung ist zwar wichtig, aber nicht für alle unerlässlich. Wichtiger ist für manchen die Möglichkeit Verantwortung zu übernehmen oder einen Karrieresprung zu schaffen.

Jeder Mensch kann motiviert werden

Die große Herausforderung liegt darin, zu wissen, dass jeder Mensch andere Motive, Ängste und Bedürfnisse hat und somit auch die meisten Mitarbeiter anders behandelt werden müssen, um ihre Qualitäten zu optimieren. Gehen Sie in keinem Fall davon aus, dass das, was Ihnen guttut, identisch mit dem ist, was andere von Ihnen erwarten. Alleine die Tatsache, dass Sie Chef eines wachsenden Unternehmens sind, zeigt, dass Sie in jedem Fall völlig andere Sensoren haben als Ihre Mitarbeiter. Selbstbestimmung und Eigenverantwortung sind sicherlich auch Ihre Motive. Ihre Mitarbeiter hingegen haben sich für eine feste Anstellung entschieden. Sie müssen selbst entscheiden, wohin die Reise geht, Ihre Angestellten sollten den Weg mit Ihnen gehen wollen. Was also für Sie spannend, interessant oder gar sinnstiftend scheint, ist bestimmt für einige Ihrer Mitarbeiter nur einfach eine weitere Veränderung, die eventuell vermieden werden kann. Sie müssen den Blick auf die Zukunft richten, Ihre Mitarbeiter sollten die Aufgaben von heute gewinnbringend erledigen. Die Wahrnehmung ist meistens völlig unterschiedlich und muss so auch gesehen werden.

- Sie benötigen wenig Lob, weil Sie selbst wissen was gut geklappt hat?
- Sie gehen tatkräftig nach vorne und haben die Zukunft im Blick?
- Sie können alleine gut entscheiden?
- Sie fühlen sich motiviert, wenn neue Projekte gut anlaufen?
- Sie wünschen sich ein Gegenüber, das eigenverantwortlich tut, was zu tun ist?

Was brauchen Ihre Mitarbeiter?

Wenn Mitarbeiter anders denken als Sie, anders zu motivieren sind als Sie, andere Werte haben als Sie – wie können Sie dennoch zielgerichtet führen? Wir bedienen uns einer einfachen Struktur, die Ihnen im Folgenden mögliche Unterschiede aufzeigt. Es handelt sich um unterschiedliche Persönlichkeitsanteile, die mit unterschiedlichen Filtern einhergehen. Das heißt, Menschen verfügen über eine bestimmte gedankliche Ausrichtung, die auch ihre Werte und Interessen bestimmen. Sie ist sicher nicht vollständig, hilft aber dabei, schnell herauszufinden, was Menschen interessiert und womit sie zu motivieren sind:

A	D
tatsachenorientiert	innovativ – visionär
logisch – kritisch	integrierend – verbindend
rational – exakt	zukunftsorientiert – chanceninteressiert
analytisch – genau	überzeugend – risikofreudig

B	C
strukturiert – geplant	teamorientiert – emotional
ordentlich – bürokratisch	mitteilsam – helfend
detailliert – genau	mitfühlend – empathisch
konservativ – bewahrend	sinnstiftend – heilend

A – eher »Kopflastig«

→ Zahlen/Fakten orientiert was logisch ist, macht Sinn, kurze Sätze, wenig Austausch mit anderen, arbeiten alleine zufrieden und produktiv, lieben Effizienz und beschäftigen sich lieber mit Dingen als mit Menschen, Zukunft oder Vergangenheit egal – wenn es logisch ist und Sinn macht, können mit Hilfe von Zahlen und Tabellen entscheiden → Ihnen gefallen: klare, kurze Zielvorgaben, kurze effiziente Meetings, wenig Kommunikation während der Arbeitszeit, klar messbare Ergebnisse – dazu gehört auch ein messbar gutes Gehalt → geeignet und zufrieden als: Controller, Einkäufer, Projektentwickler, Finanzchef, klar eingegrenztes Aufgabengebiet → Vorsicht: ihnen ist egal, was andere von ihnen denken, sie folgen der Logik nicht immer dem Chef, sie beschäftigen sich nicht gerne mit Menschen oder Empathie

B – eher »Bauchlastig«

→ Strukturorientiert Ordnung macht Sinn, Struktur gibt Halt, Organisation ist unerlässlich, nutzen Bewährtes, können durch Erfahrungswerte entscheiden, schauen gern in die Vergangenheit, vermeiden Neuerungen, sind sehr zuverlässig, benötigen Rückmeldung, nutzen bewährte Systeme, arbeiten nach Checklisten, mögen wiederkehrende Aufgaben → Ihnen gefallen: Leitfäden, Anleitungen, klare zeitliche und inhaltliche Vorgaben, detaillierte Vorgaben, klare Verantwortlichkeiten, genaue Anweisung wie etwas »richtig« ist, wiederkehrende Aufgaben, Checklisten, verlässliche Aussagen → geeignet und zufrieden als: Verwaltungskraft, Bürokraft, Buchhalter, Kundenbetreuer, wenn es um Abwicklung geht, Außendienst, wenn es sich um Stammkundengewinnung und ein klares Verkaufsangebot handelt → Vorsicht: sie halten an Bewährtem fest, feste Abläufe sind ihnen enorm wichtig, Neuerungen verursachen großen Stress, perfekte Organisation geht immer vor

C – eher »Bauchlastig«

→ Menschenorientiert alle müssen sich wohlfühlen, kümmern sich, erzählen und teilen gerne, stellen Wohlbefinden über Ergebnisse, Zukunft oder Vergangenheit, egal – wenn alle einen Nutzen daraus ziehen, »vergessen« den Auftrag, wenn ein Gespräch ansteht, bauen Beziehungen auf, Kollegen werden zu Freunden, Aufgaben, die anderen dienen – v. a. auch dem Chef –, machen sie gerne → Ihnen gefallen: Jobs die anderen dienen, Kundenveranstaltungen und Mitarbeiterfeste organisieren, die Räume gestalten, Telefon- und Empfangsdienst, anderen helfen, zuarbeiten, Mitarbeiterbetreuung → geeignet und zufrieden als: Service- und Telefonkraft, Bestellannahme, Personalabteilung, Marketingabteilung, Reklamationsabteilung, Stammkundenbetreuung → Vorsicht: verlieren das Ergebnis gerne aus dem Blick, vergessen auf die Finanzen zu achten, bekommen großen Stress wenn sie sich nicht »kümmern« dürfen

D – eher »Kopflastig«

→ Visionsorientiert haben Ziele und Visionen, entwickeln ständig neue Ideen, schauen in eine bunte Zukunft, sehen immer wieder neue Chancen, mögen Veränderung, Innovation ist wichtig, lieben Austausch mit anderen über Ideen und Neuerungen, brauchen Gespräche, um »in Fahrt zu kommen«, vergessen die Vergangenheit → Ihnen gefallen: offene Räume, freie Arbeitszeiten, flexible Aufgaben, Entwicklung neuer Ideen, Design und Ästhetik, sind mehr am Prozess als am Ergebnis orientiert, mögen unkonventionelle Vorgehensweisen → geeignet und zufrieden als: Chef, Designer, Aufbau einer neuen Geschäftstelle, Produktentwicklung → Vorsicht: können sich schlecht an Vorgaben halten, fangen gern an – machen nichts fertig, bringen etwas ins Laufen – verlieren dann das Interesse, nehmen andere durch Begeisterung mit – das Team verliert den Fokus

Diese Einteilung kann Ihnen dabei helfen, Ihre Mitarbeiter zu fördern und zu motivieren. Andererseits wird Sie die Beschäftigung mit diesem Modell auch schnell und effektiv in die Lage versetzen wirksam zu führen.

Beispielsweise macht es wenig Sinn, einem A-lastigen Menschen ein schönes Betriebsfest in Aussicht zu stellen. Ihn wird eine monetäre Belohnung in Form eines Bonus wesentlich mehr interessieren. Gleichzeitig fühlt sich ein C-lastiger Mensch nicht verstanden, wenn Sie ihm mit kurzen Sätzen und detailliert genauen Angaben sagen, was er zu tun oder zu lassen hat. Machen Sie sich die Unterschiede bewusst, so wird wirksames Führen leicht und fördert die Zufriedenheit aller.

Menschen sind unterschiedlich. Dem gilt es, Rechnung zu tragen.

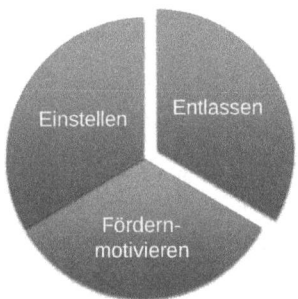

Abbildung 34: Entlassen - auch das gehört dazu

Manchmal passt es einfach nicht. Und die Erfahrung zeigt, wenn es nicht rund läuft, hilft meistens auch das Warten nicht. Es wird nicht besser. Manchmal liegt es auch gar nicht an der Person, sondern daran, dass sich im Unternehmen etwas ändert. Egal warum, beim Kündigen ist es wichtig, einiges zu beachten.

Das Kündigungsgespräch

Denken Sie daran, für Ihren Mitarbeiter ist dies eine sehr unangenehme Situation. Deshalb ist es besonders wichtig, die Angelegenheit möglichst wertschätzend zu beenden. Egal wie nett Sie Ihre Worte wählen, es bleibt was es ist: eine Kündigung. Achten Sie darauf, diese klar und wertschätzend auszusprechen. Beschönigen Sie nicht, rechtfertigen Sie nicht, sprechen Sie die Kündigung aus. Viele Unternehmer scheuen sich vor diesem Schritt, berichten dann im Nachhinein, dass es sehr hilfreich für alle Beteiligten war, das Gespräch kurzzuhalten. Alles Weitere führt meist zu emotionalen Reaktionen, die für niemanden hilfreich sind.

Information schafft Sicherheit

Es gibt unterschiedliche Kündigungsarten:

- reguläre, fristgerechte Kündigung,
- fristlose Kündigung bei besonderem Grund,
- Änderungskündigung, wenn sich Bedingungen ändern.

Schon ein kleiner Fehler kann Sie rechtlich angreifbar machen. Deshalb holen Sie im Zweifel den Rat eines Anwaltes immer vor der Kündigung ein. Das schützt Sie vor Form- oder anderen Fehlern. Ein Gespräch im Vorfeld ist das Geld in jedem Fall wert. Arbeitsprozesse sind immer teuer und kosten Zeit und Nerven. Das können Sie vermeiden:
1. Prüfen Sie, ob die Kündigung erlaubt ist.
2. Gibt es Sonderrechte für Schwangere / junge Eltern / Schwerbehinderte?
3. Prüfen Sie die gesetzliche Kündigungsfrist.
4. Prüfen Sie, ob die Frist sich mit der Betriebszugehörigkeit geändert hat.
5. Klären Sie, ob ein Anspruch auf Abfindung besteht.

6. Halten Sie die Formalitäten ein:
   a) die Kündigung muss eindeutig sein,
   b) sie gilt ausschließlich schriftlich,
   c) Kündigungsgründe müssen nicht angegeben werden,
   d) für Schwangere und Auszubildende gelten gesonderte Rechte.
7. Informieren Sie sich umfassend, das ist wichtig und gibt Ihnen Sicherheit.

Mitarbeiter, die mit Ihrem Unternehmen zusammenarbeiten

Wir sprechen hier mit Partnern, Kooperationspartnern oder Projektkollegen. Alles Menschen, die eine oder mehrere Leistungen für Ihr Unternehmen erbringen, gegen Bezahlung.

Dazu zählt Ihr Banker genauso wie Ihr Steuerberater, Ihr IT-Dienstleister oder Ihre Agentur. Denken Sie daran, dass diese Menschen von Ihnen geführt werden müssen, wenn Sie einen gewinnbringenden Nutzen aus dieser Zusammenarbeit ziehen möchten.

Ihr Steuerberater zum Beispiel steht Ihnen als Berater nur dann zur Verfügung, wenn Sie die Beratung abrufen. Ihr Banker benötigt bestimmte Zahlen und Fakten, um entscheiden zu können. Ihre Agentur muss wissen, was Ihr Plan ist. Sorgen Sie für eine gute Zusammenarbeit. Meist haben Sie es in der Hand.

Machen Sie sich bewusst – externe Dienstleister müssen Ihrem Unternehmen dienlich sein. Das heißt wirtschaftlich betrachtet, sie müssen für Sie Gewinn erzielen. Tun sie das nicht, liegt es an Ihnen, die Zusammenarbeit zu beenden. Oft aber ist es so, dass Unternehmer zwar einen Auftrag erteilen, sich dann im Anschluss aber nicht mehr ausreichend um das Thema kümmern. Der Alltag hat sie eingeholt.

Setzen Sie feste Termine, vereinbaren Sie gemeinsame Treffen. Nur so wird gewährleistet, dass Sie das Know-how und die Zeit

Ihrer Dienstleister auch sinnvoll nutzen. Und nebenbei sorgen Sie auf diese Weise für eine gute Zusammenarbeit, die lange hält.

Externe Dienstleister aller Art müssen im Sinne Ihres Unternehmens geführt werden, nur dann lohnt sich die Investition.

Freie Mitarbeiter

Auch darüber macht es Sinn nachzudenken. Gerade in Zeiten von Wachstum ist die Arbeitsbelastung für das bestehende Team zu groß. Gleichzeitig scheuen Unternehmer vor der Verantwortung einer weiteren festen Kraft zurück. Oftmals mit Recht. Die künftigen Aufträge sind noch nicht fest oder die Auftragseingänge müssen noch gefestigt werden. Es ist noch nicht sicher, ob die Arbeit für einen Mitarbeiter mehr auch tatsächlich da ist.

So sind freie Mitarbeiter oder auch Zeitarbeiter eine gute Möglichkeit, um Engpässe zu überbrücken oder Know-how auftragsbezogen einzukaufen. Nutzen Sie hier nicht immer den billigsten, nutzen Sie den, der sicherstellt, dass Ihr Anforderungsprofil an Qualität, Zuverlässigkeit und Service gewährleistet ist. Auch freie Mitarbeiter müssen zu Ihrem Unternehmen passen. Sonst verwandelt sich der billige Preis schnell in einen messbaren Verlust.

Freie Mitarbeiter sollten immer eine Übergangslösung bleiben. Sie sind in der Regel immer teurer und mit dem Unternehmen nicht identifiziert. Auch sie sind selbstständig und müssen weitere Aufträge akquirieren und bearbeiten, sie sind nicht voll bei Ihnen. Sollten Sie jemanden suchen, der voll und ganz für Ihr Unternehmen tätig ist, sind freie Mitarbeiter auf Dauer nicht die beste Wahl. Außerdem erinnern wir an dieser Stelle an die Falle der Scheinselbstständigkeit. Falls nachgewiesen werden kann, dass ein Freiberufler in einem angestellt-ähnlichen Beschäftigungsverhältnis zu Ihnen steht, kann das sehr teuer werden.

Solange Sie in eine ungewisse Zukunft schauen oder eine Auftragsspitze bearbeiten müssen, zusätzliches Know-how oder einfach nur mehr Zeitbudget benötigen, sind Freiberufler als Wachstumshilfe oft ideal. Auf Dauer gilt es, diese Variante zu überprüfen. Rechnerisch und inhaltlich. Sie lagern nicht nur Kosten, sondern auch Wissen aus. Dieses Wissen steht in Ihrem Haus somit nicht zur Verfügung und muss ständig nachgekauft werden.

Prüfen Sie auch, ob die Aufgaben kürzer als 12 Monate andauern werden. Sonst könnte ein Zeitvertrag unter Umständen eine gute Alternative sein. Außerdem haben Sie über Zeitarbeitsfirmen die Möglichkeit, eine langfristige Zusammenarbeit zu prüfen.

Führung bleibt auch hier wichtig

In jedem Fall müssen Sie alle Mitarbeiter führen, egal ob fest angestellt oder nicht. Nur so können Sie sicherstellen, dass alles zum Wohle Ihres Unternehmens geschieht. Hier gilt es zu bedenken, dass freiberufliche Mitarbeiter es nicht gewöhnt sind, nach Anweisung zu arbeiten. Achten Sie also ganz besonders auf eine stimmige Zielvereinbarung und regelmäßige Erfolgskontrollen. So stellen Sie sicher, dass Sie das bekommen, für das Sie auch bezahlen.

> **Freiberufliche Mitarbeiter machen Sinn.** Allerdings nicht immer.

Kunden und Partner arbeiten mit – bewusst oder unbewusst

Ist Ihnen bewusst, warum Sie dort kaufen, wo Sie kaufen? Haben Sie schon einmal darüber nachgedacht, wie die meisten Ihrer Geschäftsbeziehungen zustande gekommen sind?

Ungefähr 70 Prozent aller Geschäfte werden auf Grund einer Empfehlung getätigt. Und obwohl ich mich anfangs über diese

Zahl gewundert habe, wurde mir beim Nachdenken klar: Ja, das stimmt. Meinen Friseur habe ich durch eine Freundin kennengelernt, mein Auto habe ich bei einem Bekannten eines Kunden gekauft, das Gemüse kaufe ich gern am Stadtmarkt – die Standinhaberin kenne ich aus dem Elternbeirat, meinen Zahnarzt kenne ich über eine ehemalige Helferin – eine Schulfreundin von mir. Und so geht das immer weiter.

Auch Sie werden empfohlen – oder eben nicht

Sorgen Sie also dafür, dass all die Personen, die von Ihnen erzählen, auch etwas zum erzählen haben. Das muss nicht immer der günstigste Preis sein.

Einer meiner Kunden ist der einzige, der in seinem Handwerksberuf in Schwaben ausbildet. Ein anderer hat sich in seinem Gebiet auf eine besondere Zielgruppe spezialisiert: italienische Ingenieure. Meine Familie kommt ursprünglich aus Holland, auch das wird gerne erzählt.

Sorgen Sie dafür, dass Ihre Kunden und Partner Geschichten über Sie kennen. Interessante, spannende oder ungewöhnliche Geschichten. Das erhöht die Wahrscheinlichkeit enorm, dass über Sie gesprochen wird. Und wenn über Sie gesprochen wird, erhöht sich Ihr Wirkungskreis. Das ist es doch, was Sie wollen, oder?

Emotionalität ist, was verkauft, das habe ich vor Kurzem von einem sehr erfolgreichen Verkäufer gehört. Er versichert, dass alle Produkte und Dienstleistungen austauschbar sind. Das einzige was verkauft, ist ein gutes Gefühl – das bekommen seine Kunden bei ihm und darüber sprechen sie auch.

Fangen Sie spätestens jetzt damit an, diesem Thema Zeit zu widmen. Was ist es, das der Kunde oder Kooperationspartner bei Ihnen bekommt? Was ist es wert, erzählt zu werden?

Selten ist es das eigentliche Produkt, die eigentliche Dienstleistung. Diese qualitativ hochwertig zu leisten gilt als normal. Es sind die Dinge außen herum, die beeindrucken. Der freundliche Empfang, die unbürokratische Reklamationsbehandlung, der besondere Kaffee. Meistens sind es Kleinigkeiten. Kleinigkeiten mit einer großen Wirkung.

Sorgen Sie dafür, dass alle Ihre Kunden und Partner erzählenswerte Geschichten über Sie wissen, dann klappt das mit den Empfehlungen, ganz ohne zusätzlichen Aufwand. So arbeiten Außenstehende gerne für Sie und Ihren Erfolg.

Lernen aus der Praxis

Ein Handwerker geht den Schritt, er macht sich selbstständig. Er sah darin die Gelegenheit, seine Vision zu verwirklichen und ein gewinnbringendes Unternehmen zu etablieren. Finanzieller Erfolg war nicht seine Triebfeder, aber ein wichtiger Baustein.

Es funktionierte. Die Kunden waren zufrieden und kamen wieder. Es war an der Zeit den ersten Mitarbeiter anzustellen. Gleichzeitig vereinbarte er mit einer Bekannten, dass diese sich an fünf Vormittagen um das Büro kümmern sollte. Ideal.

Sein Mitarbeiter war qualifiziert und motiviert. Er schickte ihn bereits nach einer Woche alleine zum Kunden und erwartete, dass alles in seinem Sinne erledigt wird. Auch um alles, was im Büro anfiel, kümmerte er sich fort an nicht mehr – er hatte ja jemanden, der das macht.

Als der Inhaber zu mir kam, hatte der Mitarbeiter gekündigt, die Kündigung der Bürokraft stand an. Er war sehr frustriert. »Sie hatten alle Freiheiten und erst nach ein paar Monaten habe ich bemerkt, dass sie sich um nichts richtig gekümmert haben.«

In der Arbeit mit ihm stellte sich heraus, dass er sich vor allem deshalb selbstständig gemacht hat, weil er sich von niemandem

8 Mitarbeiter – gemeinsam stark

etwas sagen lassen wollte. Für ihn war es wichtig, seine Ideen und Vorstellungen zu verwirklichen. Mit jedem Chef hat er sich in der Vergangenheit angelegt, sobald dieser ihm genaue Anweisungen erteilte. Er wusste, was zu tun war, fand immer eine Lösung und konnte alleine für sich gut entscheiden. Es war sein Ziel eigenständig zu arbeiten.

So war naheliegend, dass er auch seine Mitarbeiter führte, wie er es für sich als richtig empfindet. Viel Freiheit, wenig Anweisung, die Vorannahme: »Die wissen schon, wann sie was tun.« Weit gefehlt.

Die Bürokraft war völlig überfordert. Sie hatte erwartet, dass ihr Chef ihr sagt, was wie und wann zu tun ist. Mit der »Freiheit« Aufgaben und Zeit frei einzuteilen, konnte sie nichts anfangen. Die Verantwortung war ihr zu viel. Sie musste Dinge entscheiden, die aus ihrer Sicht außerhalb ihres Kompetenzbereiches lagen.

Auch sein Mitarbeiter empfand die »Freiheit« eher als Last. Ihm fehlten die Regeln und die Vorgaben, um seine Arbeit in seinem Sinne ordentlich zu erledigen.

Was war passiert?

Der Unternehmer hatte gedacht, alle funktionieren genau wie er. Es war ihm nicht klar, dass Regeln und Anweisungen auch Sicherheit geben. Er hatte völlig übersehen, dass seine Mitarbeiter anders waren als er selbst. Sie wünschten sich Führung.

Wir haben zusammen ein Anforderungsprofil erstellt und eine Anzeige für die regionale Zeitung entworfen, die genau dem entsprach. Ihm wurde schnell klar, dass das nicht passt.

»Handwerker gesucht:

Hohes Maß an Selbständigkeit, eigenverantwortliches Denken und Handeln, ausgeprägte Kommunikationsfähigkeiten, Persönlichkeit mit überzeugendem Auftreten, Loyalität und Verkaufsgeschick.«

Unsere Arbeit schaffte bei diesem Unternehmer das Bewusstsein, dass ein Handwerker, der zu obigem Profil passt, vermutlich selbstständig ist. Er konnte sehen, dass das Profil angepasst werden muss auf einen verfügbaren Mitarbeiter, der eine feste Anstellung sucht. Das ist auch gelungen. Gleichzeitig hat sich gezeigt, dass Regeln und Vorgaben das Arbeiten erheblich vereinfachen sowie ein morgendliches Treffen mit einer genauen Auftragserteilung zu guten Ergebnissen führt. Er fragt inzwischen telefonisch nach, ob alles passt und gibt seinem neuen Mitarbeiter das Gefühl nicht alleine zu sein. Diese Vorgehensweise hat sich sehr bewährt. Auch den nächsten Mitarbeiter wird er auf diese Weise führen. Der Unternehmer schätzt besonders die Möglichkeit, nun Führungsinstrumente zu nutzen, die er vorher nicht kannte.

Die Kündigung seiner Bürokraft konnte abgewendet werden. Allerdings nimmt sich der Inhaber auch hier die Zeit, im Büro präsent zu sein. Er hat feste Arbeitstreffen eingeführt und gibt Anweisungen und Rückmeldung, was die Bürokraft sehr bestärkt und motiviert.

Praktisch heißt das für Sie

Gehen Sie immer davon aus, dass Ihre Mitarbeiter anders sind als Sie. Sonst wären Sie ja wie Sie, Chef.

Erstellen Sie immer ein Stellenprofil und überprüfen Sie, ob die Anforderungen realistisch sind, das erspart viel Ärger und Frust.

Sprechen Sie mit Ihren Mitarbeitern – was bedeutet für sie gute Führung? Legen Sie die Erwartungen offen auf den Tisch, von beiden Seiten.

Manche Mitarbeiter gehen, andere bleiben – warum?
Machen Sie regelmäßig den Check. Passen Ihre Gewohnheiten und Verhaltensweisen noch zu dem, was gefordert ist?

Jetzt sind Sie dran

Stellenbeschreibungen erstellen

Erstellen Sie für alle Stellen immer eine Beschreibung. Bei Stellen, die bereits besetzt sind, können die entsprechenden Mitarbeiter einen Entwurf anfertigen.

Zu einer Stellenbeschreibung gehören:

- fachliche Anforderung
- persönliche Anforderung
- Verantwortlichkeiten
- Vorgesetzter
- Vertretung

Texte für Ausschreibungen formulieren

Passen Sie Ihre Sprache in den Texten an die Anforderungen an. Wer soll gefunden werden?

Beispiele:

»Kreatives, innovatives Unternehmen sucht: ...«

Oder:

»20-jähriges Traditionsunternehmen sucht: ...«

Gedanken zur Führung

Genaue Anweisung oder freie Entscheidung? Was ist es, das ihr Mitarbeiter braucht, um motiviert und zufrieden zu arbeiten?

Fragen Sie sich: Wie möchte obige Person geführt werden, was passt zu diesem Mitarbeiter?

Geschichten, die erzählt werden

Fragen Sie sich Folgendes:

- Was sollen Menschen, die Sie kennen, Ihre Kunden und Partner über Sie erzählen?
- Womit können Sie dies beeinflussen?
- Welche Dinge, Informationen und Geschichten müssen erzählt werden?

Sorgen Sie auch dafür, dass Ihre Mitarbeiter involviert sind.

Ganz grundsätzlich gibt es einige Punkte, mit denen Sie sich in Bezug auf Mitarbeiter in Ihrem Unternehmen befassen müssen.

Nehmen Sie sich Zeit, um folgende Fragen zu beantworten:
1. Wie viele Mitarbeiter möchten Sie beschäftigen?
2. Was ist Ihnen fachlich wichtig?
3. Was ist Ihnen persönlich wichtig?
4. Was möchten Sie mit Ihren Mitarbeitern erreichen?
5. Was müssen Ihre Mitarbeiter wissen?
6. Was ist das gemeinsame Ziel, das Sie bieten können?
7. Welche Mitarbeiter gehören in 3-5 Jahren zum Team?
8. Welche Mitarbeiter gehören in 6-10 Jahren zum Team?
9. Was sind heute Ihre Aufgaben, wenn Sie dies erreichen möchten?

> Jetzt wissen Sie, was Ihnen in Bezug auf Ihre Mitarbeiter wichtig ist. Prüfen Sie jährlich, ob diese Vorstellungen noch passen.

Die fünf wichtigsten Tipps zum Thema Mitarbeiter

Tipp 1	Jede Stelle verfügt über eine detaillierte Stellenbeschreibung, auf die eine Ausschreibung optimal angepasst werden kann.
Tipp 2	Nehmen Sie sich die Zeit, zu entscheiden, wann eine neue Stelle besetzt werden muss. Eventuell überbrücken Sie stressige Zeiten mit einem freien Mitarbeiter oder einer Zeitarbeitsfirma.
Tipp 3	Einstellungen und Auswahl von Mitarbeitern benötigen Zeit. Lassen Sie sich niemals dazu verleiten, eine Einstellung oder Ausschreibung schnell mal nebenbei zu machen. Sie binden sich langfristig, das will wohl überlegt sein.
Tipp 4	Beschäftigen Sie sich mit Führungsmethoden. Lieber eine, die Sie auch anwenden, als viele, über die Sie schon gelesen haben. Üben Sie sich darin, Menschen zu führen. Sorgen Sie mit einem kraftvollen Ziel dafür, dass Ihre Mitarbeiter Ihren Weg gerne mit Ihnen gehen.
Tipp 5	Das Einstellen von Mitarbeitern ist für gesundes Wachstum unerlässlich. Sie müssen mittel- und langfristig Aufgaben abgeben. Das kann auch gelingen, vorausgesetzt Sie finden und führen Menschen so, dass diese auch motiviert und zufrieden für und bei Ihnen arbeiten. Gehen Sie den ersten Schritt, machen Sie Mitarbeiterführung zur Chefsache.

9 Führen der Generation Z

> **Generation Z im Fokus: Authentische Führung für eine neue Ära**
> - Definition
> - Generation Z – Potenzial oder Herausforderung?
> - Führungskraft: authentisch auftreten – als ganzer Mensch erscheinen
> - Einblicke: Generation Z am Arbeitsplatz
> - Lernen aus der Praxis
> - Jetzt sind Sie dran
> - Die sieben wichtigsten Tipps zum Führen der Generation Z

Definition

Die Generation Z, oder oft auch einfach nur Gen Z, bezeichnet Menschen, die zwischen 1997 und 2012 geboren wurden. Das ist die neue Generation, die zunehmend in den Arbeitsmarkt eintritt.

Daneben finden sich in der Arbeitswelt aktuell auch:

- Babyboomer – ca. 1950 – 1964 geboren,
- Generation X – ca. 1965 – 1980 geboren,
- Millennials oder Generation Y – ca. 1981 – 1996 geboren.

(Die Zahlen variieren zum Teil in der Literatur.)

Generation Z – Potenzial oder Herausforderung?

Die Generation Z wird von manchen als Quelle großer Hoffnungen gesehen, während andere sie als besorgniserregende Horrorvision empfinden. Im Jahr 2024 sind die Mitglieder dieser

Generation zwischen 12 und 27 Jahren alt und ihre Zahl ist beträchtlich: In Deutschland gehören über elf Millionen Kinder, Jugendliche und junge Erwachsene zur Generation Z. In Österreich und der Schweiz sind es jeweils fast 1,4 Millionen. Viele von ihnen sind noch in der Schule oder im Studium, andere absolvieren gerade eine berufliche Ausbildung, während einige bereits in die Arbeitswelt eingetreten sind. Es erscheint also naheliegend, ein klares Bild von den Erwartungen dieser Generation an das Leben und die Berufswelt zu zeichnen – ihre Vorlieben, Abneigungen, Fähigkeiten und Einstellungen. Doch dies erweist sich als komplex: Betrachtet man die Generation Z von außen, kann der Eindruck zwar deutlich erscheinen, bleibt aber zugleich oft unklar und vielschichtig.

Was wird anders? Was müssen wir als Arbeitgeber heute verstehen, um in Zukunft erfolgreich am Markt zu bestehen? Was müssen wir ändern, um Menschen dieser Altersgruppe in unsere Unternehmen zu holen und auch zu halten? Ist es wahr, dass diese Generation nicht arbeiten möchte und ausschließlich Freizeit in ihrem Fokus steht? Was dürfen wir als Arbeitgeber tun oder müssen wir lassen, um zusammen mit dieser Generation die Zukunft zu gestalten? Es wird Zeit, dass wir die Gen Z als Potenzial sehen. Dafür ist es notwendig, sie zu verstehen.

Junge Menschen verstehen sich heute nicht mehr als Mitarbeiter*innen, sondern als Mitarbeitende. Allein das schafft einen neuen Blick auf die Zusammenarbeit mit ihnen. Sie möchten gesehen, gehört und ernst genommen werden. Flache Hierarchien sind für sie ein erstrebenswertes »Normal«. Als die erste Generation, die mit Internet und Smartphones, YouTube und sozialen Medien groß geworden ist, verfügt sie über technisches Know-how und nutzt es ohne inneren Wiederstand. Völlig selbstverständlich werden Videos, KI und soziale Medien genutzt um

Aufgabenstellungen zu lösen. Schnell und effizient muss es gehen – das ist eine der wichtigsten Voraussetzungen dieser Generation. Warum sich lange und tief in ein Thema einarbeiten, wenn der Zugriff auf Know-how digital in Minutenschnelle möglich ist? Effizienz wird somit zu einem der wichtigsten Skills, die Arbeitgeber lernen müssen zu nutzen, wenn die Zusammenarbeit reibungslos funktionieren soll.

Globale soziale Vernetzung ist für sie selbstverständlich. Digitale Plattformen werden genutzt für Unterhaltung mit Freunden und Fremden, Bildung und Unterhaltung. Bücher als Know-how-Träger werden wesentlich weniger genutzt als in der Vergangenheit. Nachfragen bei anstehenden Aufgabenstellungen entfallen zunehmend, ist doch digital jede Form von Informationsbeschaffung zu jeder Tages- und Nachtzeit möglich. Autarkes Arbeiten, um Ergebnisse als Team zu erzielen, ist die Devise.

Diese Generation ist von Kindesbeinen an geprägt durch eine hohe Informationsflut. Von überall her bekommen sie eine Vielzahl von Möglichkeiten und Meinungen. Diese zu sortieren und für das eigene Meinungsbild zu nutzen macht das Leben nicht unbedingt leichter. Wurden früher das direkte Umfeld und ausgewählte Personen genutzt um sich ein Bild vom künftigen Leben zu machen, so ist es inzwischen möglich global und unüberschaubar Informationen zu konsumieren. Das dies nicht in jedem Fall das Zukunftsbild von Leben und Karriere einfacher macht, ist nachvollziehbar. Oft ist die Vielzahl der Möglichkeiten der Grund, sich besser nicht festzulegen.

> Trotz individueller Vorlieben aller Generationen im Unternehmen muss der wirtschaftliche Erfolg im Fokus der Führungskräfte bleiben.

Die Gen Z bringt nicht nur technologische Affinität, sondern auch neue Wertvorstellungen mit, die sich deutlich von früheren Generationen unterscheiden. Sie leben zunehmend mehr nach dem »Pippi-Langstrumpf-Prinzip«. Eine positive, neue Herangehensweise an das Leben und die Arbeitswelt: Individuell, kreativ, frei – auch in der Arbeitswelt – wird zur Selbstverständlichkeit. Das Lebensprinzip umfasst die folgenden unterschiedlichen Aspekte:

- **Selbstbestimmung:** Pippi entscheidet selbst, was für sie sinnvoll scheint und handelt auch danach. Sie verfügt über genügend Selbstbewusstsein, um Entscheidungen treffen zu wollen. Ein hoher Bildungsgrad beeinflusst weiterhin ein Selbstbewusstsein, das in der Arbeitswelt bisher so nicht zu finden war. Individualität wird als hoher Wert gelebt und gefordert.
- **Kreativität:** Pippi nutzt ihre Fantasie und löst Probleme unkonventionell und effizient. Ob und wie Aufgabenstellungen früher gehandhabt wurden, ist für sie nicht relevant. Unkonventionell und kreativ zu arbeiten ist wesentlich wichtiger als Tradition und konservative Regeln zu beachten.
- **Neugier:** Pippi liebt Neues. Sie schert sich nicht darum, was gesellschaftliche Normen vorgeben. Sie tut es auf ihre Weise. Das ist es auch, was die Gen Z prägt. Neue Technologien, Aufgabenstellungen, neue Sichtweisen, neue Informationen. Neugierde, vor allem technisch, prägt diese Generation wie keine vor ihr. Längere Zeiträume mit gleichbleibende Arbeitsroutinen sind häufig unvorstellbar. Sie verfügen über einen ständigen Drang Neues zu entdecken. Von gesellschaftlichen und unternehmerischen Normen möchten sie sich nicht einschränken lassen.
- **Gemeinschaft:** Pippi zeigt immer wieder auf, dass man mit anderen Spaß und Abenteuer erleben kann. Ob es der »Erwachsenenwelt« gefällt oder eben nicht. Diese Generation findet zusätzlich zur realen Welt auch in den sozialen Medien das Gefühl von Gemeinschaft. Real oder digital macht keinen großen Unterschied. So müssen auch die Werte der Arbeitgeber zu den Grundwerten der jungen Menschen passen. Ellbogenpolitik hat hier ausgedient. Es ist wichtig, was als Team erreicht werden kann.

- **Selbstvertrauen und Mut:** Pippi ist mutig und geht Herausforderungen direkt an. Sie wartet nicht ab, bis etwas von außen eingefordert wird. Proaktiv statt reaktiv ist das Motto. Sobald es gelingt, Motivation bei den jungen Mitarbeitenden zu stärken und zu erhalten, werden sie aktiv und selbstbewusst Veränderungspotenzial und effizienzsteigernde Maßnahmen einbringen. Sie scheuen dann auch die Diskussion mit Vorgesetzten nicht. Wichtig ist lediglich, dass sie die Aufgabenstellungen im Unternehmen für sich als sinnvoll und wertsteigernd erkennen können.

So steht das »Pippi-Langstrumpf-Prinzip« für eine positive, neue, unkonventionelle Herangehensweise an Leben und Arbeit. Sie geht wertorientiert und anders an Aufgaben heran. Individualität, Freiheit und Kreativität im Umgang mit den eigenen Werten ist unumgänglich wenn junge Menschen der Gen Z produktiv im Unternehmen tätig sein sollen.

Für viele Unternehmer*Innen bedeutet dies einen tiefgreifenden Wandel in der Mitarbeiterführung, da sich die Erwartungen und Ansprüche der Generation Z an Arbeitsplatz, Führung und an die Unternehmenskultur weitgehend verändert haben.

Führungskraft: authentisch auftreten – als ganzer Mensch erscheinen

Erst die Fähigkeiten, sich als »ganzer Mensch« einzubringen macht es für Führungskräfte möglich, im Arbeitsumfeld authentisch aufzutreten. Was heißt das aber in der Praxis: Die früher strenge Trennung zwischen privatem und beruflichen Umfeld wurde weitgehend aufgehoben. Eine How-to-Anleitung gibt es leider nicht. Führungskräfte müssen für sich lernen, mit allen Schattierungen am Arbeitsplatz zu »sein«.

> Wer sich selbst gut kennt, kann auch andere motivierend führen.

In der heutigen Arbeitswelt wird von Führungskräften erwartet, dass sie authentisch auftreten und sich als ganze Menschen präsentieren. Diese Erwartung spiegelt sich beispielsweise auch in der Wahl der Kleidung wider. Die Zeiten, in denen Anzug und Krawatte das offizielle Erscheinungsbild der Führungsetage bestimmten, scheinen vorbei zu sein. Stattdessen bevorzugen viele Führungskräfte einen legereren Dresscode, der sich an den Bedürfnissen und dem Stil ihrer Mitarbeiter orientiert. Jeans, Sneaker und Hoodies sind zur neuen Normalität geworden. Das wirft die Frage auf, ob diese Anpassung an die Mitarbeiter tatsächlich in jedem Fall sinnvoll ist. Authentizität sollte auch in der Kleidung zum Ausdruck kommen. Doch ist es wirklich notwendig, sich für eine allzu informelle Garderobe zu entscheiden? Die Herausforderung besteht darin, einen eigenen Stil zu finden, der sowohl die Persönlichkeit widerspiegelt als auch im Mitarbeiterumfeld akzeptiert wird.

Die Frage, die sich folglich stellt, ist: Was lässt eine Führungskraft authentisch sein? Und wie können wir es schaffen, in der Rolle als Führungskräfte innerlich und äußerlich in Einklang zu treten? Der Weg zu einem authentischen Auftreten liegt in der Balance zwischen Persönlichkeit und Professionalität. Führungskräfte sollten die Freiheit haben, ihren individuellen Stil auszudrücken, ohne dabei die Verantwortung und die Erwartungen, die mit ihrer Position verbunden sind, aus den Augen zu verlieren. Ein authentisches Auftreten fördert nicht nur das Vertrauen und die Verbindung zu den Mitarbeitenden, sondern stärkt auch die eigene Identität als Führungskraft. Es gilt, einen Kleidungsstil zu finden, der sowohl das eigene Wesen widerspiegelt, als auch die Unternehmenskultur respektiert und unterstützt.

Natürlich ist es wichtig, unseren Führungsstil an die Bedürfnisse der jungen Generation anzupassen, um ihre Stärken effektiv zum Nutzen des Unternehmens einzusetzen. Allerdings stellt sich die Frage, ob sämtliche Annahmen auf die einzelnen Mitarbeitenden der Genz Z tatsächlich zutreffen. Ist es wirklich so, dass junge Mitarbeiter ausschließlich selbstständig und autark arbeiten möchten. Unsere Erfahrungen zeigen oft ein anderes Bild. Meinungen, vor allem allgemein scheinbar gültige, müssen individuell hinterfragt und das eigene Führungsverhalten angepasst werden. Es ist unerlässlich, sich als Führungskraft selbst gut zu kennen, um die Ergebnisse ihrer Teams effektiv zu steuern.

Das traditionelle patriarchalische Führungsmodell hat tatsächlich ausgedient, aber es wäre wenig sinnvoll, als kontrollierende Führungskraft plötzlich sämtliche Verantwortlichkeiten abzugeben und dabei in einen inneren Konflikt zu geraten. Eine solche Unentschlossenheit könnte für die Mitarbeiter spürbar werden und das Vertrauen untergraben.

Führungskräfte müssen sich ihrer Werte und Überzeugungen bewusst sein und daran arbeiten, gewinnbringende Beziehungen zur neuen Generation aufzubauen. Doch dabei dürfen sie nie vergessen, was ihre eigenen Führungswerte und -instrumente sind.

Es ist entscheidend, authentisch zu sein und zu bleiben. Sich selbst zu verbiegen führt meist zu mehr innerem Stress als zu echtem Teamerfolg . Die Mitarbeiter müssen spüren, dass das, was für sie innen und außen sichtbar ist, im Einklang steht. Nur so können echte Verbindungen entstehen, die auf Vertrauen und Respekt basieren. Authentizität und Integrität schaffen eine Atmosphäre, in der alle Beteiligten gedeihen können und die Produktivität des Unternehmens insgesamt gesteigert wird.

> Authentische Führungskräfte schaffen durch die Übereinstimmung von innerer Denkweise und äußerem Verhalten Vertrauen und Respekt, fördern ein positives Arbeitsklima und steigern dadurch die Unternehmensproduktivität.

Was wichtig ist:

- **Vertrauen und Verbindung**
Die Generation Z legt großen Wert auf Vertrauen und authentische Beziehungen im Arbeitsumfeld. Wenn Führungskräfte als ganze Menschen auftreten, schaffen sie eine Atmosphäre, die Offenheit und Ehrlichkeit fördert. Dies führt zu stärkeren Bindungen innerhalb des Teams. Eine vertrauensvolle Beziehung zwischen Führungskräften und Mitarbeitern kann die Kommunikation verbessern, zu einem positiven Arbeitsklima beitragen und die Mitarbeiterzufriedenheit erhöhen.
- **Engagement und Motivation**
Führungskräfte, die ihre persönliche Identität und Werte offenbaren, inspirieren ihre Mitarbeiter und fördern ein höheres Engagement. Die Generation Z sucht nach Sinn und Zweck in ihrer Arbeit. Durch authentisches Auftreten können Führungskräfte zeigen, wie die Unternehmensziele mit individuellen Werten und Zielen übereinstimmen. Dies wird zu einer höheren Motivation und Leistungsbereitschaft führen, da Mitarbeiter sich mit den Werten des Unternehmens identifizieren und sich aktiv an deren Verwirklichung beteiligen.
- **Innovationskraft und Kreativität**
Authentische Führung ermutigt die Mitarbeiter, ihre eigenen Ideen und Perspektiven einzubringen. Wenn die Generation Z sieht, dass ihre Führungskräfte offen und ehrlich über ihre Erfahrungen und Herausforderungen sprechen, fühlen sie sich sicherer, ihre kreativen Gedanken zu äußern. Dies fördert eine Kultur der Innovation, in der neue Ideen gefördert und kreativ ausprobiert werden. Solch ein Umfeld wird zu verbesserten Problemlösungen und einer gesteigerten Wettbewerbsfähigkeit des Unternehmens führen.

Als Trainerin und Coach habe ich in den letzten Jahren die entscheidende Rolle authentischer und kompetenter Führungskräfte in der heutigen Geschäftswelt hautnah erlebt. Meine Erfahrungen zeigen deutlich, dass es für den unternehmerischen Erfolg unerlässlich ist, Führungspersönlichkeiten zu haben, die nicht nur Fachkenntnisse besitzen, sondern auch die Fähigkeit haben, offen und ehrlich zu kommunizieren. Diese authentischen Führungskräfte sind der Schlüssel zu einer positiven Unternehmenskultur, die auf Vertrauen und Zusammenarbeit basiert – besonders wichtig für die Generation Z.

Diese junge Generation legt großen Wert auf Authentizität und Transparenz. Sie sucht nicht nur nach einem Job, sondern auch nach einer sinnvollen und erfüllenden Arbeit. Es erscheint für uns völlig normal, unsere Autos regelmäßig zur Wartung oder Inspektion zu bringen, damit sie uns sicher von A nach B bringen. Ähnlich verhält es sich mit Führungskräften, die die Verantwortung tragen, ihre Mitarbeiter zu entwickeln und produktiv im Unternehmen einzusetzen. Leider ist es jedoch vielfach noch unüblich, dass Unternehmer*innen und Führungskräfte eine regelmäßige »Service- und Wartungseinheit« für ihre eigenen Kompetenzen in die Weiterbildungsprogramme aufnehmen. Dies ist jedoch essenziell – nicht nur für die persönliche Weiterentwicklung der Führungskraft, sondern auch für das gesamte Team, insbesondere für die Generation Z.

Nicht nur die Gen Z, diese aber besonders, verlangt nach Führungspersönlichkeiten, die sich selbst reflektieren und bereit sind, kontinuierlich zu lernen. Sie möchte sehen, dass ihre Führungskräfte sich aktiv um ihre eigene Entwicklung kümmern und dabei ihre Werte und Überzeugungen einbringen. Wir empfehlen Führungskräften dringend, sich in regelmäßigen Abständen zu reflektieren. Mentoren, Coaches oder unterstützende Gruppen können wertvolle Hilfe leisten, um die eigene Sicherheit zu erhöhen und somit ein stärkeres Gefühl der Sicherheit bei den Mitarbeitern zu schaffen.

Weiterentwicklung und mentale Gesundheit kann das Vertrauen und die Loyalität der Generation Z im Unternehmen enorm stärken. Diese junge Generation wird stärker motiviert, wenn sie sieht, dass ihre Führungskräfte authentisch und transparent handeln. Langfristig gesehen ist eine Investition in die persönliche und professionelle Weiterentwicklung unerlässlich für den unternehmerischen Erfolg. Unternehmen, die ihren Führungskräften den Raum und die Ressourcen bieten, sich kontinuierlich zu reflektieren und weiterzuentwickeln, profitieren nicht nur von einer höheren Mitarbeiterzufriedenheit, sondern auch von einer gesteigerten Leistungsfähigkeit des gesamten Teams.

Ein starkes und engagiertes Team, das auf Authentizität und Vertrauen basiert, ist der Schlüssel, um die Herausforderungen der modernen Arbeitswelt erfolgreicher zu meistern und Wachstumschancen effektiv zu nutzen. Daher ist die Integration von persönlichen Service- und Wartungseinheiten für Führungskräfte nicht nur wünschenswert, sondern entscheidend für den langfristigen Erfolg eines Unternehmens – insbesondere im Umgang mit der Generation Z, die eine echte Verbindung und Führungsstärke schätzt.

Neue Zeiten: ein Plädoyer für Weiterbildung und Mentoring

Als Trainerin und Coach liegt mir das Thema Führung besonders am Herzen. Ich empfehle allen Unternehmerinnen und Unternehmern, das Thema Führung für sich und ihre Führungskräfte aktiv in ihr Weiterbildungsprogramm zu integrieren. Dieser Ansatz kann nicht nur die Entwicklung der Mitarbeiter fördern, sondern auch die Zufriedenheit aller Führungskräfte steigern und letztlich zum Unternehmenswachstum beitragen.

Schritt 1: Sensibilisierung und Workshops

Beginnen Sie mit Sensibilisierungsmaßnahmen für sich und Ihre Führungskräfte in Ihrem Unternehmen. Organisieren Sie Workshops oder Meetings, die die Bedeutung und den Nutzen von Führung, Coaching und Mentoring hervorheben. Machen Sie sich und allen Mitarbeitern klar, welche positiven Auswirkungen diese Aspekte auf die persönliche Entwicklung und die Teamdynamik haben können. Eine bewusste Auseinandersetzung mit Führungsthemen schafft ein Umfeld, in dem individuelle und unternehmerische Fortschritte möglich sind.

Schritt 2: Regelmäßige Weiterbildung und Mentoring-Programme

Implementieren Sie regelmäßige Workshops und Mentoring-Programme, in denen erfahrene Führungskräfte ihr Wissen und ihre Erfahrungen an jüngere Mitarbeiter weitergeben. Nutzen Sie Weiterbildungsprogramme. Auch für Sie als Unternehmer*in kann ein Umfeld des Lernens geschaffen werden. Finden Sie für sich Menschen, vielleicht aus ihrem Netzwerk, von denen Sie lernen können und buchen Sie regelmäßig Aus-Zeiten für sich im Rahmen von Workshops, Seminaren und Tagungen. Die Gen Z ist wie alle anderen »kein Buch mit sieben Siegeln«. Es liegt in ihrer Verantwortung sich mit den Denkweisen zu beschäftigen und sich, wie auch ihre Führungskräfte zu befähigen, zeitgemäß zu führen. Insbesondere in der Aufbauphase eines Unternehmens ist Wissen und ein sinnvoller Umgang damit, unerlässlich. Angepasste Führung schafft Verbindung zwischen den Generationen innerhalb des Unternehmens und stärkt auch das Zusammengehörigkeitsgefühl und damit den Unternehmenserfolg.

Schritt 3: Bleiben sie dran!

Stellen Sie sicher, dass Weiterbildung, Coaching und Mentoring einen festen Bestandteil der langfristigen Unternehmensstrategie bilden. Bei fachlichen Themen ist dies selbstverständlich. Regelmäßige Reflexion in Sachen Führung, Kommunikation und persönliche Weiterentwicklung muss wichtig werden! Nur so ist es möglich, kontinuierlich auf die veränderten Arbeitsbedingungen eingehen zu können.

Sorgen Sie dafür, dass alle Mitglieder der Führungsebene diese Themen ernst nehmen. Indem Sie selbst und Ihre Führungskräfte

Neues dazu lernen, schaffen Sie ein positives Vorbild für alle Mitarbeitenden, werden authentisch und geben die nötige Sicherheit.

Schritt 4: Erfolgsgeschichten teilen

Echte Geschichten schaffen Bilder im Kopf die motivieren. Produzieren und teilen Sie Erfolgsgeschichten von sich und Führungskräften, die durch Coaching, Mentoring und Weiterbildung nachhaltige Veränderungen für sich und in der Unternehmenskultur und im Teamerfolg bewirken konnten. Solche Geschichten inspirieren und motivieren nicht nur, sondern zeigen auch, dass echte Veränderung möglich ist.

Mit dem aktuellen Fachkräftemangel umzugehen heißt auch – führen können. Nutzen Sie diesen Wettbewerbsvorteil für sich! Lernen Sie zu führen, besonders die jungen Mitarbeiter werden Ihnen dies durch längere Verweildauer im Unternehmen danken.

Einblicke: Generation Z am Arbeitsplatz

Für Sie als Arbeitgeber ist es wichtig, verschiedene Aspekte zu berücksichtigen, um Talente aus der Generation Z erfolgreich zu gewinnen und zu halten.

Hier sind einige Schlüsselfaktoren, die praktisch umgesetzt werden können:

- **Führungskompetenz:** Nicht nur im Umgang mit der Gen Z, hier aber besonders, ist es wichtig, dass Sie als Unternehmer*in und Ihre Führungskräfte über echte Führungsstärke verfügen.
- **Flexibilität:** Die Mitglieder der Gen Z fordern Flexibilität. Dazu gehören unterschiedliche Aufgabengebiete, aber auch flexible Arbeitszeiten und die Möglichkeit, remote zu arbeiten. Arbeitgeber sollten flexible Modelle anbieten, um die Vorstellung von einem sinnstiftenden Leben zu fördern. Klarheit in Bezug auf Prozesse und Verantwortlichkeiten ist hier unerlässlich.

- **Entwicklungsmöglichkeiten:** Die Gen Z verfügt meist über eine hohe Lernbereitschaft. Allerdings ist Prüfungsdruck eher out. Sie möchten selbst entscheiden, wie und in welchem Tempo sie lernen. Digitale Technologien sind in allen Lebensbereichen, einschließlich Bildung, selbstverständlicher Bestandteil. Diese Generation interessiert sich für relevante Lerninhalte, die sie persönlich und beruflich weiterbringen. Traditionelle Lernmaterialien senken die Lernmotivation erheblich. Arbeitgeber sollten daher auf beliebte digitale Tools setzen, um ihre Attraktivität zu erhöhen und den jungen Menschen eine individuelle Entfaltung beim Lernen zu ermöglichen. Auch Apps bieten sich hier an.
- **Unternehmenskultur:** Eine positive, inklusive und unterstützende Unternehmenskultur ist entscheidend. Gen Z möchte sich mit den Werten des Unternehmens identifizieren und ein Umfeld erleben, das Diversität und Gleichheit fördert. Auch reale und digitale Freunde müssen die Kultur der Arbeitgeber als sinnstiftend erachten.
- **Sinnvolle Arbeit:** Die Generation Z sucht nach Jobs, die über den bloßen Verdienst hinausgehen. Arbeitgeber sollten klar kommunizieren, wie ihre Arbeit zur Gesellschaft beiträgt und welchem größeren Sinn sie nachgeht. Die Unternehmensausrichtung und persönliche Arbeit muss zu einem sinnvollen Lebens beitragen.
- **Technologie und Innovation:** Die Gen Z ist technikaffin und erwartet, dass Arbeitgeber moderne Technologien nutzen. Investitionen in aktuelle Tools und Software erhöhen die Attraktivität des Unternehmens immens. Die jungen Menschen wollen technische Neuerungen nutzen und ihr Arbeitsumfeld damit effizient bereichern.
- **Arbeit ist Leben:** Finanzielle Sicherheit ist dieser Generation zwar wichtig, aber sie priorisiert dabei auch Sinnhaftigkeit und ein gesundes Arbeitsumfeld höher als rein monetäre Anreize. Die Bedeutung einer ausgewogenen Lebensweise ist für die Gen Z hoch. Arbeitgeber sollten Initiativen unterstützen, die

das Wohlbefinden ihrer Mitarbeiter fördern. Die Gen Z erwartet, dass neben der Arbeit genügend Zeit für sinnstiftende Freizeitaktivitäten bleibt. Wer Flexibilität bei den Arbeitszeiten bieten kann, ist hier enorm im Vorteil.

- **Soziale Verantwortung:** Die Gen Z ist häufig sozial engagiert und möchte für Unternehmen arbeiten, die Verantwortung für gesellschaftliche und ökologische Themen übernehmen. Arbeitgeber sollten ihre CSR-Initiativen transparent kommunizieren und Mitarbeitende einbinden. Nachhaltigkeit wird hoch bewertet und auch umgesetzt.
- **Schnelligkeit:** Die Mitglieder der Gen Z mögen es schnell. Sie sind technikaffin und erwarten, zügig Ergebnisse zu erzielen. Es ist daher für Arbeitgeber entscheidend, dies bereits im Bewerbungsprozess zu berücksichtigen. Bewerbungen und Vorstellungsgespräche müssen zeitnah bearbeitet werden, um den Erwartungen dieser Generation gerecht zu werden.
- **Persönliche Interessen:** Karriere hat nicht mehr die oberste Priorität. Stattdessen stehen persönliche Interessen und ein gesellschaftlicher Mehrwert im Vordergrund. Bei der Jobwahl legen sie weniger Wert auf traditionelle Aufstiegschancen, weshalb Arbeitgeber mehr bieten müssen als Obstkorb und Karrierechancen. Wichtige Aspekte sind Zugang zu Informationen, ein funktionierendes Team, sinnstiftende Arbeit und einfache Vereinbarung von Familie, Beruf und Freizeit. Eine Rückkehr zur grundsätzlichen Präsenzpflicht im Büro ist für viele nicht vorstellbar.
- **Grenzen:** Auch wenn junge Menschen viel Flexibilität einfordern, haben wir doch inzwischen erkannt, wie wichtig es ist Verantwortlichkeiten, Regeln und Strukturen einzuhalten. Klare Grenzen zwischen Beruf und Privatleben sind entscheidend für eine langfristige Zufriedenheit. Auch oder gerade wegen flexibler Arbeitszeiten.
- **Sichtbarkeit:** In Zeiten des Fachkräftemangels ist es für Unternehmen entscheidend, als möglicher Arbeitgeber sichtbar zu

sein. Firmen, die ihre Werte und Arbeitsweisen auch in sozialen Medien kommunizieren, ziehen mehr Bewerber an. Gen Z ist gern in den sozialen Medien unterwegs. Nutzen Sie deren Kompetenz um als attraktiver Arbeitgeber sichtbar zu sein. Ein starkes Branding, das authentische Einblicke und soziale Verantwortung zeigt, ist der Schlüssel, um die besten Talente für sich zu gewinnen.
- **Karriere:** Auch wenn das Wort Karriere hier nicht wirklich passt. Die Gen Z fordert Wertschätzung und Aufstiegschancen. Unabhängig von der im Unternehmen verbrachten Zeit möchten sie, dass ihre Kompetenzen anerkannt und gesehen werden. Dies schließt insbesondere die Möglichkeit ein, das Teilzeit nicht als Ausschluss-Kriterium gilt um Führungspositionen zu erreichen. Trotz Elternzeit, Sabbaticals und anderen Aus-Zeiten sollte die Möglichkeit verantwortliche Positionen zu besetzen, grundsätzlich gegeben sein.
- **Feedbackkultur:** Die Gen Z bevorzugt eine Feedbackkultur, die offen, transparent und wertschätzend ist. Sie schätzt ehrliches, authentisches Feedback und direkte Kommunikation, wobei zeitnahe Rückmeldungen gefragt sind. Sie legen Wert auf Dialog, der ihre persönliche Entwicklung unterstützt. Feedback im einmaligen Jahresgespräch ist nicht zielführend für sie.
- **Digitales Multitasking:** Ein markantes Merkmal dieser Generation ist ihre digitale Selbstverständlichkeit. Sie ist mit Smartphones, sozialen Medien und einer Flut an Informationen aufgewachsen. Für sie ist es normal, mehrere Plattformen parallel zu nutzen, Informationen in Echtzeit zu verarbeiten und immer und ständig vernetzt zu sein. Als Unternehmer*in müssen wir diese Art der Kommunikation verstehen und dadurch nutzen, um mit der Generation Z auf Augenhöhe zu interagieren.

Arbeitgeber*innen, die diese Aspekte berücksichtigen, haben die Möglichkeit, die Gen Z effektiver anzusprechen und talentierte junge Menschen erfolgreich in ihr Unternehmen zu integrieren.

Lernen aus der Praxis

Der 48-jährige Geschäftsführer eines meiner Kunden aus der IT-Branche, der direkt nach seinem Studium ein eigenes Unternehmen gründete, kam im letzten Jahr auf mich zu.

Er hatte mit einer hohen Fluktuation junger Mitarbeiter zu kämpfen und suchte nach Lösungen. Sein Einsatz war enorm. Aus seiner Sicht hatte er »alles« versucht: die Einführung von Mentorenprogrammen, umfassende Einarbeitung durch Onboarding-Prozesse, klare Verantwortlichkeiten und Aufgabenstellungen, Homeoffice, Teilzeit usw. Trotzdem blieb die Fluktuation konstant zu hoch. Das Unternehmen implementierte New-Work-Prinzipien, Arbeitsräume wurden umgestaltet und Mitarbeiter befragt. Den jungen Angestellten wurde mehr Eigenverantwortung übertragen, Hierarchien wurden vereinfacht, auch ins Homeoffice wurde Obst geschickt, Hunde durften im Büro dabei sein, feste Regeln abgeschafft, die Fehlerakzeptanz erhöht, individuelle Wünsche ermöglicht und vieles mehr. Aus der Not geboren und aus der Sicht des Unternehmers an einigen Stellen zu viel des Guten. Aber was tut man nicht alles, um die Mitarbeitenden zu halten? Hängt nicht daran der Unternehmenserfolg und die Zufriedenheit der Kunden? Muss er als Unternehmer nicht alles tun, was die Mitarbeitenden wünschen? Ist das das Merkmal der neuen Zeit?

Gespräche und eine eingehende Beobachtung und Befragung von zehn jungen Mitarbeitenden offenbarte, dass gängige Annahmen über die Generation Z, wie etwa der Wunsch nach Flexibilität und minimalem Arbeitsaufwand, nicht in allen Bereichen wirklich zutreffen. Ihnen fehlten klare Strukturen und verlässliche Regeln. Der Unternehmer bemerkte zwar, das Mitarbeitende und deren Ansprüche sich geändert haben, allerdings reagierte er darauf, ohne tiefer in die Ideen und Denkweisen der Gen Z einzusteigen. Rückblickend konnten wir einige Änderungen als Aktionismus einordnen.

Es zeigte sich, dass Karriere nicht an alleroberster Stelle steht, jedoch Geld und der Sinn der Arbeit, die Verbundenheit mit dem Team und den Kunden eine zentrale Rolle für die Mitarbeiterzufriedenheit spielen. Was dem Team fehlte, war das tiefere Verständnis ihrer Arbeit und die Idee des Unternehmens. Viele hatten den Eindruck, dass Umsatz und Gewinnmaximierung oberste Priorität haben.

Keine Frage, die Wirtschaftlichkeit muss aus Sicht des Unternehmers unbedingt Priorität haben. Umsatz und Gewinn machen es möglich, das Unternehmen am Markt zu halten und die Arbeitsplätze zu sichern.

Allerdings, und dies wurde offensichtlich zu wenig kommuniziert, hatte der Unternehmer von Beginn an eine tiefe, sinnstiftende Vision. »Technik muss einfach sein.« Das Arbeiten soll Menschen Spaß machen und muss machbar und einfach sein, was durch Digitalisierung – optimal eingesetzt – auch möglich ist. Das war der Motor für sein Tun. Das war der Grund, warum er sein Unternehmen gegründet hatte, das war und ist bis heute seine Mission.

Die Mitarbeiterbefragungen haben ergeben, dass das den Neuzugängen nicht klar war. Einige Mitarbeitende, die von Anfang an dabei waren, wussten und kannten es. Sie waren selbstverständlich darauf bedacht, dass die angebotenen Lösungen für die Kunden immer vor allem »einfach« waren. Den jungen Mitarbeitenden allerdings wurde dies nur »nebenbei« kommuniziert. Sie dachten hauptsächlich, der Grund dafür wäre lediglich eine höhere Rentabilität für das eigene Unternehmen. Was fehlte war die Bewusstheit darüber, was der eigentliche Unternehmenssinn, die

Firmenphilosophie ist. Eine große Erkenntnis für den Unternehmer. Dachte er doch – das wäre logisch.

Außerdem haben die Mitarbeiterbefragungen aufgezeigt, dass im Unternehmen zwar jeglichem Wunsch nach Flexibilität in Bezug auf Arbeitszeiten stattgegeben wurde, allerdings fühlten sich die meisten, durch Homeoffice bedingt, alleine im Job. Ihnen fehlte das Gefühl von Zugehörigkeit. Daran änderten auch die digitalen Treffen nicht viel. Die Firmenphilosophie: »Arbeit muss durch Digitalisierung einfach werden« hätte ein gemeinsames Ziel sein können, war es aber leider nicht. Die Möglichkeit bei gemeinsamen Fußball-Events dabei zu sein, Grillabende, Bergtouren usw. wurde von den wenigsten angenommen. »Warum soll ich da hingehen – ich kenn da ja kaum jemanden« – auch das waren Sätze, die den Unternehmer sehr irritierten. Sollte doch gerade das durch die Events geändert werden.

Es lag also wieder einmal am Thema Kommunikation. Hier wurde im Nachgang einiges verändert. Zusammen mit den Führungskräften wurde für die nächsten sechs Monate ein Plan erstellt, um folgende Punkte umzusetzen:

1. Die während der Corona-Pandemie eingeführte Homeoffice-Möglichkeit wird beibehalten, allerdings besteht der Wunsch nach **Zugehörigkeit und Teamarbeit.**
Geplante Änderungen:
   - Alle Teams definieren eigenständig einen Tag pro Woche, an dem alle Mitarbeitenden im Büro anwesend sind. Kernarbeitszeit an diesem Tag ist 10 bis 15 Uhr. Auch die Mittagspause wird zusammen verbracht.
   - Immer am ersten und letzten Donnerstag im Monat sind die Mitarbeitenden aller Teams anwesend. Kernarbeitszeit auch hier 10 bis 15 Uhr.
   - Jedes Team ist in einem teamübergreifenden Projekt beteiligt.

2. Das Thema **Sinn und Philosophie des Unternehmens** wurde stark in den Vordergrund gerückt: »Wir machen digitales Arbeiten einfach«.
Geplante Änderungen:
- Diese Aussage wird verstärkt auf der Website, in Vorstellungsgesprächen, in Projektgesprächen, Feedbackgesprächen usw. klar besprochen und benannt. Auch in allen Teambesprechungen wird darauf Bezug genommen.
- Fertige Projekte werden intern »gefeiert«. Immer wird aufgezeigt, wie und für wen sich die Arbeit durch die erweiterte Digitalisierung vereinfacht hat.
- Junge Mitarbeitende werden aktiv nach Ideen und Möglichkeiten gefragt, wie sich die digitale Arbeit intern und bei Kunden weiter vereinfachen lässt.
- Aus jedem Team wird im Wechsel ein Mitglied benannt, das auf den sozialen Plattformen sichtbar macht, wie digitale Arbeit sich durch das eigene Unternehmen vereinfacht hat oder vereinfachen lässt.
- Das gemeinsame Ziel: »Wir machen digitales Arbeiten einfach« wird ständig kommuniziert, visualisiert und auf allen Kanälen sichtbar gemacht. Hier können junge Mitarbeitende der Gen Z voll dahinterstehen. Es ist persönlich und beruflich auch für sie interessant.

Einige Mitarbeiter berichteten, dass vieles im Unternehmen nicht klar ist und sie oft nicht wüssten, was wann von wem und wie zu tun sei. **Sinnvolle Regeln** fehlen. Die hohe Fluktuation führte dazu, dass der Unternehmer und das Führungsteam mehr und mehr auf Regeln verzichteten. Sie dachten, das wäre unabdingbar um die junge Generation zu halten. Die Gespräche haben ergeben, dass das Gegenteil der Fall ist. Je klarer die Regeln festgelegt und kommuniziert sind, desto freier ist arbeiten möglich. So wurde in Führungsteams darüber diskutiert, welche Regeln eingeführt und klar kommuniziert werden müssen. Die Regeln sollen Sicherheit und den Führungskräften mehr Struktur geben.

Zu Beginn wurde mit drei neuen Regeln gestartet:
- **Abrechenbare Arbeitszeit:** Die Mitarbeitenden, die für Kunden tätig sind, müssen 85% ihrer Arbeitszeit abrechenbar erfassen. Die Angst war, dass dies Druck erzeugen könnte. Das Gegenteil war der Fall. Die Mitarbeitenden wussten, woran sie sich halten müssen und taten dies auch. Wo es nicht möglich war, kam von ihnen ein Vorschlag, der immer mit Effizienz und Vereinfachung einherging. Ganz im Sinne des Unternehmens.
- **Feste Tage** im Büro. Nach anfänglichem »Murren« wurde schnell klar, dass viele Aufgaben wesentlich effizienter erledigt werden können, wenn die Kollegen sich und die Aufgabengebiete besser kennen. Die Zusammenarbeit soll hierdurch vertieft werden.
- **Umsatzverantwortlichkeit:** Gänzlich neu müssen ab sofort alle Mitarbeitenden mit Kundenkontakt pro Kunde eine zusätzliche Umsatzmöglichkeit pro Halbjahr ins Unternehmen einbringen. Die Idee ist: Diese Mitarbeitenden sehen und hören, was beim Kunden los ist, und können so sinnvolle Vorschläge entwickeln, um deren Arbeiten noch weiter zu vereinfachen. Der tatsächliche Verkauf erfolgt dann durch die Vertriebsmitarbeiter.

Der Unternehmer hat erkannt, dass die Förderung seiner persönlichen und fachlichen Entwicklung entscheidend für den Erfolg seines Unternehmens ist. Neben der fachlichen Weiterbildung spielen persönliche Reflexionen, Coaching und Mentoring eine wesentliche Rolle dabei, die eigenen Führungsqualitäten zu stärken. Diese Mittel helfen ihm, proaktiv auf Herausforderungen zu reagieren und seine Vision für das Unternehmen schneller und konkreter umzusetzen.

Um diese Erkenntnisse in die Praxis umzusetzen, plant er künftig regelmäßige Auszeiten, die ihm sowohl der Regeneration als auch der persönlichen Weiterbildung dienen. Diese Auszeiten ermöglichen es ihm, tiefergehende Reflexionen über seine Führungsstrategien und die Unternehmenskultur durchzuführen. So will er unangenehme Situationen im Vorfeld ausschließen und effektive Lösungsansätze entwickeln.

Durch die bewusste Entscheidung für regelmäßige Pause- und Reflexionszeiten möchte der Unternehmer nicht nur seine eigenen Fähigkeiten weiterentwickeln, sondern auch ein positives Arbeitsumfeld für seine Mitarbeitenden schaffen. Indem er in seine persönliche und professionelle Entwicklung investiert, legt er den Grundstein für ein zukunftsfähiges Unternehmen, das agiler auf die dynamischen Anforderungen der IT-Branche reagieren kann.

Fazit:

Die Erkenntnisse des Unternehmers führten zu einer signifikanten Steigerung der Mitarbeiterzufriedenheit und einer stärkeren Bindung an das Unternehmen. Mitarbeitende konnten ihre Ideen einbringen, wurden gehört und tragen durch ihre neue Art zu denken erheblich zur Unternehmer- und Kundenzufriedenheit bei.

Nebenbei ergab sich unerwartet auch eine Gewinnsteigerung, nicht zuletzt auch durch die verringerten Recruiting- und Einarbeitungskosten. Der Unternehmer hat für sich erkannt, dass auch junge Mitarbeiter erfolgsorientiert sein können und gute Ergebnisse erzielen. Effiziente Kommunikation in kurzen Meetings findet öfter, dafür kürzer statt. Schnellere Ergebnisse kommen allen Beteiligten sehr zugute.

Wesentlich zur Verbesserung der Gesamtsituation hat auch das tiefere Verständnis der Führungsanforderungen beigetragen. Dem Unternehmer ist klar geworden, wie wichtig es ist, durch

Coaching und Austausch ein klareres Verständnis von Führung zu bekommen und den Anforderungen der neuen Generation gerecht zu werden. Das Teilen von mehr Informationen, die im Arbeitskontext informativ sein könnten, hat zu mehr Verständnis und Motivation geführt – diese Erkenntnis war besonders interessant für den Unternehmer.

Jetzt sind Sie dran

Beantworten Sie sich immer wieder einige Fragen. Die Gen Z denkt und handelt anders als andere Generationen vor ihnen. Die Denk und Verhaltensweise ist nicht schlechter oder besser, nur anders. Als Unternehmer*in oder Führungskraft müssen Sie die Denkweise mehr verstehen, um die Produktivität zu halten und dem Fachkräftemangel in ihrem Unternehmen entgegenzuwirken.

- Ist allen im Team klar, wie die Dienstleistung oder das Produkt dem »großen Ganzen« dient und was die Mission des Unternehmens ist?
- Sind Regeln und Strukturen so angepasst, dass durch sie Flexibilität möglich ist?
- Ist ihr Unternehmen technisch auf dem neuesten Stand? Werden neue Technologien genutzt? Was heißt für Sie Digitalisierung?
- Wie schnell sind Ihre Arbeits- und Entscheidungsprozesse?
- Werden genügend Teamergebnisse kommuniziert?
- Digitales Multitasking der Gen Z – ist ihr Unternehmen darauf abgestimmt?
- Nutzen Sie digitale Tools, um den Austausch und das Feedback zu optimieren?
- Verfügen alle Beteiligten über die notwendigen Führungskompetenzen?
- Authentisch führen – was heißt das für Sie?

Die sieben wichtigsten Tipps zum Führen der Generation Z

Tipp 1	**Regelmäßiges Feedback:** Sorgen Sie für kontinuierliche, konstruktive und schnelle Rückmeldungen. Setzen Sie auf kurze, regelmäßige Meetings.
Tipp 2	**Transparenz und Einbindung:** Geben Sie Einblicke in die strategischen Entscheidungen des Unternehmens. Die Generation Z möchte verstehen, wofür sie arbeitet.
Tipp 3	**Flexibilität und Autonomie:** Bieten Sie flexible Arbeitszeiten und die Möglichkeit, remote zu arbeiten. Setzen Sie klare Zielvorgaben und Regeln, die autonomes Arbeiten ermöglichen.
Tipp 4	**Technologische Kompetenz:** Fördern Sie die Anwendung digitaler Tools und nutzen Sie das technologische Know-how der Generation Z, um Prozesse zu modernisieren.
Tipp 5	**Sinnstiftende Arbeit:** Stellen Sie den Sinn und die Werte Ihres Unternehmens in den Vordergrund. Die Generation Z möchte sich mit den Zielen und der Kultur des Unternehmens identifizieren.
Tipp 6	Optimieren sie Ihre **Führungskompetenz** und die Ihrer Führungskräfte.
Tipp 7	Nehmen Sie die jungen Mitarbeitenden **ernst**. Fragen Sie nach und hören Sie zu. Steigern sie die Belastung zu Beginn schrittweise, um die Motivation zu halten.

10 Führung von Mitarbeitern in Zeiten von Homeoffice und Remote-Arbeit

Remote Leadership: Erfolgreich führen aus der Ferne

- Definition
- Die neue Normalität
- Führungskräfte von heute: persönliche Kompetenzen
- Einblicke: Herausforderungen und Chancen des Remote-Arbeitens
- Lernen aus der Praxis
- Jetzt sind Sie dran
- Die fünf wichtigsten Tipps für Remote-Führung

Definition

Unter Remote-Führung versteht man die Leitung von Teams, die an unterschiedlichen Orten über digitale Kommunikationsmittel kommunizieren und arbeiten. Vorgesetzte sind physisch nicht anwesend, direkte Kontrollmechanismen müssen durch Vertrauen, Empathie, Flexibilität und klare Zielvorgaben ersetzt werden. Diese Art der Führung ist häufig neu und macht eine erhöhte Professionalität der Führungskräfte erforderlich. Führungskräfte müssen hier proaktiv und wohlwollend den Kontakt halten und gleichzeitig die erforderlichen Arbeitsergebnisse ermöglichen.

Die neue Normalität

Homeoffice und Remote-Arbeit sind spätestens seit der Pandemie keine Ausnahme mehr, sondern für viele Unternehmen zur neuen Normalität geworden. Diese Arbeitsweise bringt nicht nur technologische Herausforderungen mit sich, sondern stellt auch die Führungskultur auf den Prüfstand. Der direkte Kontakt fehlt oft, persönliche Meetings werden durch Videokonferenzen ersetzt, und das Gefühl der Teamzugehörigkeit kann leiden. Führungskräfte müssen neue Wege finden, um Vertrauen zu schaffen, klare Kommunikationsstrategien zu entwickeln, die Teamdynamik zu fördern und gleichzeitig im Sinne des Unternehmens Ergebnisse zu erzielen. Um in einem Remote-Arbeitsumfeld erfolgreich zu führen, ist es entscheidend zu wissen, wo jeder steht und welche Aufgaben aktuell erledigt werden müssen. Und zwar vom Team und jedem Einzelnen. Es bietet sich an, regelmäßige virtuelle Check-ins einzuführen, um das Team zusammenzuhalten und den gegenseitigen Austausch zu ermöglichen. Auch Meetings, kurze täglichen Stand-ups und auch informelle Kaffeepausen bieten sich an.

Führungskräfte müssen sich neu ausrichten. Kontrollmechanismen, die bei Anwesenheit aller Mitarbeitenden üblich waren, fallen weg. Nicht nur remote, hier aber besonders, müssen Führungskräfte darauf achten, dass Ziele und Erwartungen klar und unmissverständlich kommuniziert werden. So bekommt das Team nicht nur Transparenz, sondern auch ein Gefühl von Orientierung und Verantwortlichkeit. Zeitnahe Feedback-Schleifen sind besonders wichtig, um das Engagement und die Zufriedenheit der Mitarbeiter zu halten. Führungskräfte müssen sich eine neue Kultur, die auf Offenheit, Vertrauen und kontinuierlichem Lernen basiert, aneignen und diese umsetzen.

Digitale Tools, Plattformen wie Slack, Microsoft Teams oder Trello, ermöglichen es Teams, effizient zusammenzuarbeiten, Informationen auszutauschen und Projekte zu verwalten. Führungskräfte müssen diese beherrschen und sich aktiv einbringen. Neue, moderne Technologien sollten, neben persönlichem Austausch dazu beitragen, das Gefühl von Isolation zu verringern. Auch wenn Teamkollegen an unterschiedlichen Orten arbeiten, ist es möglich ein Gefühl von Zusammengehörigkeit zu erzeugen. Führungskräfte sind hier am Gelingen maßgeblich beteiligt und müssen die eigene Verantwortlichkeit dafür erkennen und entsprechend agieren.

Führungskräfte der neuen Zeit tragen eine Menge Verantwortlichkeiten. Neben dem Wohlbefinden der Mitarbeiter und Teams müssen auch remote die Arbeitsergebnisse stimmen. Sie müssen darauf achten, dass die Zusammenarbeit klappt, Mitarbeiter und Teams gute Ergebnisse erzielen, Mitarbeitende sich auch im häuslichen Umfeld gut abgrenzen und vieles mehr. Fluktuation muss vermieden und die Attraktivität des Unternehmens so gesteigert werden, dass neue Fachkräfte rekrutiert werden können.

Remote-Führung ist anders und kann gelingen. Empathie, zeitnahe Kommunikation, Zielklarheit und proaktive Führung sind Schlüsselkompetenzen, die sich neue Führungskräfte aneignen müssen. Vertrauen statt Kontrolle ist die Devise, um Zusammenarbeit auch remote zu ermöglichen und Unternehmensergebnisse positiv zu beeinflussen. Nie war starke Führungskompetenz so wichtig wie heute.

Unterschiedliche Altersgruppen, Babyboomer bis Generation Z, wollen ergebnisorientiert und wertschätzend geführt werden. Mitarbeiterwechsel ist teuer und muss vermieden werden, wann immer dies möglich ist. Ob Unternehmer*in oder Führungskraft – in jedem Fall ist es wichtig und nötig, die eigenen Kompetenzen im Bereich auszubauen und zu festigen.

Führungskräfte von heute: persönliche Kompetenzen

Um die umfangreichen Aufgaben zufriedenstellend zu erfüllen ist es enorm wichtig, dass sie selbst in der Lage sind, sich in einen guten Zustand zu versetzen. Nur so ist es möglich, Teammitglieder zu inspirieren und zu unterstützen. Ein gesunder Führungsstil setzt voraus, dass Führungskräfte in der Lage sind, das eigene Wohlbefinden, körperliche Fitness und geistige Gesundheit im Alltag zu leben. Mehrere Aspekte sind hierzu förderlich:

- **Selbstfürsorge:** Regelmäßige Bewegung, ausreichend Schlaf und gesunde Ernährung sind entscheidend, um die nötige Energie, Zielgerichtetheit und Zufriedenheit zu fördern.
- **Emotionale Stabilität:** Wichtig sind: ein stabiles privates Umfeld, eine positive Grundeinstellung, emotionale Ausgeglichenheit und die nötige Zuversicht und Resilienz.

- **Stressmanagement:** Techniken wie Meditation, Yoga, Achtsamkeitsübungen helfen dabei, auch in stressigen Zeiten den Überblick zu behalten. Regelmäßige Pausen sind Grundvoraussetzung dafür, gute Entscheidungen zu treffen und den Überblick zu behalten.
- **Fortbildung:** Fachliche und persönliche Weiterbildung schafft den Blick von außen und ermöglicht Reflexion und Führungskompetenz.
- **Mentoring und Coaching:** Austausch ist wichtig. Ob in einer Gruppe von Gleichgesinnten, im Coaching oder Mentoring – Führungskräfte sollten sich rechtzeitig darum kümmern einen Platz zu haben, an dem offener Austausch möglich ist.
- **Vielfalt und Inklusion:** Die heutige Arbeitswelt macht es nötig, um andere Kulturen und Werte zu wissen und sie zu verstehen. Nur so ist ein empathischer Umgang mit anderen möglich, der auch die eigene Zufriedenheit maßgeblich beeinflusst. Konflikte werden auf diese Weise vermieden und die Führung erheblich vereinfacht.
- **Kommunikation:** Viele Konflikte und Missverständnisse können vermieden werden, wenn die Kommunikation stimmt. Klar, präzise und auch auf digitalen Kanälen verständlich zu kommunizieren kann gelernt werden. Fort- und Weiterbildungen sind empfehlenswert.
- **Anpassungsfähigkeit:** Die Arbeitswelt verändert sich so schnell wie nie zuvor. Die Bereitschaft, sich und die eigene Führungskompetenz anzupassen, muss gegeben sein. Flexibilität im Umgang mit neuen Arbeitsmitteln, vielen Kulturen, neuen Arbeitsstilen und nicht zuletzt ständig sich veränderter Technologie ist unumgänglich.
- **Entscheidungsfähigkeit:** Mitarbeitende lieben Führungskräfte, die entscheiden. Führungskräfte müssten lernen schnell die Informationen zu beschaffen, die Entscheidungen möglich machen.
- **Emotionale Kompetenz:** Führungskräfte müssen sich ihrer eigenen Emotionen bewusst sein. Sich selbst wahrzunehmen ist Grundvoraussetzung dafür mit den Emotionen anderer gut

umzugehen. Auf diese Weise tragen Führungskräfte erheblich dazu bei, Konflikte frühzeitig zu erkennen, um adäquat darauf zu reagieren.

- **Lernbereitschaft:** Die Bereitschaft, eine breite Palette von persönlichen Kompetenzen zu entwickeln, ist neben der fachlichen Weiterbildung in einer remote-orientierten Arbeitswelt unerlässlich.

Einblicke: Herausforderungen und Chancen des Remote-Arbeitens

Remote-Arbeiten bietet zahlreiche Vorteile: Flexibilität, Einsparung von Pendelzeiten und die Möglichkeit, Talente global zu rekrutieren. remote ist für viele Familien eine enorme Erleichterung, Kinderbetreuung und private Aktivitäten sind leichter umsetzbar, persönliche Präferenzen der Mitarbeitenden können berücksichtigt werden. Für die Unternehmen verringern sich Büro- und Ausstattungskosten, geeignete Technik macht die produktive Zusammenarbeit möglich. Remote-Arbeit eröffnet neue Möglichkeiten für die Strukturierung von Teams. Unternehmen sind nicht mehr auf einen geografischen Raum begrenzt und können überregional und auch weltweit nach den besten Talenten suchen. Dies ermöglicht eine Diversifizierung der Belegschaft und den Zugang zu einem viel größeren Talentpool.

Gleichzeitig birgt sie auch Herausforderungen. Mitarbeiter können sich isoliert fühlen, der informelle Austausch leidet und es kann schwer sein, die Motivation aufrechtzuerhalten. Für Führungskräfte bedeutet dies, dass sie verstärkt auf Kommunikation und Vertrauen setzen müssen.

Im Büro entstehen viele Gespräche und Entscheidungen informell beim Kaffeetrinken oder in kurzen Flurgesprächen. Informelle Interaktionen, spontaner Austausch und kurzes Feedback sind in einer Remote-Welt eher die Ausnahme. So müssen die Unternehmen neue Möglichkeiten finden, um den Austausch der

Teammitglieder zu fördern. Regelmäßige virtuelle Treffen, aber auch Spiele und Kaffeepausen stärken einen ungezwungenen Austausch der wiederum die Arbeitsergebnisse verbessert. Es ist entscheidend ein Gefühl der Gemeinschaft zu bewahren oder zu erzeugen. Führungskräfte sind hier gefordert geeignete Wege und Möglichkeiten zu finden.

Die Möglichkeit für schnelle Rückfragen und Kontrolle fehlen, so sind klare Kommunikation, Prozesse und Regeln unerlässlich um Konflikte und fehlende Ergebnisse zu vermeiden. Mitarbeiter sind nicht vor Ort, trotzdem ist das Unternehmen für das Wohlbefinden mitverantwortlich. Führungskräfte sind auch hier ein tragendes Bindeglied.

Insgesamt bietet das Remote-Arbeiten erhebliche Vorteile, fordert aber auch einen enormen Wandel in der Unternehmenskultur und dem Management. Führungskräfte müssen ihre Führungskompetenz erweitern und neue Wege gehen. Wer die Herausforderungen aktiv angeht, kann die Vorteile und Chancen nutzen und als Gesamtheit enorm profitieren.

Lernen aus der Praxis

Eine meiner Kundinnen, die Inhaberin einer Werbeagentur mit 10 Mitarbeitenden, hat durch die Corona-Pandemie die Erfahrung gemacht, dass einige Mitarbeitende weiter remote arbeiten möchten und dem zugestimmt. Diese Umstellung brachte im Unternehmen sowohl Herausforderungen als auch wertvolle Lektionen mit sich, die das Management nachhaltig geprägt haben.

Im Laufe der ersten Zeit der Remote-Arbeit stellte die Agentur fest, dass die Kommunikation zwischen den Teammitgliedern, die vorher in lebhaften Büros stattfand, stark leidet. Missverständnisse und kleinere Konflikte waren an der Tagesordnung, da die Nutzung von E-Mails und anderen Kommunikationstools scheinbar nicht ausreichte, um die erforderlichen Gespräche und den gewohnten kreativen Austausch beizubehalten. Zudem gab es Schwierigkeiten bei der Planung und Verfolgung von Projekten, da die Tools zur Aufgabenverwaltung nicht konsequent genutzt wurden.

Um diese Probleme zu lösen, verfolgten sie mehrere Strategien:

1. **Regelmäßige Meetings:** Es wurden wöchentliche virtuelle Teambesprechungen eingeführt, in denen jedes Teammitglied seine aktuellen Projekte vorstellen und Feedback einholen konnte. Außerdem treffen die Projektteams sich täglich zu einer informellen 10-Minuten Pause. Beides half, den Austausch zu verbessern und die Teammitglieder wieder enger zusammenzubringen.

2. **Effektive Tools:** Die Agentur entschied sich, ein Projektmanagement-Tool zu nutzen, das nicht nur Aufgaben zuweisen, sondern auch den Fortschritt für alle transparenter machen kann. Dadurch konnten alle Beteiligten jederzeit den Status der Projekte einsehen und alle notwendigen Informationen an einem Ort finden. Außerdem einigten sich alle auf ein Kommunikationstool, das alle Mitglieder nutzen und mit dem auch auf gemeinsame Dateien zugegriffen werden kann. Alle anderen Messengerprogramme wurden aus der gemeinsamen virtuellen Welt entfernt. So wurden die Kommunikationswege verringert, was nach einigen Wochen von allen Mitgliedern positiv bewertet wurde.

3. **Gemeinsame Aktivitäten:** Zur Stärkung des Teamgeistes wurden regelmäßige virtuelle Aktivitäten eingeführt, wie z. B. ein Online-Spiel am Freitagmittag, informelle Kaffeepausen und »Balkonien«, immer um 10 und 15 Uhr. Alle Mitarbeitenden, je nach Verfügbarkeit, treffen sich auf oder je nach Wetterlage am Balkon. Die Abwesenden werden auf einem großen Bildschirm dazu geschalten. Anwesenheitspflicht besteht hier nicht, beides wurde aber von den meisten Teammitgliedern gerne angenommen. Diese Aktivitäten trugen dazu bei, das persönliche Miteinander, das in der Büroumgebung vorhanden war, zu reproduzieren und wieder ein positiveres Miteinander zu schaffen.

4. **Flexibilität und Wohlbefinden:** Die Inhaberin erkannte, wie wichtig es war, den Mitarbeitenden Flexibilität zu bieten, um ihren Tagesablauf zu optimieren. Daher wurde ein Modell eingeführt, das es allen ermöglicht, ihre Arbeitszeiten selbst zu gestalten, was zu einer höheren Zufriedenheit und Produktivität führte. Hierzu notwendig war die Einführung eines geeigneten Zeiterfassungstools. Alle Teammitglieder können sich ein- und ausloggen. Kernarbeitszeiten und die entsprechende Erreichbarkeit wurden besprochen und konnten für alle zufriedenstellend vereinbart werden. Einige Mitarbeitenden entschieden sich generell remote zu arbeiten, andere blieben lieber im Büro. Auch die Kombination aus Büro und Homeoffice ist möglich. Allerdings muss am Monatsanfang ein Plan für alle vorliegen. Verlässliche Erreichbarkeit ist eine klare, für alle verständliche Regel.

5. **Recruiting:** Nachdem sich gezeigt hat, dass auch remote gute Ergebnisse erzielt werden, hat die Unternehmerin sich dazu entschieden überregional nach geeignetem Fachpersonal zu suchen. Dies ist relativ zügig gelungen. Es wurde zum Start ein Monat im Büro vereinbart, in der Zeit kamen auch alle anderen Mitarbeitenden persönlich einige Tage. So ist es gut gelungen, das neue Teammitglied ins Unternehmen einzubinden und durch die Einführung der neuen technischen Tools ist auch die Einarbeitung in einem 200 km entfernten Ort gut gelungen.

Fazit:

Durch die rechtzeitige und proaktive Identifikation von Problemen und Herausforderungen, die Umsetzung gezielter Lösungsansätze und den Einsatz neuer Tools konnte die Agentur auch remote gute Ergebnisse erzielen.

Sowohl der wirtschaftliche Erfolg als auch die Mitarbeiterzufriedenheit wurden zum Teil sogar erhöht. Teilweise ist eine höhere Produktivität als im Büro erkennbar.

Feste Regeln sind Teil des Erfolgs. Diese wurden von der Unternehmerin vorgeschlagen, im Team diskutiert und für alle verbindlich eingeführt. Nach anfänglichen Widerständen gelingt die Umsetzung inzwischen für alle Beteiligten.

Die Erfahrungen, die die Unternehmerin gesammelt hat, sind nicht nur für die Agentur wertvoll, sondern dienen auch als Beispiel für andere Unternehmen, die ähnliche Herausforderungen meistern möchten. Mit dem nötigen Wohlwollen aller, geeigneter technischer Tools und der erhöhten Aufmerksamkeit der Führungskraft ist zu sagen, dass remote auch in kleinen Unternehmen eine sinnvolle Ergänzung ist. Sicherlich nicht von und für alle Mitarbeitenden gewünscht und erforderlich stellt es doch eine gewinnbringende Möglichkeit dar, das Unternehmen zu stärken und dem Fachkräftemangel entgegenzuwirken.

Für Unternehmer*innen ist neben der Mitarbeiterzufriedenheit weiterhin der wirtschaftliche Erfolg wesentlicher Verantwortungsbereich, dem in jedem Fall Rechnung getragen werden muss.

Jetzt sind Sie dran

- Erstellen Sie Ihren Leitfaden für die Führung in Zeiten von Homeoffice und Remote-Arbeit.
- Überlegen Sie, wie Sie klare Kommunikationsstrukturen etablieren und den informellen Austausch in Ihrem Unternehmen fördern können.
- Planen Sie regelmäßige virtuelle Meetings und Veranstaltungen und stellen Sie sicher, dass die technischen Mittel für eine effiziente Zusammenarbeit vorhanden sind.
- Definieren Sie klare Regeln zur Erreichbarkeit und Zielsetzung, um sicherzustellen, dass alle Mitarbeiter dieselben Erwartungen kennen.
- Welche virtuellen Tools nutzen Sie und welche könnten die Zusammenarbeit weiter erleichtern.
- Wie kann in Zeiten von Remote der wirtschaftliche Erfolg weiterhin gesichert bleiben?

Die fünf wichtigsten Tipps für Remote-Führung

Tipp 1	**Kommunikation ist der Schlüssel:** Klare und transparent Kommunikation und entsprechende Strukturen sind entscheidend. Fragen Sie regelmäßig nach Verbesserungsvorschlägen und binden Sie Ihre Mitarbeitenden mit ein, um ein gutes Miteinander zu fördern.
Tipp 2	**Virtuelles Treffen:** Fördern Sie den Zusammenhalt durch informelle virtuelle Veranstaltungen. Soziale Interaktionen müssen für alle an Wichtigkeit behalten.
Tipp 3	**Vertrauen aufbauen:** Vertrauen Sie auf die Eigenverantwortung Ihrer Mitarbeitenden und vermeiden Sie starke Kontrolle. Setzen Sie klare Ziele und messen Sie die Ergebnisse, nicht die Zeit.
Tipp 4	**Erreichbarkeit und Unterstützung:** Seien Sie für Ihre Mitarbeitenden zu festen Zeiten verfügbar und bieten Sie regelmäßige Gespräche an. Stellen Sie sicher, dass Sie Probleme frühzeitig erkennen, ansprechen und unterstützen.
Tipp 5	**Digitalisierung:** Finden und nutzen Sie die richtigen Tools für die Zusammenarbeit. Von Videokonferenzen bis hin zu Projektmanagement-Software – die richtigen Werkzeuge sind entscheidend für die Effizienz im Homeoffice. Vorsicht: So viel wie nötig, nicht mehr.

Zusammenfassung

Nachhaltigkeit braucht Langfristigkeit

- Zusammenfassung
- Das 1x1 der Unternehmensführung
- Die fünf wichtigsten Tipps für Ihr Wachstum

Zusammenfassung

Sie halten ein Handbuch für Unternehmen im Wachstum in Händen. Es hätte für mich auch die Möglichkeit gegeben, einzugehen auf eine Vielzahl von alltäglichen Fragestellungen, die mir täglich begegnen: Verkauf, Werbung, Kundenmanagement, Zeitmanagement usw. Jedes einzelne für sich ist wichtig. Meine inzwischen 20-jährige Erfahrung in der Beratung zeigt mir allerdings, schlechte Auftragslage, zeitaufwändige Mitarbeiterführung und fehlendes Zeitmanagement sind immer nur Symptome. Die Ursache ist bei der inneren Einstellung der Unternehmer zu finden. Sie haben kein genaues Bild und wissen nicht genau, was es heißt, Unternehmer zu sein.

Um dem Wachstum eine Chance zu geben, habe ich mich mit diesem Buch dazu entschlossen, die grundsätzlichen Führungsaufgaben eines Unternehmers zu beleuchten. Die einzelnen Kapitel dieses Buches sollen Ihnen eine Hilfestellung bieten. Es geht um die Grundlagen einer soliden Unternehmensführung. Sobald das Fundament steht, ist es leicht, die richtigen Methoden zu finden oder zu optimieren. Ein Seminar oder Buch zum Thema »Mitarbeiterführung« beispielsweise bringt nur dann Fortschritt, wenn Sie als Unternehmer grundsätzlich verstanden haben, was es bedeutet ein Unternehmen ins Wachstum zu führen. Wenn Sie bereit sind, Ihren Alltag so auszurichten, dass Wachstum eine Chance hat.

Ich erlebe in der Beratung und in Workshops immer wieder, dass viele Unternehmer hier unbewusst inkompetent sind. Sie wissen nicht, dass sie es nicht wissen. Kein Wunder, sie kommen aus einem Angestelltenverhältnis oder machen es schon lange so wie sie es eben machen. Sie meinen das Wichtigste sei der Kunde. Das Produkt oder die Dienstleistung erfordert alle Aufmerksamkeit. Davon sind sie überzeugt. Das Tagesgeschäft ist das was zählt. Das ist richtig und wichtig.

Falls es aber Ihre Absicht ist, zu wachsen, wenn Sie beabsichtigen ihr Unternehmen erheblich zu vergrößern, dann können Sie es sich nicht leisten, alle Alltagsarbeiten selbst zu erledigen. Dann ist es Ihre Aufgabe, die Entwicklung zu planen, das Vertrauen der Mitarbeiter und Kunden zu sichern, Strukturen zu schaffen und die nötigen finanziellen Mittel bereitzustellen, das heißt Ihr Unternehmen zu führen. Und dann sind es andere Aufgaben, die Ihre Aufmerksamkeit benötigen. Dinge, die nur Sie als Unternehmer entscheiden können: *den Kurs, den Ihr Unternehmen eingeschlagen wird.*

Wachstum ist eine Entscheidung.

Anfangs haben Sie sich als Selbstständiger oder Freiberufler zum Beispiel auf Themen wie Auftragsbearbeitung, Verkauf, Mitarbeiterführung, Verwaltung, Buchhaltung, Zeitmanagement, Organisation und Werbung konzentriert. Das alles sind Themen, die Ihnen in Ihrem Alltag ständig beggenen. Sobald sich aber Ihre Ausrichtung verändert und Sie Unternehmer werden wollen, muss Ihr tägliches Arbeitsfeld sich grundlegend ändern. Es erfordert ein Umdenken. Ich habe mich in diesem Buch darauf beschränkt, die Bereiche zu beleuchten, die nicht von außen auf Sie zukommen.

Es sind die Bereiche, die Bewusstsein, Disziplin und Zielausrichtung erfordern. Die Bereiche, die nur Sie selbst von innen heraus als wichtig einstufen können und als Unternehmer auch müssen. Es geht um die Themen, die Sie erarbeiten müssen, ohne Anschub von außen.

Erfahrungsgemäß sind es genau diese Punkte, die wechselseitige Wachstumshemmnisse darstellen. Sie müssen bewusst Zeit dafür einplanen und diese auch einsetzen. Es ist wichtig Ihr übliches Hamsterrad inmitten von dringlichen Aufgaben verlassen. Gleichzeitig konzentrieren Sie sich durch diese Vorgehensweise auf das, was wichtig ist – wichtig für Ihr Wachstum. Ich kann Ihnen versprechen, wenn es wirklich Ihr Wunsch ist, Ihr Unternehmen ins Wachstum zu führen, werden auch Sie es schaffen, wie viele vor Ihnen, sich den grundlegenden Themen begeistert zu widmen.

Sie werden ein anderes Leben führen und Sie werden auch, Ihren Traum verwirklichen und all die Aufgaben übernehmen, die für die Führung eines wachsenden Unternehmens wichtig sind (siehe Abbildung 31).

Das 1x1 der Unternehmensführung

Das Wichtigste aus diesem Buch noch mal kurz auf den Punkt gebracht:

1. **Motivation**

   Hier erkennen Sie Ihren Motor, das was Sie antreibt. Ihre Werte und Überzeugungen, die Sie immer wieder dazu bringen, weiter zu machen.

2. **Strategie**

   Hier geht es um Ihre Strategie, der Weg, für den Sie sich entscheiden. Sie legen fest, wie aus Ihrem Traum Ziele werden, die letztlich zu Ihrer Realität werden.

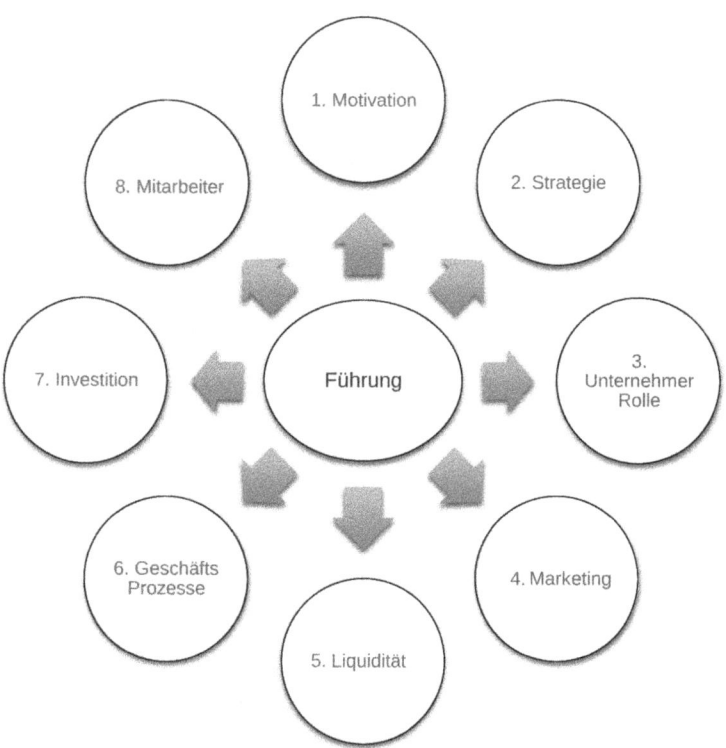

Abbildung 35: Ihre Aufgabenfelder als Unternehmer, der sein Unternehmen wachsen lässt

3. Unternehmer-Rolle

Sie wollen wachsen? Dann müssen Sie sich entscheiden: Wollen Sie Fachkraft, Manager oder Unternehmer sein?

4. Marketing

Mit einem schlüssigen Marketingkonzept schaffen Sie sich einen Plan, der die Verwirklichung Ihrer Ziele ermöglicht.

5. Liquidität

Das Wichtigste für den Bestand jedes Unternehmen ist die Zahlungsfähigkeit. Es geht in erster Linie immer darum, liquide zu sein und das Thema Finanzen in den Vordergrund zu stellen.

6. Geschäftsprozesse

Für jedes Unternehmen ist es wichtig, ein einheitliches Bild nach außen zu geben und die Qualität zu sichern. Das geht am einfachsten, indem Sie alle Prozesse im Unternehmen definieren. So können sich Kunden darauf verlassen und Ihre Mitarbeiter danach richten. Es erleichtert Ihr Geschäftsleben ungemein.

7. Investition

Soll ich – oder soll ich nicht? Darauf gibt es eine einfache Antwort: Dient es Ihrem Unternehmenswachstum, dann müssen Sie investieren.

8. Mitarbeiter

Werden Sie sich klar darüber, wer mit und für Sie arbeitet. Sorgen Sie dafür, dass all diese Menschen für Sie arbeiten können. Geben Sie Ziele vor, sorgen Sie für Begeisterung und denken Sie immer auch daran, den Menschen Ihre Wertschätzung entgegenzubringen. Das schafft langfristige Beziehungen.

Ich wünsche Ihnen allzeit ein gutes Gelingen, Zufriedenheit und Erfolg.

Die fünf wichtigsten Tipps für Ihr Wachstum

Tipp 1	Sie sind es, der entscheidend ist für das Wachstum Ihres Unternehmens. Machen Sie sich bewusst, was es bedeutet Unternehmer zu sein. Sie sind Gestalter und Wegweiser. Verschaffen Sie sich ein klares Bild Ihrer Rolle: Als Unternehmer.
Tipp 2	Tun Sie nichts, was Sie nicht wollen. Falls Sie merken, dass das Unternehmer sein Ihnen nicht gefällt, lassen Sie es. Auch als Freiberufler oder Selbstständiger macht die Arbeit Spaß. Ihre Lebenshaltungskosten können Sie auf diese Weise gut erwirtschaften. Treffen Sie eine Entscheidung, das erleichtert Ihr Leben ungemein.
Tipp 3	Erstellen Sie einen Business- oder Geschäftsplan. So wissen Sie genau, was zu tun ist, um Ihre Ziele zu erreichen. Außerdem merken Sie sehr schnell, wenn Sie den Kurs verloren haben und kennen die Stellschrauben, um Ihre Vorgehensweise zu optimieren.
Tipp 4	Bleiben Sie fokussiert. Notieren Sie Ihre Visionen und Ziele und überprüfen Sie regelmäßig ob Sie noch auf Kurs sind. Führen Sie ein Zielerreichungsbuch. Das hilft bei Ihrer Fokussierung.
Tipp 5	Verlieren Sie sich nicht im Alltag. Ihre Aufgabe ist die Zukunft im Blick zu halten. Entwickeln Sie Ihre Pläne so, dass sie auch morgen noch Gültigkeit behalten. Überprüfen Sie jede Entscheidung im Hinblick auf Langfristigkeit.

Information in eigener Sache

Auf unserer Website www.schule-fuer-Unternehmer.de finden Sie maßgeschneiderte Programme rund um das Thema Unternehmensführung. Ob Einzelcoaching, Gruppen-Coaching oder unser erfolgreiches Unternehmer-Training – die Schule für Unternehmer bietet Ihnen die Unterstützung, die Sie benötigen, um Ihren unternehmerischen Erfolg zu optimieren.

Seit 2024 stehen neue Trainingsformate zur Verfügung, die gezielt auf die Bedürfnisse von Solo-Selbstständigen eingehen. Auch ein Unternehmer-Training speziell für Solo-Selbständige findet in kleinen Gruppen regelmäßig statt. Lassen Sie sich inspirieren und nehmen Sie Kontakt mit uns auf: info@schule-fuer-unternehmer.de.

Gemeinsam geht vieles leichter!

Kontaktadresse:
Gertrud Hansel
Schule für Unternehmer
Reisingerstr. 39
86159 Augsburg

Stichwortverzeichnis

A Absatz 127
Abschlagsrechnungen 161
Akquise 216
Aktionen 101
Aktivitäten 175
Alltagsaufgaben 178
Alltagsgeschäft 68
Angeber 204
Angstentscheider 204
Aufgaben 66
Auftragsabwicklung 184, 188f.
Aufwand 178
Ausfallrisiko 163
Außenwirkung 136
Autopiloten 50
B Banken 160
Banker 223
Bedarfsplanung 134
Bekanntheitsgrad 122
Beschwerden 181
Beteiligungsmodelle 222
betriebliche Ausgaben 203
Betriebsausstattung 164
Betriebswirtschaftliche Auswertung 155
Bewerbungs- und Einstellungsgespräch 184
Bewertung 160
Bewusstsein 47, 69
Bild nach außen 121
Bindung 135
Bonus 190
Büroeinrichtung 209
Business- oder Geschäftsplan 212
C Chance 166
Chancen 110
Change- und Veränderungsprozesse 100
Checkliste 189
Chef 65, 135
Controlling 187
D Deckungsbeitrag 216
Dispositionskredites 164
E Effizienz 175
Einarbeitung 184

Einheitlichkeit 180, 188
Einkaufsverhalten 165
Emotion 123
emotionaler Antrieb 28
Empfehlungsmarketing 108, 129
Entscheidungshilfen 47
Entscheidungswege 185
Erfolgskontrollen 192
Ersparnisse 190
Experte 67
externe Personalkommunikation 132
F Fachkräftemangel 57, 132
Fachkraft 66
Fachkraftwissen 67
Factoring-Unternehmen 164
Fehler 99
Fehlervermeidung 175
Finanzen 155
Finanzmittelbeschaffung 213
Firmenfahrzeug 210
Firmenkultur 138
Firmenphilosophie 150
Firmenstrategie 57
Flow 38
flüssige Mittel 154
flüssigen Mitteln 153
Fördermittel 166, 222
Fokus 148
Forderungen 164
Forderungsausfall 164
Freiberufler 26
Freiraum 185
Fremdmittel 210
Führung
– authentisch 253
– Gen Z 271
– Gen Z+ 253
– Homeoffice 273
– Remote 273
Führungsinstrument 153
Führungskräfte 140
Führungsqualitäten 211
G Gebrauchtkauf 222
Generation Z 283

Generation Z am Arbeitsplatz 260
Geschäftsaufgabe 154
Geschäftsergebnisse 211
Geschäftspartner 163
Geschäftsplan 48, 215
Geschäftsprozesse 175
Gesellschafter 165
Gesellschaftsformen 165f.
Gewinnausschüttung 165
gezielten Einkauf 164
Grundwerte 139

H Hamsterrad 177
Hausbank 166
Hochkonjunktur 205
Humankapital 212
HWK 166

I Identifikationsfunktion 136
IHK 166
Image 83, 111
Individualität 181
informellen Regeln 184
innere Bild 50
innere Konflikte 66
innerer Zustand 28
Innovation 108
Insolvenz 153
interne Personalkommunikation 132
Intuition 47
Investieren 167, 203
Investitionen 154
– immateriell 203
– materiell 203
Investitionsbereitschaft 216
Investoren 205

J Jahres-to-do-Liste 94
Jahresziel 209

K Kalkulation 161
Kapital 165, 188, 223
Kapitalaufstockung 169
Kapitalgeber 166
Kennzahl Liquidität
– 1. Grades 158
– 2. Grades 159
Kennzahlen 158
KfW 166

Klarheit 188
Kleindenker 204
Kommunikation 119
Kommunikations- und Werbepolitik 119
Kommunikationspolitik 119
Konditionen 164
Konflikten 184
Konkurs 153
Kontrollmechanismen 191
Konzept 110
Kooperation 108
Kooperationspartner 113, 223
Koordinierungsfunktion 136
Kostenersparnis 175
Kostenminimierung 190
Kredit 210
Kreditbeschaffung 166
Kreditrahmen 158
Krise 154
Krisenberatungen 154
Krisenbetriebe 99
Kultur 136
Kulturwandel 138
Kunden 57, 223
Kunden-Feedback 183
Kundenbefragungen 183
Kundennutzen 123
Kundenzufriedenheit 176, 183

L Leasen 169, 222
Leitbild 57, 139
Leitfaden 50
Leitmotive 31
Leitziel 58
Lernkurven 190
LfA 166
Liquidität 153
Liquiditätsabweichungen 156
Liquiditätsengpass 155
Liquiditätsplan 155
Liquiditätsplanung 154
Liquiditätssicherung 153

M Manager 66
Marke 71
Marketing 91
Marketing-Mix 141
Marketingaktionen 94

Stichwortverzeichnis

Marketinginstrument 127
Marketingmaßnahmen 94
Marketingplan 93
Marketingstrategien 93
Marketingziele 94
Marketingzwecken 138
Markt 107
Marktbeobachtung 149
Marktforschung 107
marktorientierte
 Unternehmensführung 92, 97
Maßnahmen 101
Meetings 209
Mengenrabatte 164
Mentor 184
Mentoring 258
Mieten 169, 222
Missstimmung 184
Mitarbeiter 57, 130, 135, 183, 224
Mitarbeiterausbau 167
Mitarbeiterbindung 57, 143
Mitbewerb 107, 116, 183
Möglichkeit 110
Motivation 19, 23f.
Motivationsfunktion 136

N Nachhaltigkeit 47, 179
Netzwerkpartner 130
Neue Normalität 273
Neukunden 164

O Öffentlichkeitsarbeit 122
Organigramms 186
Organisation 187

P Partner 223
Personal 183
Personalbeschaffung 184
Personalentwicklung 133
Personalkommunikation 130
Personalpolitik 130
Planung 91, 98
– Budget 83
– Jahr 83
– Marketing 83
PR 83, 122
Preis und Leistung 117
Preis- und Konditionenpolitik 114
Preisfolger 117

Preisführer 117
Preisgestaltung 114
Preiskämpfer 117
Preisverhandlung 195
Pressemitteilungen 122
Primärforschung 108
Produkt- und
 Sortimentspolitik 111
Produktentwicklung 188
Profilierungsfunktion 136
Prozessdefinition 177
Prozesse 91, 175
Prozessentwicklung 175
Prozessverbesserung 183

Q Qualifikationen 227
qualifiziertes Personal 133
Qualität 187
Qualitäts-Management-
 Handbuch 192
Qualitätskriterien 188
Qualitätsmanagement 175
Qualitätsmerkmale 31, 183
Qualitätsprozesse 188
Qualitätssteigerung 175
Quartalsberichten 196

R Rahmenverträge 165
Ranking 164
Rechnungen 161
Regionalförderungen 166
Reklamationen 181
Reklamationsbuch 191
Relevantes Kundenbedürfnis 149
Remote-Arbeiten 277
Rendite 119
rentabel 188
Ressourcen 47, 178
Richtlinien 195
Risiken 110
Risiko 166
Risikokapital 166
risikoreich 195
Rolle 65
Rolle des Unternehmers 31
Rollen 66
Rollenwechsel 66

S Schwächen 149
Sekundärforschung 108
Selbstständiger 26

Serviceleistungen 117
Sicherheit 165
Sicherheiten 169
Sicherungsinstrument 153
Skalierbarkeit 175, 189
Skonto 161
Software 207
Sozialabgaben 157
stabiles Wachstum 23
Stabilität 192
Stärken 149
Stammkunden 209
Stammkundenpflege 216
Standard 181f.
Steuer 154
Steuerberater 166
Steuerrücklagen 154
Steuersparen 222
Steuerung 189
Steuerungsinstrument 160
Strategie 19, 47
– Unternehmen 47
– Wachstum 47
Strukturen 144

T Teamgefühl 184
Trends 107

U Überprüfungsmöglichkeiten 181
Übertreiber 204
Umbruch 138
Umsatzsteuer 157
Umsatzzahlen 119
Umsetzungskompetenz 23, 25
Unternehmen 65
Unternehmensführung 65
Unternehmenskultur 135
Unternehmensziele 32, 48
Unternehmer 26, 65f.
Unternehmerrolle 34, 65

V Verantwortung 226
Verantwortungsgefühl 185
Verbesserungsvorschläge 190

Verhaltensweise 138
Verkauf 123, 127
Verkaufsprozesse 191
verlorene Zuschüsse 166
Versicherungsbeiträge 165
Vertrauen 180
Vertriebs- oder Distributionspolitik 125
Vision 19
von Anfang an 116
Vor- und Nachkalkulation 116
Vorauskasse 161
Vorfeld 166
Vorgesetzten 184

W Wachstum 47, 210
Wachstumshemmnisse 91
Wachstumsinstrument 175
Wachstumsmotor 139
Wachstumsziel 170
Wandel des Marktes 92
Werte 19, 23f.
wertorientierte Mitarbeiterführung 212
Wertschätzung 226
Wettbewerbsfaktor 132
Widerstand 185
Wirtschaftlichkeit 176, 179
Wirtschaftswachstum 205
Wissensaufbau 176
Wunschkunden 37
Wunschkundenliste 83
Wunschunternehmen 52

Z Zahlenverständnis 208
Zahlungsbedingungen 162
Zahlungseingang 163
Zahlungsfähigkeit 153, 155
Zahlungsziel 161, 163
Zeit 208
Zeitbudget 211
Zeitmangel 187
Zielgruppe 32
Zusatzleistungen 117